千古人物

抗倭名将

戚继光传

刘素平 ◎ 著

中国书籍出版社
China Book Press

图书在版编目（CIP）数据

抗倭名将戚继光传/刘素平著.－－北京：中国书籍出版社，2022.10
ISBN 978-7-5068-9082-3

Ⅰ.①抗… Ⅱ.①刘… Ⅲ.①戚继光（1528-1587）－传记 Ⅳ.①K825.2

中国版本图书馆CIP数据核字（2022）第114990号

抗倭名将戚继光传

刘素平　著

责任编辑	王志刚　彭宏艳
责任印制	孙马飞　马　芝
封面设计	东方美迪
出版发行	中国书籍出版社
地　　址	北京市丰台区三路居路97号（邮编：100073）
电　　话	（010）52257143（总编室）（010）52257140（发行部）
电子邮箱	eo@chinabp.com.cn
经　　销	全国新华书店
印　　刷	三河市顺兴印务有限公司
开　　本	710毫米×1000毫米　1/16
字　　数	272千字
印　　张	17.25
版　　次	2022年10月第1版　2022年10月第1次印刷
书　　号	ISBN 978-7-5068-9082-3
定　　价	56.00元

版权所有　翻印必究

代 序

朝廷为了抗击倭寇，派戚继光（1528—1588）带兵打击倭寇，戚继光凭着机智和果敢，一次次打败倭寇，维护了一方平安。

在积极抗御倭寇之时，鉴于卫所军不习战阵的弱点，戚继光恳请获准后亲赴"俗称慓悍"的义乌招募农民和矿工，组织训练一支3000多人的新军。由于新军将士英勇善战，屡立战功，被誉为"戚家军"。

戚继光治军有方，教育将士要杀贼保民，严格军事训练，"教以击刺法，长短兵选用"排演自己创制的"鸳鸯阵"。

在浙东，经历最初岑港之战的低迷，终在龙山大败倭寇。继之在台州地区九战皆捷，扫平浙东。

戚继光率6000精兵援闽，捣破倭寇在横屿的老巢。再援福建时，升总兵官，与刘显、俞大猷分三路进攻平海卫，"斩级二千二百"。又相继大败倭寇于仙游城下，荡平福建倭患。又与俞大猷会师，歼灭广东的倭寇。从此，东南沿海倭患完全解除。

从东南抗倭到北镇蓟州，一路走来，戚继光多得贵人相助。上司计士元、胡宗宪、谭纶、刘应节、梁梦龙……以及执政大臣徐阶、高拱、张居正……对他的工作都给予支持。尤其是张居正，常把那些与其作对的官员调开，甚至免除职务，所以戚继光能久镇北边，发挥所长。

现在，我们站在史实的角度，展示一位真实、多才、英勇、爱国的战神戚继光，讲述一段惊险、复杂、曲折、有趣的民族英雄故事。

这将是一本提振民族精神的书籍。书中不会有刻意的、枯燥的说教。在这本书里，你将会了解一段明朝中叶的历史，读懂一个民族英雄的心路历程，认识一个民族战神在国家危难之时的重要性……

目 录

代 序 ·· 1

第一章　将门出虎子，天生孩子王

01. 鲁桥，将门长子叫继光 ································· 3
02. 济宁，会走就是火烧腚 ································· 7
03. 保定，人小鬼大孩子王 ································· 11
04. 京师，初尝火药的威力 ································· 15
05. 登州，军事素养已萌芽 ································· 19
06. 蓬莱，四品的失学儿童 ································· 23
07. 老宅，虎子穷养知忠孝 ································· 26
08. 故里，主流少年在成长 ································· 30

第二章　封侯非我意，但愿海波平

01. 袭职，娘胎带来的使命 ································· 35
02. 屯田，年轻的卫所佥事 ································· 39
03. 成家，完成了终身大事 ································· 43
04. 戍守，蓟门换防的岁月 ································· 47
05. 武举，验证自己的实力 ································· 51
06. 上书，备敌方略受赞赏 ································· 55
07. 督防，临危受命显英才 ································· 59
08. 擢升，抗倭开始于山东 ································· 63

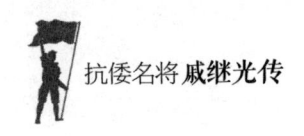

第三章 招兵有条件，灵动"鸳鸯阵"

01. 浙江，调任宁绍台参将……………………………………… 69
02. 龙山，戚继光初露锋芒……………………………………… 73
03. 上书，三次建议不放弃……………………………………… 77
04. 岑港，压力山大的胜利……………………………………… 81
05. 义乌，矿工群架别样考……………………………………… 86
06. 治军，启动练心式训练……………………………………… 90
07. 支持，来自于文官集团……………………………………… 94
08. 首创，攻防兼备鸳鸯阵……………………………………… 98

第四章 尽歼杀倭寇，无敌"戚家军"

01. 温州，戚继光闪亮登场……………………………………… 105
02. 桃渚，解七天七夜之围……………………………………… 109
03. 南湾，戚家军牛刀小试……………………………………… 113
04. 宁海，戚家军的揭幕战……………………………………… 117
05. 新河，戚夫人唱空城计……………………………………… 121
06. 花街，第一次斩首行动……………………………………… 125
07. 上峰，大创尽歼杀倭寇……………………………………… 129
08. 台州，戚家军名闻天下……………………………………… 133

第五章 转战浙闽粤，横戈马上行

01. 横屿，闪电登陆夺命岛……………………………………… 139
02. 牛田，创下伤亡零纪录……………………………………… 144
03. 林墩，惨烈的攻击之战……………………………………… 148
04. 兴化，戚老虎去而复返……………………………………… 152
05. 平海，戚家军再显神威……………………………………… 156
06. 典礼，明世宗告谢郊庙……………………………………… 160

07．仙游，以寡敌众获全胜 …………………………………… 164
08．广东，沿海倭患被荡平 …………………………………… 169

第六章　镇守蓟门关，创意筑长城

01．隆庆，赋予他新的使命 …………………………………… 177
02．北方，请兵破虏四事疏 …………………………………… 181
03．支持，张居正看好他了 …………………………………… 185
04．蓟州，战神创意筑长城 …………………………………… 189
05．练兵，这叫榜样的力量 …………………………………… 193
06．鞑靼，闻继光之声退兵 …………………………………… 197
07．阅兵，打造边境第一军 …………………………………… 201
08．镇守，达到了事业顶峰 …………………………………… 206

第七章　能干会总结，兵书传后世

01．兵书，能干还要会总结 …………………………………… 213
02．将帅，名字不等于武夫 …………………………………… 217
03．团结，这就叫其利断金 …………………………………… 220
04．诗文，格律近燕赵之音 …………………………………… 224
05．总兵，明升暗降的调动 …………………………………… 229
06．余热，战神最后的坚持 …………………………………… 232
07．卸甲，偷得浮生半日闲 …………………………………… 235
08．无官，战神回到了故里 …………………………………… 238

第八章　民族之英雄，千古永留名

01．落幕，永远的济世之光 …………………………………… 245
02．惧内，这是男人的美德 …………………………………… 248
03．斩子，怜子如何不丈夫 …………………………………… 251
04．山东，戚氏家族的忠孝 …………………………………… 254

05．浙江，百姓永远的纪念……………………………………257
06．福建，遍布各地戚公祠……………………………………260
07．雕像，伟岸身躯知多少……………………………………263
08．名将，文武全才第一人……………………………………265

第一章

将门出虎子,天生孩子王

第一章　将门出虎子，天生孩子王

01. 鲁桥，将门长子叫继光

大运河如一条碧玉带子，飘飘荡荡地从天边的云层深处排空而来，又滚滚滔滔地向无边的绿色大地奔腾而去。

平日里，大运河是清波荡漾的，有成串的船帆鱼贯而行，如战场，旌旗点点。可这会儿，无尽的雨丝不停地滴落，溅得河面上白茫茫一片，如云似雾，使得船帆纷纷停靠在了码头岸边。

一行人，戴着斗笠，穿着蓑衣，顶风冒雨地向运河边的一处码头走来。

为首的是一个中等身材的男人，只见他时而脚步硬朗而坚实，踩踏得脚下的泥水路水花四溅；时而步履矫健而轻盈，遇有较大的水洼，他还会健步一越而过。这样的行走方式，害得后面的随从们手忙脚乱，跟跟跄跄……

如果只看步履来判断为首的男人是青壮年，那你就大错特错了，其实他已经不年轻了。那他究竟是谁呢？

他就是刚刚被提拔为都指挥、江南漕运把总的戚景通，也就是本书的主人公戚继光的父亲。当然，这是后话了。

明嘉靖七年（1528年），这一年戚景通56岁。这个年龄，在明朝无论如何已经算是老人了。也许是人逢喜事精神爽，今天的戚景通感觉脚步特别轻快。

此刻，戚景通的心已随着运河之水奔腾而去。

是啊！戚景通无法不高兴。

此前，借祖上的荣光，直接袭职了卫指挥佥事这个武官，虽然是官职不低的正四品武官职，但这么些年来，只不过是在卫所里跑跑龙套，既没有实权，更别提驰骋疆场建功立业了，真是可惜了祖辈传下来的一身武艺了。

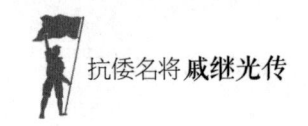

戚景通都感觉有愧于祖宗啊！

戚家祖籍河南卫辉，元朝末年，四世祖戚祥迁居到了安徽定远，并参加了郭子兴领导的农民军。最主要的是，四世祖戚祥跟随的直接领导，就是后来成为大明皇帝的朱元璋。明朝建立后，皇帝朱元璋在云南平元朝之战的战死者名单中，看到了他所熟悉的戚祥的名字，为了追念戚祥的功劳，大明开国皇帝朱元璋特准其子戚斌为明威将军，并让戚家子孙世袭登州卫指挥佥事一职。这样，戚家举家迁到了山东登州府。从此，自戚斌至戚景通，历经五代，将近一百四十年，戚家子孙一直袭任登州卫指挥佥事这个职位。

戚景通不仅袭职了祖先的职位，更主要的是继承了先祖们为人正直、忠于朝廷的品格。也许，正是这种品格使然，使戚景通不争不抢、忠于职守、甘于奉献，却也一直是默默无闻。

然而，是金子总会发光的。

这不嘛，日前，一纸任命下来了，戚景通不仅被擢升为正三品的都指挥，而且获得了江南漕运把总这个实职。

江南漕运把总虽说是正七品的武官职，看起来属于低配，但却是掌握着沟通南北经济命脉的实权职位，因此，可以说这是人人眼红的肥差。当然，正直的戚景通看重的不是肥差与否，而是因为自己终于受到重用，可以有机会将平生所学报效国家了。

一接到任命，戚景通就带着全家启程赴任了，而全然忘记了夫人已经怀有身孕，并且即将临盆。

车马劳顿，这一日，戚景通率领全家来到了运河边上的鲁桥镇。

鲁桥镇位于南阳湖的东西两岸，南有著名的微山湖，东隔白马河，北接泗水河，地势西高东低，是个三面环水一面临山的平原地带，水资源丰富，土层深厚，水陆纵横，气候温和湿润。

鲁桥镇是运河畔的一座古镇，在镇北有一座古老的石桥。相传在建桥时，有一位鬓发皆白的老者路过这里，他先是站着看，后是坐下来敲打一块石头，然后就一声不响地走了。等到石桥合龙时，不知为何，横竖就是摆弄不好了，于是就有人提议把老者丢下的石块搬来试试，大家合力把石块搬来一试，结果严丝合缝正合适，石桥就建成了。这时，石匠们才恍然大悟，原来老者就是鲁班啊！为此，大家给石桥取名为鲁桥，镇因桥而得名鲁桥镇。

虽然鲁桥初建于何时已不得而知，但有文字记载，唐朝时鲁桥镇已为重镇。特别是咸通年间，官兵平定庞勋之乱，曾有四千人马驻扎在这里。元代，当大运河通航后，作为运河上的一个重要码头，在鲁桥镇设有都漕运司，而明朝在此更是设有巡检司。

巡检司的头儿，属于正九品官，可以说正好是戚景通的直接下属。

也许正应了那句话：下雨天，留客天，人不留，天留。

戚景通赴任途中，原打算经鲁桥镇直接乘船沿运河南下，没想到，已经是农历十月末了，鲁桥这个小镇却接连下了几天的雨，好长时间不见晴天。虽说秋雨连绵，但山东这地儿毕竟不是江南，一连下这么多天的秋雨，却也是不常见的。

冒雨行船是危险的，加之夫人又喃喃地叨咕了一句："不能让孩子生在船上哦！"戚景通这才醒悟：原来自己要当爹了。

于是，戚景通暂将赴任的脚步停留在了鲁桥镇，而在鲁桥镇设立的巡检司，就成了他上任的第一站。此时，戚景通已经进入漕运把总角色，他关心着运河上的运营情况，于是，冒雨到鲁桥镇的码头及运河沿岸查看。

戚景通率先登上了一处高岗，鲁桥镇和运河的一切尽收眼底。阴雨连绵，运河上能见度很低，河中的舟船行进缓慢。此情此景，戚景通情不自禁地吟诵起元朝人周权咏鲁桥的诗句："泗水滔滔流青铜，鲁桥突兀跨长虹。惊波荡漩石斗怒，石门空洞如施弓。风霜剥蚀势欲压，乱石齿齿填深洪。南连淮楚九地厚，东导齐鲁群流通……"

从运河边返程时，戚景通特意去了一趟仲子庙。

站在孔子的得意门生仲子路修建的仲子庙前，戚景通也是感慨良多。生长在礼仪之乡的山东，孔子、孟子等大圣人的忠孝思想，在他心里也是扎下了根。

俗话说：不孝有三，无后为大。早已人过中年的戚景通一直有块心病，那就是膝下无子。感念皇恩浩荡，世袭的明威将军、卫指挥佥事，不能在他

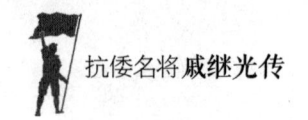

这儿断了啊！站在圣人面前，戚景通在心里默默地祈祷着夫人这回能给他生个儿子。

真是好事成双，连日子都是成双成对地反复过。

公元1528年11月12日，不仅是嘉靖七年的一天，而且是闰十月初一。也就是说，本来农历十月已经过完了，进入下一个月时，十月却又重新再过一回。

这天夜里，下了几天的雨渐渐停了。到半夜时分，等雨完全停下来时，突然一声响亮的啼哭，把鲁桥小镇都给彻底惊醒了。

"公子，公子，是个带把的大公子啊！"接生婆大声报喜。

焦急等待中的戚景通闻听，不禁喜极而泣……

第二天，几天不见的太阳明亮地照射下来，迎着阳光，戚景通灵念一闪，脱口给长子取名为——继光。

02. 济宁，会走就是火烧腚

戚继光出生了。

一般刚出生的娃儿，一天里除了睡觉，就是吃奶加哭闹，而小戚继光却又多了一样——手舞足蹈。除了进入深度睡眠之外，只要醒来，他的双手双脚就在不停地踢蹬。爹娘一见，互相交换了看法——

娘说："俺家的娃儿，下生就会舞弄拳脚，是块当大将军的料哟！"娘说话的声调很高，里面有掩饰不住的母凭子贵的骄傲。娘是偏房，作为女人家，不可能有机会上场杀敌，然而，因为给将军生了儿子，感觉自己都是英雄了。况且，因为有了儿子，将军天天来自己房里，作为女人还有何求哦！

当将军的爹，坐在床头目不转睛地看着儿子说："这小子，保准会走就是火烧腚。"口中预测着儿子的未来，笑意也是始终写在爹的脸上。

有了儿子的爹——戚景通这个乐啊！自打戚继光出生后，作为父亲的戚景通就交上了鸿运。不仅老来得子，而且职位也是连年攀升。

明嘉靖八年，即公元1529年，戚景通调任山东总督备倭，此时戚继光2虚岁。次年，也就是嘉靖九年，戚继光3虚岁时，父亲戚景通又转任山东操捕屯局佥书，进职署都指挥佥事。

说来也巧，二十多年后的嘉靖三十二年（1553年）六月，26岁的戚继光也被擢升到了这个职位。这也许是戚景通当时没想到的，然而有一点戚景通一直很明确：那就是把儿子培养成为一个旷世奇才，光大戚家的门楣。

戚景通信奉《三字经》中所说的"养不教，父之过"的理论，他倔强地认为，如果儿子没有成才，他这个当爹的就有不可推卸的责任。因此，他在戚继光的教育上颇费了一番心思。

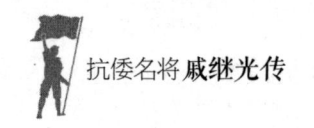

戚景通的第一个举动,就是陪儿子一起成长。他认为:在儿子的启蒙教育中,不能少了父亲的陪伴。作为父亲,他不能让儿子输在起跑线上。所以,儿时的戚继光就开始了随父从军的转战生活。

明嘉靖八年,戚继光虚岁2岁时,随父亲戚景通来到了山东济宁府。

济宁,可谓不折不扣的东方文明、中华文明的重要发祥地之一。7000年的文明史,很少有哪个地方可以望其项背。

名人诞生众多:远古的人类始祖伏羲、女娲、黄帝、少昊、少康帝;春秋战国时期,被后世尊称为中国历史上五大圣人的至圣孔子、亚圣孟子、复圣颜子、宗圣曾子、述圣子思子……都出生在济宁。在此留下活动踪迹的就更多了:从"三皇五帝"到杜甫、李白、曹操等文人墨客,都在济宁留有足迹。

明朝洪武元年,即公元1368年,改济宁路为府,领3州12县。洪武十八年,即公元1385年,又改府为州,领3县。元明清三朝在济宁设立河漕衙门,后世的清乾隆等帝王也都到过济宁驻足探访。

戚继光随父母生活在济宁时,大明王朝的天下还算太平,因为当时的嘉靖皇帝刚刚在"大礼仪之争"中取得完胜,心情不错,皇帝当得也是有模有样。那么,什么是"大礼仪之争"呢?此话还得往前追述。

嘉靖,即明世宗,公元1507年出生,名叫朱厚熜,兴献王朱祐杬的次子。本来,在父传子的皇位继承体制中,皇位与他这个兴献王的王子没有半点关系,然而14岁时,朱厚熜意外地成了明朝第十一位皇帝。

其实,也不能说朱厚熜和皇家一点关系没有,他毕竟是明朝第八位皇帝明宪宗的庶孙,第九位皇帝明孝宗的侄子,第十位皇帝明武宗的堂弟。

第十位皇帝明武宗朱厚照,年号"正德",是明孝宗的长子。明武宗是明朝有名的荒唐皇帝,因好逸乐,贪女色,荒淫过度,死于1521年,时年31岁。

要说这位明武宗是个扶不起的阿斗也就罢了,可惜不仅命不长久,而且连子嗣都没有留下,这让他的母亲张皇太后情何以堪啊!无奈之下,张皇太后和内阁首辅杨廷和一商量,决定由近支的皇室、武宗的堂弟朱厚熜继承皇位。

这样，问题就来了。按照张皇太后和群臣的想法，朱厚熜不仅继承了皇位，而且等于是过继给了明孝宗当皇子。然而，朱厚熜不愿意啊！当皇帝可以，但不能不认亲爹亲妈啊！

朱厚熜幼时聪敏，父亲兴献王朱祐杬亲自教授他书史，使得他不仅精通《孝经》《大学》及修身齐家治国之道，而且重礼节，遇事又有主见。

朱厚熜继承皇位时，兴献王朱祐杬已去世。在朱厚熜由藩邸进京和迎接生母兴王妃入宫的礼仪上，与礼部已有了两次小争议。

嘉靖三年，即公元1524年，朱厚熜提出要追尊其父为"本生皇考恭穆献皇帝"，又遭到吏部右侍郎何春孟等200余人的反对，于是，发生了历时三年半之久，史称"大礼议"的政治事件。结果，嘉靖皇帝动用了君权的高压，有200多位文武官员受到不同惩罚，其中杖死17人，才终于追尊其父为后帝，改献陵为显陵，按皇帝陵寝的规模扩建，耗费白银达48万余两。

对于嘉靖皇帝这种坚持尊崇父母的行为，戚景通感同身受，是十分赞同的。当皇帝如此，当臣子的怎么能不受到一些启发呢？这是多么痛的领悟啊！因此，戚景通坚信他必须以教育子女为己任，尤其是对长子戚继光，他更是抱以极大的希望，投入了更多的精力。

戚景通很注意培养儿子的兴趣，而不是急着要教给他多少知识，让他学多少东西。戚继光从小就是个火烧腚。"火烧腚"是蓬莱方言，意思是指十分好动，按现在的说法就是多动症。

对于教育孩子，因势利导、因材施教至关重要。戚景通抓住这一点，总是似有意又似无意地在好动的儿子面前舞弄拳脚。也许是耳濡目染，小戚继光看到父亲练武，他就一招一式地学得入迷，再苦再累也不怕。因此，于不知不觉中，小戚继光就练就了一身"坐如弓，站如松"的好武艺。

戚景通也很注重对戚继光性格的培养。此间，发生过这样一件事儿。

有一天，小戚继光随母亲回了一趟娘家。回来后，脚上就穿了一双漂亮的新鞋子，鞋帮上绣着丝绸花边儿，鞋带上缀着精美的装饰物。

见到父亲戚景通，小戚继光蹦蹦跳跳跑向父亲，还高抬起脚，向父亲展

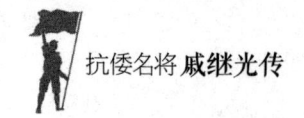

示他的新鞋子。

"小孩子，特别是男孩子，为什么要穿这么漂亮的鞋子？今天想穿漂亮的鞋，明天就会想穿漂亮的衣服。今天想锦衣玉食，久而久之，就会只想追求享受，而不思进取。这样下去，可怎么得了啊！"突然劈头盖脸地被父亲骂了一顿，小戚继光一下子愣住了。待反映过来时，才撇撇嘴，委屈地大声哭起来……

戚继光是个倔强的孩子，平时很少听到他的哭声。即使是练武受了伤，也没听他如此哭过。因此，此番他的哭声把全家都惊动了。

"娘，娘，鞋，鞋子，爹，爹爹不让穿。"小戚继光扑到母亲怀里抽抽搭搭地告着状。

王夫人听明白了原委，向戚景通解释这是外婆送给外孙子的礼物，埋怨着戚景通有点小题大做。尽管如此，戚景通还是坚持让戚继光把这种华而不实的新鞋子脱了，穿上原来的旧鞋子。理由是：鞋子事小，品格事大。

戚景通是世袭四品武官，此时已经升到了三品，放到现在相当于少将军衔，教子如此，应当是真正的爱孩子，应当是一个真正为孩子将来着想的好父亲了。

虽然戚继光会走就是个火烧腚，但是在父亲的看护下，如一棵小树苗，一天天茁壮成长起来了……

03. 保定，人小鬼大孩子王

有人观察：如果一群孩子聚在一起，不出半个小时，立马就会自动产生出"领袖"。童年的戚继光就有这样的魄力。

嘉靖十二年，即公元1533年，戚继光虚岁6岁了。此时的戚继光，长得精瘦精瘦的，显得比同龄的孩子瘦小得多。然而，别看他瘦小，但并不弱，人小鬼大，鬼机灵着呢！也许常年在外面习武和疯跑的缘故，整个人晒得跟个小黑炭似的，墨黑墨黑的，一笑，露出的一口小虎牙显得特别的白。

这一年，父亲戚景通又调动工作了，调到保定府任大宁都司掌印官。6岁的戚继光虽然是鬼机灵，但也搞不懂父亲这是多么大的官，当然更搞不懂父亲这是管什么的官，他只知道：他们全家又得随军搬家喽！

于是，小戚继光随军来到了保定府。

保定府也是一座历史古城。早在战国时期为燕赵之地，并开始修建城池，有三千多年历史。秦时为上谷郡，北宋置保塞军，太平兴国六年保塞军升为保州。宋朝淳化三年，即公元992年，李继宣知保州，开始修筑城关，浚外濠，葺营舍，疏一亩泉河，造船运粮，保州才成为了一座都市。因为保州处于宋辽边界，宋辽多次在此地发生战争，终至金末年，保州城在战乱中成为废墟。蒙古太祖二十二年，即公元1227年，张柔主持重建保州城池，重新划市井，定民居，建衙署，筑寺庙，造园林，修筑土城墙，疏浚护城河，引一亩泉河水入城，奠定了保定城的基础。新建的保州城为京师门户，为燕南的一个大都会。元至元十二年，即公元1275年，改顺天路为保定路，辖1录事司、7州、8县，州领11县，"保定"之名自此始，意思是"保卫大都，安定天下"。

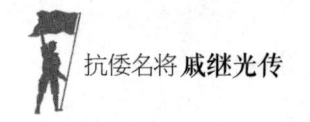

明洪武元年,即公元1368年,改保定路为保定府。

明永乐元年,即公元1403年,明成祖决定将国都迁到北平(迁都后改称北京),并将北平行都司更名为大宁都司,迁驻保定,负责京畿附近的护卫与安全。

明嘉靖十二年,即公元1533年,戚景通调任大宁都司掌印官。

此时的父亲戚景通军务繁忙,无暇顾及儿子,小戚继光就自行到广阔天地大有作为去了。

这一天,黑瘦的小戚继光出现在了一群疯玩中的孩子们面前。这群孩子正在玩打仗。初来乍到,小戚继光只是在一旁冷眼观战,不发一言。疯玩中的孩子们玩兴正起,当然也没人注意到他。

"小心!"看到有一个小孩子被一个身高力壮的半大孩子掀倒在地,戚继光不禁心中暗叫了一声。本来小孩子玩游戏磕磕绊绊是免不了的,因此站在一边的戚继光只是替小孩子着急,也没太介意。可是,接下来发生的事情,戚继光却不能不管了。因为他看见了这样的一幕——

小孩子被掀翻在地,不满意地嘟囔了一句,只这一句,被掀翻他的人高马大的半大孩子听到了。"你骂谁?你敢骂小爷我,找死啊!"不由分说,倒在地上的小孩子还没等站起来,就又被半大孩子骂骂咧咧地揪住头发骑在胯下,"快,给小爷学几声狗叫,否则——嘿嘿——哈哈——"半大孩子骑在小孩子身上放肆地狂笑着,并举起了拳头……

然而,半大孩子狂笑过后,举起的拳头却无法落下,原因是,被一只有力的小手给抓住了。当然,这只有力的小手是戚继光的。

话说这个欺负人的半大孩子是保定城里有名的官宦子弟,因为长得黑又霸道,人送外号"小黑霸"。

"小黑霸"仗着人高马大,动不动就欺负比他小的玩伴。小孩子们都不愿意和他玩儿,可是,不和他玩儿都没门儿,因为他天天在街头巷尾闲逛,堵着、逼着小孩子们陪他玩打仗。

小戚继光来到了保定,"小黑霸"算是遇到了对手。

这会儿,戚继光抓住了"小黑霸"欲打人的拳头。确切地说,戚继光的小手只是托举住了比他的手大一号的拳头。

"不许欺负人!"戚继光大声说道,音调中还带着奶气。"小黑霸"一看敢挡他道的是一个黑瘦的小子,"唉哟喂——哪跑出来的小黑瘦猴子,找打啊你!"不由分说,"小黑霸"放开被他骑着的小孩子,站起来,将拳头对准了戚继光。然而,"小黑霸"的拳头走空了。他还没明白怎么回事儿,整个身体就摔倒在地上,闹了个嘴啃泥不说,还被人反骑到背上了。

"打他,打他,打他……"见有人制服了"小黑霸",那一群孩子都围拢上来齐声喊着。

"还能不能愉快地玩耍了?看看大伙的反映,你这么做会没朋友的,知道吗?"戚继光没有用强,而是以理服人地劝说道。

"我凭拳头当老大,你凭什么?我又凭什么听你的?"虽然"小黑霸"自知理亏,却仍然不服。

小戚继光知道,不亮出点本事,是不能令人心悦诚服的。于是,一场别开生面的王者之战就此打响了。

王者之战——勇捅马蜂窝。

在路旁的一棵大树上有个马蜂窝,虽然大人小孩都躲着走,可还是有人常常被马蜂蜇。小戚继光问"小黑霸"敢不敢捅这个马蜂窝,"小黑霸"的头摇得跟拨浪鼓似的。"小黑霸"不战而败。

戚继光却走上去了。小伙伴们都站得远远的,只有戚继光留在了马蜂窝下。只见他抓起一块石头,瞄准了马蜂窝用力一扔,相当准确地将马蜂窝砸了下来。轰地一声,炸了窝,马蜂嗡嗡地飞出来,落在他的头上、脸上、身上……只见他不拍不打,就一棵小树似地站在那里,一动不动。小伙伴们一看坏了,都以为他准会被蜇得面目全非了。那可真就是赢了比赛、破了面相喽!待马蜂渐渐散去,小伙伴们围上前一看:他毫发无损。一问,他直言相告:"马蜂是不蜇一动不动的人的!"原来如此,小伙伴们恍然大悟。王者之战的结果:戚继光完胜。

"小黑霸"不服,说自己没上场,这场较量不算数。双方一商量,达成加赛协议,于是王者之战又加赛一场——智捉蛐蛐。

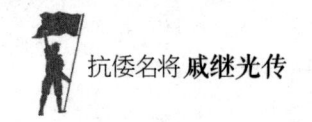

玩蛐蛐是小戚继光的拿手把戏，应该说，斗蛐蛐也是"小黑霸"的强项。然而，两个人的区别就在于，"小黑霸"这个公子哥只会斗不会捉，更别提训服蛐蛐了。这场王者之战从捉蛐蛐开始，其实，在起跑线上"小黑霸"就输了。

起初，两个人都好不容易将蛐蛐捉到手，却一不小心就让它逃了。这时，戚继光灵机一动，想出了一个法子：捉住蛐蛐后，两手合拢，把蛐蛐捂在里面，胳膊对准桌边或某个地方敲几下，蛐蛐被颠得七荤八素，晕了，只得任由摆布。再说"小黑霸"那边儿，忙活了大半天，还是手里空空。因此，这加赛的王者之战根本就无法进行。戚继光不战而屈人之兵。

这样，只有6虚岁的小戚继光人小鬼大，不出半日，就在半大半小的孩子中出了名，成为了当然的"孩子王"。

04. 京师，初尝火药的威力

嘉靖十四年，即公元1535年，戚继光的父亲戚景通达到了事业的顶峰——奉调京师，任神机营副将。这一年，戚继光7周岁。

来到车水马龙的京城，戚继光可开了眼界了。在天子脚下，在皇城根下，戚继光才感觉到自己的渺小。

戚继光所到的京城，就是现在的北京。要说明朝为何定都在如今的北京，这里面还有一段历史。

公元1368年，朱元璋建立了大明朝，定都应天，即今天的南京。

公元1398年，做了整整三十年皇帝的明朝开国皇帝朱元璋驾崩。三十年光阴里，朱氏已经是子孙满堂。除了在京城的皇太子一枝，朱元璋采取分封制，将其他的儿子们派往各地成为了"藩王"。在朱元璋当皇帝之时，老子在京城当皇帝，儿子们在各地当王爷，江山被牢牢掌握在朱氏一族手中，大明朝是真真正正的家天下，朱元璋的皇帝位牢不可破，然而，这也为朱元璋身后的大明朝，埋下了皇位之争的伏笔……

朱元璋驾崩时，懿文太子已死，于是，朱允炆以嫡皇孙的身份继位，改年号建文，称建文帝。建文帝为巩固政权，开始削夺叔叔辈的兵权及封地，史称"削藩"。

皇位没有传给儿子而传给了孙子，这让皇叔们本来就老大不愿意了，没事还要找事呢，这还要削减兵权和封地，那些藩王岂能甘心啊！

明太祖朱元璋的第四子、燕王朱棣就是不甘自绝的藩王之一。

建文元年七月初五，即公元1399年8月6日，燕王朱棣以"清君侧之恶"为名，联合几个藩王，发动"靖难之变"反抗朝廷。

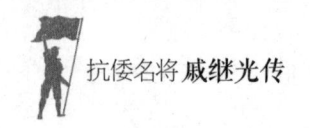

历时三年多，公元1402年，朱棣攻破京都南京。建文帝朱允炆逃走，从此下落不明。同年，朱棣即位，成了明朝第三位皇帝。朱棣就是明成祖。第二年，改元永乐，初时仍定都南京，改自己的封地北平为北京。

做了明成祖的朱棣，是在自己的封地北京长大的，对北京有着特殊的感情，即使是当了皇帝，他仍然觉得只有在自己的地盘上，心里才踏实。因此，他不惜耗费大量的人力和物力扩建都城。永乐十九年正月初一，即公元1421年2月2日，明成祖朱棣正式迁都北京，称北京为京师。而南京则降为陪都，差不多就是在朝官员养老的地方了。

戚继光在大明朝第十一位皇帝明世宗在位时来到了京师，并在京城度过了童年的一段重要时期。此时他的父亲戚景通正在担任神机营副将的职务。

神机营是明军的精锐部队，也是京城三大营之一。

这里有一段历史是值得一提的：朱元璋推翻元朝建立了明朝，然而元朝并不是如其他王朝一样彻底灭亡，元朝的末代皇帝妥欢贴木尔是带着20万精兵逃回了漠北。因此，在明朝建立之初的大约70年里，元朝残余势力在漠北一带非常猖獗。明成祖朱棣为了彻底解决这个心腹大患，五次御驾亲征，带着他的京城三大营横扫漠北，才基本上把漠北的元朝残余势力荡平了。

可以说，京城三大营是大明朝战功赫赫的精锐之师。京城三大营由三千营、神机营、五军营组成，总人数接近20万。

五军营，是骑兵和步兵混合的军队。永乐八年，即公元1410年开始分为中军、左军、左掖军、右掖军、右哨军，这支部队是从各个地方调上来的精锐部队，担任着攻击的主力。

三千营，是以三千蒙古铁骑兵为基础组建而来的。当然，经过明成祖朱棣的苦心经营，三千营已经成为了品牌名号，人数则远远不止三千了。三千营都是骑兵，也是京城三大营里战斗力最强的。

神机营，是装备最先进的部队，装备的都是当时最先进的火器，因此，战斗力也是相当的强。明朝在永乐年间南征安南（今越南），虽然在席卷越南全境后撤离，但意外地得到了一些西方造火器的工匠，由此，明朝开始仿造研制并运用火器。然而，火器威力虽然强大，但造价昂贵、技术复杂，暂时无法在军队中推广，因此，就只能优先装备京城的卫戍部队——神机营。

神机营一般都是由一些军事过硬、政治合格的人担任统帅，而戚继光的父亲戚景通完全符合这些条件。嘉靖十四年，戚景通调任神机营副将，他在神机营主要负责新式武器的研制和试验。

戚继光随军来到京城，受到父亲的耳濡目染，这为他将来制造和运用火器产生了重要影响。当然，这是后话。

此时的戚继光，首先尝到了火药的威力。

火药是中国古代的四大发明之一，这是妇孺皆知的。最早发明火药的人是古代的炼丹家，据今天已经有一千多年的历史了。

虽然，古人为求长生不老而炼制丹药，这有点荒谬和可笑，但最后导致了火药的发明，却也算是意外的惊喜了。

炼丹术中很重要的一种方法就是"火法炼丹"。炼丹家对于硫磺、砒霜等具有猛毒的金石药，在使用之前，常用烧灼的办法"伏"一下，"伏"是降伏的意思，使毒性失去或减低，这个步骤称为"伏火"。唐初的名医兼炼丹家孙思邈在"丹经内伏硫磺法"中就有关于伏火的记载。因给药物进行"伏火"而引起丹房失火的事故时有发生。

唐代《太平广记》一书中，有这样一个故事：隋朝初年，有一个叫杜春子的人去拜访一位炼丹老人，当晚住在那里。半夜杜春子梦中惊醒，看见炼丹炉内有"紫烟穿屋上"，顿时屋子就燃烧起来了。还有一本名叫《真元妙道要略》的炼丹书，也谈到用硫磺、硝石、雄黄和蜜一起炼丹失火的事。火把人的脸和手烧坏了，还直冲屋顶，把房子也烧了。这说明唐代的炼丹者已经掌握了一个很重要的经验：就是硫、硝、碳三种物质可以构成一种极易燃烧的药，这种药被称为"着火的药"，即火药。火药不能解决长生不老的问题，又容易着火，因此，炼丹家对它并不感兴趣。当火药的配方由炼丹家转到军事家手里后，就成为了中国古代四大发明之一的火药。

当然，儿时的戚继光还不了解这些，他只是对父亲的研究很好奇。于是，在好奇心的驱使下，他趁父亲不在，悄悄地潜到了父亲的实验室里。

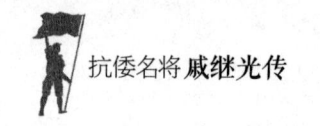

好奇害死猫。戚继光险些被火药要了小命儿。

这一天黄昏时分，正在实验室研制火器的戚景通，突然接到了上峰的命令，他简单地收拾了一下手头的工作，急匆匆地离开了。这时，早就趴在窗口看了许久的小戚继光，敏捷地推开房门遛了进来。

戚继光这瞅瞅，那看看，这摸摸，那动动……房间里摆放着各式各样的枪、炮、箭、铳等的零件，案几上，还有一个大的油纸包。就在戚继光好奇地想打开纸包一探究竟时，太阳的最后一抹余晖也隐下去了，房间中漆黑一片……

戚继光只得退出实验室。然而，回到自己房间里的戚继光，有如百爪挠心，头脑中挥之不去的就是那个纸包。他想："纸包里包的是什么呢？父亲用包里的东西做什么呢？"

看到父亲还没有回来，戚继光终于没能抑制住好奇心。他掌起了一盏油灯，双手护着灯光，再一次遛进了父亲的实验室。这一次他直奔案几而去。

此时的戚继光，身高刚刚超过案几一个头的高度。他努力地垫起脚往上，再往上……

也许是父亲走得匆忙，油纸包并没有包得特别严实。因此，戚继光一手掌灯，一手就把油纸包打开了——包里只不过是一堆黑色的粉末。他下意识地想用鼻子闻一闻，刚往前一探头，一股怪味就呛得他鼻子发痒，情不自禁地打个喷嚏，并倒退了几步……就在此时，险情发生了——被火药呛得有些手忙脚乱的戚继光，手中还掌着灯呢！在他还没明白怎么一回事时，只见眼前火光一闪，他就什么也不知道了。

等戚继光醒来时，看到的是对他又气又爱的父亲，和又挺着大肚子的母亲。

"唉——等他伤好了以后，就送他回老家吧！"父亲说。

"感谢老天爷，让我儿命大，你公务繁忙，我这又快生了，也只能这样了。"母亲也同意了……

第一章　将门出虎子，天生孩子王

05. 登州，军事素养已萌芽

不慎点着了火药，引起了爆炸，而竟大难不死，戚继光也算是福大、命大、造化大了。这件事发生后，加之此时他又有一个弟弟出生，父母都无暇顾及他了。

于是，父亲戚景通就让大娘，也就是父亲的正房夫人张氏，带他回到了登州老家，并开始进入私塾读书。

这一年是公元1535年的岁尾，戚继光7周岁零二个月。

将门出虎子，这话一点不假。由于受父辈影响，戚继光打小就继承了戚家武风，练就了一身好武艺，刀、枪、剑、戟无所不通。更难能可贵的是，他很小就"得读父书"，对武学充满兴趣。

戚继光9岁时已能"融泥作基，剖竹为杆，裁色渚为方垒，堆积瓦砾为阵垒，阵列阶所，研究变合，部伍精明，俨如整旅"。

俗话说：龙生龙，凤生凤，老鼠的儿子会打洞。这句话虽然可能有些偏激，但还是有一定道理的。

生于将门之家，长在军营里的戚继光，耳濡目染地受到父亲的影响，似乎天生就是当将军的料。男孩子都喜欢玩打仗的游戏，戚继光当然也不例外。然而，戚继光并不是乱七八糟地瞎打一气，而是有章法和套路的。

由于他的战争游戏有模有样，所以小朋友们都愿跟在他屁股后面玩打仗。读书之余，他经常领着小伙伴们操练阵式，演练兵法，俨然一位小将军。他小时候的这些表现，充分显示出他在军事方面的良好素养与天赋。

小戚继光指挥的战争游戏有城池和阵地，城池是和泥巴筑成的，阵地是用瓦块、石头堆成的营垒。城池上还必须有旗帜，削竹子做成旗杆，再用有

颜色的纸裁成五颜六色的旌旗。

战争游戏的主角当然是军队。戚继光让小伙伴们拿着竹竿当枪，摆成军队方阵，而他自己总是当最高指挥官，站在土堆上高声喊着"人在阵地在，誓与城池共存亡"之类的战前动员令。这时，小戚继光俨然一位指挥三军的统帅。

戚继光玩打仗的游戏时，还将参加游戏的小伙伴们分成红军和蓝军两方。每一场战争游戏里，都有分进合围、奔袭包抄的各种战法，这还颇有些假想战争的味道了。

对于"兵器"的使用，戚继光也是颇有想法的。

小男孩子凑在一起，免不了拿着枪、棍"厮杀"一番。时间长了，小戚继光觉得只是玩枪、棍没意思，他的小脑袋瓜子就开始琢磨起新型武器了。

有一天，戚继光看见院里的槐树上结满了豆荚，风一吹，哗啦啦直响，他的头脑中不禁灵机一动。

心动不如行动。只见戚继光如猿猴一般，手足并用地飞快爬上这棵老槐树，又手脚麻利地在树上摘了一些豆荚。下得树来，他就坐在树下剥起了豆荚。一粒粒的槐树豆被剥出来后，他又跑进屋里找来了针和线，再把槐树豆一个个串起来，这样，一件新式兵器就做成了。

兵器有了，可这件兵器叫什么名呢？

戚继光盯着兵器，开动起了脑筋。突然，他一拍大腿，暗呼："流星锤，流星锤，对，就叫流星锤，那一粒粒豆子多像一颗颗流星啊！"

戚继光拿着他的"流星锤"加入了小伙伴们游戏的队伍。轻巧灵活的"兵器"，耍起来十分顺手，再加上他从小炼就的武术之功，使戚继光整个人在小伙伴们眼中、心中，简直如神一般地存在了。

榜样的示范带头作用见成效了。于是，小伙伴也都跟着效仿，纷纷玩起了戚继光研制出的这种新"兵器"。

要说豆荚被戚继光做成"流星锤"的那棵大槐树，与戚继光有着特殊的缘份。某种意义上来说，这棵槐树在戚继光心中，代替了母亲。为什么这么说呢？

第一章　将门出虎子，天生孩子王

这棵大槐树长在戚宅的一进院落里，是戚继光的五世祖戚斌栽的。

此时的戚继光虽然是"孩子王"，但毕竟还是小孩子，特别是离开妈的小孩子，更是有说不出的可怜。

自从7周岁多一点，离开生身父母回到登州，戚继光早早就养成了刚强的性格，同时也养成了一个习惯：他平时难得一哭，然而，当他受了委屈或有了伤心事，总要抱着这棵老槐树痛哭一场，不管谁去哄、去劝，都不管用。但等他哭够了，也就没事了，抹抹眼泪，该怎么玩还是怎么玩。

应该说，小时候的戚继光是十分顽皮的。

没有父亲在身边严厉地管教，他动不动就能闯出点祸事来。比如，今天捉蛐蛐挖倒了人家的院墙；明天在外面打抱不平往人家头上撒泡尿；后天又玩蛇咬了人家一口；大后天与小伙伴一起玩时不小心打破人家的头……三天两头有人找上门来。

大娘张氏免不了就要管教他一番，或打或罚，总叫他吃些苦头长长记性就是了。其实，大娘张氏也是为难，毕竟不是自己生的孩子，罚轻了吧，他不当一回事；罚重了吧，虽然他当时一声不吭，过后就会抱着那大槐树痛哭一场。

家里人都知道戚继光有这个习惯，也都知道大娘张氏的难处，就任由他哭出来，发泄一下也就好了。

戚继光抱着大槐树哭得最惨的一次，是得知亲娘病逝的那一回。

嘉靖十六年十二月，即公元1537年，戚景通的偏房王夫人，也就是戚继光的生母，因病去世，享年42岁，而此时的戚继光才10岁。

得知母亲去世的消息，戚继光抱着大槐树哭得昏天黑地，因为他知道：此前，他只是远离亲娘，受了委屈，他抱着大槐树就如同抱着娘，他感觉大槐树给他的安慰就是娘给的，他对着大槐树说的话，娘在京城能听到。可是，娘走了，永远地走了，对着大槐树说的话，娘也听不到了……

此后，戚继光有了不开心的事儿，还会站在大槐树下，而且一站就是半天，但是，再也没有人看到他哭过，仿佛娘去世那一次，他抱着大槐树把所有的眼泪都哭干了。

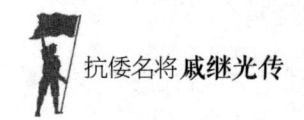

戚继光长大成人后，一直对大槐树念念不忘。据说，他在江南抗倭、蓟州戍边的时候，尽管军务那么繁忙，他还写过一些诗文，来怀念登州老家的那棵大槐树。当晚年辞官后回到蓬莱，他还叫人为这棵大槐树专门砌了围栏。

　　这棵槐树，总共活了五百多年。当然，这些都是后话了。

　　大槐树，见证了童年戚继光军事素养的萌芽、开花与结果……

06. 蓬莱，四品的失学儿童

嘉靖十七年，即公元1538年，戚继光虚岁11岁时，父亲戚景通辞官回到了故乡——蓬莱，也就是登州府。

登州府是唐朝时开始设立的，古登州府衙的所在地，就是现在的山东省蓬莱市。一提到蓬莱，人们会立即联想到"仙境"两字。蓬莱堪称为仙境和胜景的很多，最为突出的有三：

一是"海市蜃楼"。

春夏之交，海上风平浪静时，海面上空大气的密度容易出现层差。光线经过不同密度的空气层时，发生折射和全反射，便在海面上形成各种奇异景象，时分时合，乍现乍隐，缥缈虚幻，变化莫测……此现象，古人认为是传说中的"蓬莱、瀛州、方丈"三座仙山之一，现代人谓之"海市蜃楼"，堪称奇观。

二是"八仙过海"。

蓬莱自古便是历代帝王寻仙访药、文人墨客走笔放歌之地。翰墨流传，传说故事中的"八仙"各个神通广大，实现了普通人所不能完成的事情，达到了人们想像中的最高境界，也使蓬莱仙境扬名天下。

三是蓬莱阁。

这是一座位于天后宫西北丹崖绝顶上的建筑，为双层木结构楼阁，建于宋嘉佑六年，即公元1061年，是与黄鹤楼、岳阳楼、滕王阁并称为全国四大名楼的建筑。

一方水土养一方人。从小生活在蓬莱仙境中，也使戚继光的脑洞大开。

此前，说了太多戚继光好动的一面，其实，他也是动若脱兔，静若处

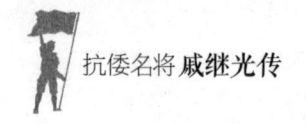

子,动静兼修的性格。

早在嘉靖十三年,即公元1534年,戚继光7岁时,父亲就开始将戚继光送进私塾学习。开学第一天,戚景通问戚继光:"你长大了最想干什么?"

小戚继光想都没想地就说:"读书。"

"读书不是最终的目的,读书是为了明理,是为了要懂得忠孝廉节的大义。死读书是没有用的。"戚景通听了儿子回答如是说。戚景通坚持认为:光靠读圣贤书并不能塑造出孩子的完美品格,生活实践才是最重要的课堂。

父亲的话,戚继光似懂非懂,但他却牢记于心。为了时刻提醒自己,他就用毛笔歪歪扭扭地在家里新刷的墙上写上了"忠孝廉节"四个大字。

戚景通看到后,没有因儿子乱写乱画而发怒,反而很高兴地把这四个难看的大字,当成了家里最漂亮的装潢。于是,到了读书的时候,戚继光就面对着这四个字,如饥似渴地、静静地刻苦读书。当然,到了玩的时候,他还是那个聪敏机灵、人小鬼大的孩子王。

戚继光从小爱读书,因此,戚景通在他7岁时,把他送进了学堂。然而,由于总是调任换防,戚继光的私塾读得也是断断续续。特别是离开父母,回到老家这几年,戚继光的私塾读得一直不系统。如今,戚景通辞官不做,回家养老了,因此,就有机会全心投入到儿子身上了。

可以说,戚继光是幸运的,因为他遇到了一个让他个性得到极大发挥的好父亲。因为父亲,戚继光在少年时就以深通经学在家乡一带颇有名气了。因为父亲,使得戚继光的读书能不拘泥古人的陈说,往往能有自己的见解,这也促成了他后来对于古人的兵法能有深入的、现实的分析,从而为形成自己的军事思想奠定了基础。当然,这些是以后的事了。

眼下,让戚继光无语的还是——因为父亲。

因为父亲,戚继光可以世袭武职,使他在10岁的时候,就按朝廷的规定,世袭了四品指挥佥事的虚衔。

因为父亲,也使戚继光成为了一个四品的失学儿童。

那么,这是为什么呢?

说白了,就差钱。

是的，就是因为他爹没钱，买不起一乘轿子，供戚继光这个头上戴着四品虚衔的学生去上学。

戚继光祖上的荣光让戚继光一出生就继承了戚家的荣耀，所以，戚继光到了10岁时，按照明朝的规定，就入册世袭了四品卫指挥佥事的虚衔。

不管是不是虚衔，好歹在名义上戚继光已经是四品官了。可是问题又出来了，按照明制的规定，高品级官员的出行必须遵守一定的礼仪，也就是说，四品官的出行一定得坐车子或乘轿子，即便是如戚继光这样还在上学的孩童也不例外，何况去学校这方礼仪之地，更不能太随便了。

可是，可是——戚家没钱。

谁信呢？

戚继光这四品孩童没钱也就算了，难道他爹，已经将官做到了三品大员的戚景通也没钱吗？

但，事实就是这样。

戚景通不仅为官清廉，而且为人耿直。当官的时候就分文不贪，一向甘于清贫。后来，因为受不了官场的腐败，认为凭一己之力无法扭转局面，但是又不想同流合污，于是，干脆辞官不做，卸甲归田。按现在的说法就是自动申请提前退休了。

这样一来，家无余财，日渐拮据，朝廷给的退休费只够温饱，到哪儿去整出四品官的排场来呢？

有了官职，戚继光倒发愁了。

戚景通不会违背自己做人的原则，不会打破做人的底线。况且，他认为身教重于言教。他虽穷，但这却是他留给儿子最宝贵的财富。

没办法，就因为没钱，不能乘车、乘轿上学，又不能违背了朝廷礼仪和规定，世袭了四品虚职的戚继光，只能莫名其妙地成了一个失学儿童。

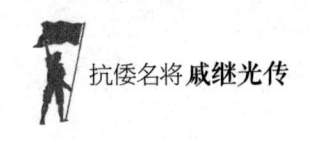

07．老宅，虎子穷养知忠孝

如果大明朝评最佳父亲，戚景通是当之无愧的第一人。

戚景通在培养子女方面，是有一套自己的理论的。他认为，比培养孩子兴趣更重要的是培养人格。因此，在生活上，戚景通对儿子戚继光要求非常严格。戚景通虽然心疼孩子，但从来都主张越是艰苦的生活条件，越是能磨砺孩子的品格和意志。

戚景通认为，虎子穷养，才能知忠孝，才能知礼节，才能有出息。这和现代人讲究的"穷养儿，富养女"的理论如出一辙。

那一年，戚景通辞官回到老家后，看到家里的屋子实在是太破败了，特别是窗户，木窗格都已经腐烂了，就打算稍微修缮一下。于是，戚景通找来了工匠，准备做四扇雕刻花纹的窗户。

工匠来做窗户了，戚继光就站在旁边好奇地围观。

这时，工匠就对戚继光说："小公子，你们家可是将门，一般将军家可都是装的几十扇雕花窗户，最少的也要装十二扇，小公子，你看看你们家是不是也装十二扇雕花窗户啊！"

小戚继光听了这话，也觉得有些道理，于是，就小大人一样地来到父亲面前，将工匠的话学说了一遍。

戚景通听了儿子的话，半天没有言语，只是严肃地盯视着儿子。

"你觉得我们家应该装多少扇雕花的窗户？"父亲戚景通终于开口了。

"儿，儿子，觉得工匠说得有些道理，咱们家，至少，至少也得装十二扇，才符合我们家的身份哟！"看到父亲严肃的面孔，戚继光的回话有些磕磕巴巴的。

"装，这只是装门面，儿啊！你要继承戚家的荣誉并发扬光大，不是靠这几扇窗户来撑门面的。"戚景通语重心长地说，稍停，又继续说道："你长大后，如果能建功立业，才是对得起我们戚家的列祖列宗。否则的话，就算是装多少扇雕花窗来装门面，那都没有用！"

年幼的戚继光听了父亲的话，知道了家里装四扇雕花窗就足够了。直到多少年后，戚继光仍然牢牢地记着父亲的这番话。所以，后来的戚继光最讨厌华而不实的东西，他的为人，他的战法，都是一样的简单而实用。

戚景通借雕花窗这件事教育儿子戚继光不要贪图虚荣富贵，同时，戚景通又让人拓来了文天祥的手迹"忠、孝"二字，并在院子里立了两块石碑，以此教育戚继光要忠于国家、孝敬父母，做个顶天立地的男儿。

人们都说："人逢喜事精神爽"，这话一点不假。

60岁左右的戚景通仿佛年轻了许多，在长子戚继光之后，几年内竟又接连得了二子（戚继美、戚继明）和一女。因为女儿是入不了家谱的，后人也无法得知戚景通这个女儿的名字，所以大家只知道戚继光还有一个妹妹而且戚继光与这个妹妹间，还有一段小故事。

有一次，戚继光的妹妹和他玩了一个小恶作剧。

那一天，戚继光组织的战争游戏又要开战了，作为"最高指挥官"的戚继光，手里握着的是一杆旗帜，神气地站在一个高岗上，那架式，比真正的将军还牛。而此时，戚继光的小妹就蹲在一边看着大哥的一举一动，眼神中充满了崇拜。

本来小妹也想要加入战斗，央求了半天，大哥戚继光没同意。理由是：一个女孩子，不能上战场。因此，小妹只好躲在一边看热闹。

小伙伴们分为红、蓝两军列队站好，正在戚继光准备挥旗开战的时候，红、蓝两军队伍里，却发生了一阵骚乱。戚继光急忙放下旗帜，跑下高岗，来到战阵中调解。原来是红队有两名队员在还没开战时就较上了劲儿，一言不合，先就打了起来。

"国有国法，军有军规，一千兵马，还未开战，就自损八百。这样的兵，必须军法处置，来人啊！拉出去，斩了！"戚继光俨然真正的将军，威

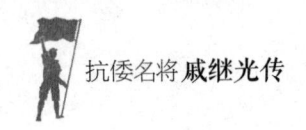

严地吼道。

有四个本来拉架的小伙伴，领命将那两个打架的孩子拉出了队列，禁止他们参与战斗，算是"斩首"了。

待戚继光处理完队列中的突发事件，重回到高岗上时，他又气炸了。因为，他放在高岗上的旗帜不见了。那可是他亲手做的指挥部队进退的旗帜啊！

戚继光左右一巡视，不远处，小妹手中握着他的旗帜正在玩耍。他飞快地奔向妹妹。

"臭丫头，为什么偷我的旗帜？快给我！"戚继光气急地冲妹妹喊着。

"不给，不给，就是不给。除非你让我也加入。"妹妹一边继续挥着旗帜玩，一边说着。

戚继光急得不得了，追着妹妹要，妹妹就是不给。于是，妹妹在前面跑，戚继光后面追。

追赶的过程中，戚继光用余光一扫，发现路边的田地里有一条蛇在爬……他顺手到田里逮住了那条毒蛇，拿起来冲向妹妹，并吓唬妹妹说："如果你再不给我旗帜，我就放蛇咬你了。"

女孩子最怕蛇这种软体动物了，吓得"哇哇"大哭起来，边哭还边气嘟嘟地说："不就是有颜色的纸嘛，有什么了不起！给你，给你。"

在戚继光的逼迫下，妹妹没办法，只好把军旗还给了戚继光，可心里老大不高兴了，晚上回家就向父亲告了哥哥一状。

当着父亲的面，戚继光对妹妹说道："没有旗帜，我那些大兵怎么办啊？没有令旗，部队就不知进退，这样就会军心涣散，仗还怎么能打？"

"小题大做。"妹妹不屑地嘟囔了一句。

小哥俩一齐望向父亲，等待着父亲的裁决。

"女孩子不要掺和男孩子的事儿，每个人要找好自己的定位……但是，当哥哥的一定要爱护妹妹。"在角落里冷眼旁观了这一切的父亲戚景通淡淡地说。虽然没有批评，也没有表扬，但是哥俩都知道，父亲是有定论的了。

由此，父亲戚景通更加认定儿子将来一定是个将才。

儿子有出息，父亲戚景通心里这个乐啊！家族人丁兴旺，戚景通怎么能不乐哟！

然而，乐归乐，戚景通却没乐蒙圈。

戚景通清醒地认识到：作为父亲，有责任因势利导，一点点把自己的平生所学渗透给儿子。同时，他一直坚持虎子要穷养才会知忠孝的教子方法。

这是戚景通一直坚持不变的独特教子方法，而儿子戚继光，也没有让父亲失望……

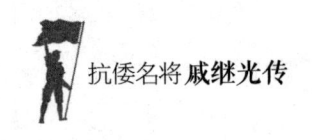

08. 故里，主流少年在成长

时光飞逝，日月如梭，历史的车轮滚滚向前。将门之子戚继光，也随着一股股的历史洪流，一天天地在成长……

历史的车轮推动着所有人不断地向前，不论是帝王将相还是平民百姓都不能例外。在少年戚继光成长的同时，京城中那大明朝的第十一位皇帝，也在演绎着他的人生。不同的是，因为他是至高无上的皇帝，所以，他的一举一动，决定着历史车轮的走向。

可以说，嘉靖帝是中国封建历史上最为独特的皇帝，也是明朝皇帝中最任性和倔强的一位。嘉靖帝非常聪明，也特别敏感，同时也是十分勤奋的。后世的史书评价嘉靖帝为"中兴之主"不是毫无根据的，为什么这么说呢？

先来看看在戚继光的少年时期，大明朝的嘉靖皇帝都干了些什么吧！

嘉靖十七年九月，即公元1538年，嘉靖皇帝追尊其生父为"睿宗知天守道洪德渊仁宽穆纯圣恭简敬文献皇帝"，并将兴献帝的牌位升祔太庙，排序在武宗之上，改兴献王墓为显陵，至此，前文提到的"大礼议事件"以嘉靖帝的胜利彻底结束。此时，本书的主人公戚继光整整10周岁。

此后，嘉靖帝力革前朝时弊，立志效法太祖、成祖推行"新政"，大刀阔斧推行了改革，在政治、经济、军事、文化等方面都取得了一定的成绩，大明朝出现了"中兴"的局面。史学家称之为——嘉靖帝统治前期。

也许怕死是人的本能吧！特别是古代那些帝王将相更是纷纷发出"向天再借五百年"的感叹。由于国家承平日久，嘉靖帝逐渐丧失了进取精神，日益腐化，滥用民力大兴土木，而且迷信方士、尊崇道教，好长生不老之术。

嘉靖二十一年十月，即公元1542年，方士、道士们利用嘉靖帝长生不死的梦想和对灵瑞现象的迷信，实施诈骗之术，愚弄嘉靖帝，每年不断修设斋醮，造成资金上巨大的靡费，甚至残害宫女生命，终致爆发了"壬寅宫变"，嘉靖帝差点死于不想任其宰割的宫女们之手。如果宫变成功，那么嘉靖帝就成了中国历史上死法最奇特的皇帝了。

经此一事后，嘉靖帝移居西苑修玄，将朝政交给了擅长诗词的首辅严嵩，让其专国二十年，可以说，嘉靖皇帝将太祖皇帝朱元璋设计的帝国运行模式——一整套僵化的文官制度，演绎到了极致。

应该说，嘉靖皇帝还算是勤奋的，他经常会批阅奏书到后半夜。在清朝人编纂的《明史》里记载：在嘉靖帝统治的后期，虽然嘉靖帝二十多年避居西苑，练道修玄，但并不是完全不问政事，相反，他始终牢牢掌控着整个明朝的政治、财经、军事和民生大权。

作为将门之家的历代戚家子孙，虽然享受着世袭武官职荣耀，但他们并没有躺在祖先的功劳簿上睡大觉，而是踩在巨人的肩膀上奋力前行。戚家人一代一代传承着一种报效国家的忠孝思想，他们要向世人证明：他们不是碌碌无为的官二代，而是文武双全的栋梁之才。

这就是戚氏的传承。

到了戚景通与戚继光父子时，虽然家境贫寒，甚至都买不起一顶轿子，但是，戚家还是有宝贝的。

除了父亲戚景通言传身教，留给了儿子戚继光最宝贵的精神财富之外，戚家真真正正地拥有着一屋子的宝贝，那就是——书。

是的，虽然戚氏家徒四壁，但家中拥有各种的书，包括儒家经典、史书典籍，特别是记载战法的兵书……这里面蕴含着戚家几代人的心血。

父亲戚景通不仅竭力防止儿子沾染社会上的坏习气，而且还十分注意引导儿子形成良好的品德。戚继光也不负父望，在成长的过程中，心中一直满满地保有着正能量。

自从12岁那年父亲因修屋批评他之后，戚继光便立志读书。戚继光在读书时，时时省览着儿时自己写在墙上的"忠孝廉节"四个大字，耳畔时时响起父亲的告诫：读书要在"忠孝廉节"四字上，否则焉用。

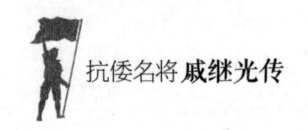

戚家有儿初长成。

在戚继光13岁时，经父母之命媒妁之言订了亲，女方是万户南溪将军王栋的女儿，这对于戚家来说是有些高攀了。然而，王家看重的是戚家的家风和戚继光的人品，其他的什么都是浮云。

戚继光严奉父训，刻苦自励，博览群书，学业大进。

15岁时，戚继光就以深通经术闻名于家乡一带。年迈的父亲看着儿子的长进，内心十分欣慰。

戚景通晚年热心边事，终日著述不止，无心过问家事，家中的经济更加窘迫。有一些浅薄的人就在背后议论说："孝廉，孝廉，看他将来用什么留给后人？"

戚景通听到了这些话，就把已经16岁的儿子戚继光叫到面前说："你果真以为我会因为没有给你留下任何遗产而遗憾吗？我留给你的东西虽然看起来不值钱，但是，这些却是你将来为国效力的宝贵财富啊！"

戚继光当然明白父亲的良苦用心，用相当肯定的语气说："父亲大人所留给我的是最宝贵的财富，有了它，我还惧怕任何的匪患盗贼吗？"

此时，戚景通关于抗击鞑靼的备边军事方策已写成数百篇，但还没有上奏朝廷。他一则是想再待一段时间，以便使自己的作战方策考虑得更加成熟，再则也想找个机会由自己的儿子代为奉上。

嘉靖二十三年六月，即公元1544年，72岁的戚景通身患重病，自知不起，便催儿子戚继光赶快到京师办理正式的袭职手续，并将自己备边的军事方策也带去上奏朝廷。

临行前，戚景通拉着儿子的手，谆谆告诫："吾遗若者，毋轻用之。"

于是，戚继光告别双亲，北上京师……

第二章

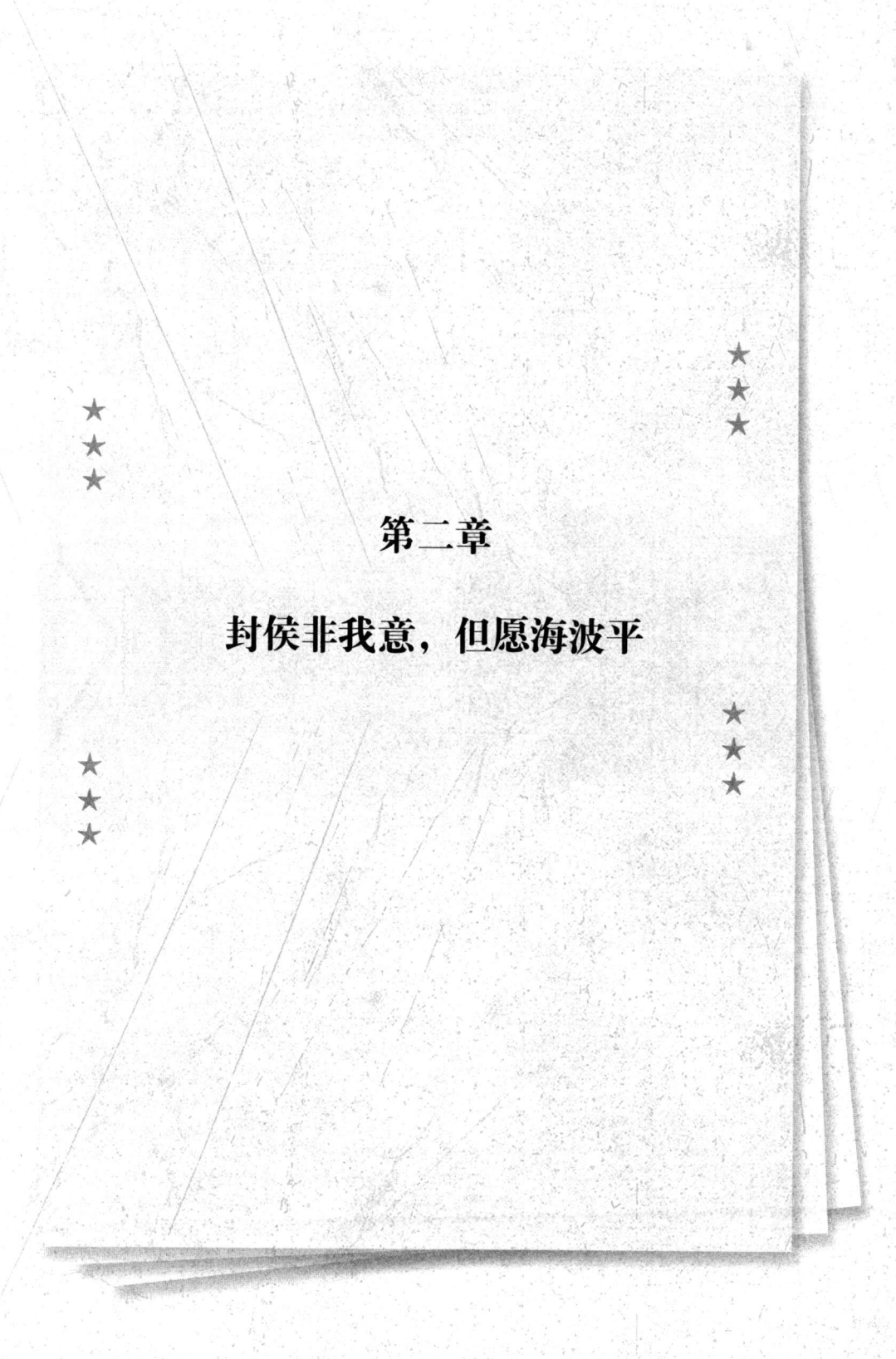

封侯非我意，但愿海波平

01. 袭职，娘胎带来的使命

戚继光在父亲戚景通的教育下茁壮成长，一转眼，就长到了17岁，这年是公元1544年，即嘉靖二十三年。

岁月使人长大，岁月也催人老去。

在戚继光由毛头小子，渐渐长成一个大小伙子的同时，他的父亲戚景通也一点点地耗着心血……嘉靖二十三年农历六月的一天，久病在床的戚景通自知来日不多了，便把长子戚继光叫到了面前。

"儿啊！为父要交待你去办理一件大事。"重病中的戚景通一扫往日的病容，忽然变得神采奕奕，顿了一顿，看到青春勃发的长子继光正在用心倾听，便接着说道，"这件事，是我和你，我们戚家世代长子，从娘胎中带来的使命啊！那就是——袭职。感谢皇恩浩荡！感恩祖上荫德！"戚景通边说边两掌相扣，弯曲成拳，连同双臂高高举过头顶，做叩拜状。

袭职，袭职，从小，父亲对自己的所有教育，一直都是围绕着这份家族的使命来进行的，戚继光怎么会不知道呢！

所谓袭职，就是承袭官职。

早在《宋史·蛮夷传三·黎洞》中就记载道："淳熙元年，诏承节郎，王日存，子孙许袭职。"

到了明代，更是将世袭制度推向了高潮。在《明史·职官志一》中这样记载着："世官九等，皆有袭职，有替职。"这就说明，明代不仅仅有袭职，而且还有替职的。

当然，需要替职是因为本家没有男子可以承袭祖上的官职，或者是承袭的男子尚幼小，只好过继别人家的子弟代替袭职。毕竟，为官，特别是为武

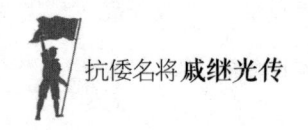

官，要亲自带兵打仗，小孩子是不能胜任这一工作的。这不像当皇帝，年幼可以继承皇位，因为身边可以有一人或几人或一群人帮扶着。

应该说，戚家在戚景通与戚继光父子的传承上还算是幸运的。

戚继光出生时，父亲戚景通就为有人可以袭职而兴奋，因此，他着力培养儿子，使儿子这棵小树，能够枝繁叶茂，健康而茁壮地成长。当自己病入膏肓时，戚景通又庆幸儿子已经长大成人，可以袭职了。对于一位负有家族使命的人来说，有什么能有比自己的事业后继有人，更让他高兴和满足的呢？

对于戚继光来说，从小他便明白父亲对自己的期望和自己的使命，为此，他已经准备许多年了。

袭职，是需要进京办理手续的，而关山重重，一路上车马劳顿不说，还需要一大笔开销。

可是戚家没钱。

从待遇上看，明朝官员的正式工资是历史上最低的。

大家都知道，七品官因为官阶低通常被称为"芝麻官"，意思是官职小得如芝麻粒那么大一点。在大明朝，县官一般是七品官，称七品县官为"米粒官"可能更贴切些了。因为当上了七品知县，发的工资是大米，每年的名义工资可得90石大米。在明朝，一石白米为94.4公斤，而一斤为590克。

当然，不是所有的官员工资都发的是大米，也有的发货币加实物工资。也就是说，官员领回家的既有大米、布匹，也有银子和钞票。

明朝官员的工资本就不高，还要被朝廷克扣，实物工资不能给足斤两，而钞票又经常大幅贬值，可以说，级别越高的官员，所受的损失就越大。

戚景通盛年为官时，可以说是一个不贪不占、克己奉公的好官，他的为官工资也仅够家用而已，等到了戚景通告老还乡、年老体弱时，一家人的生活便捉襟见肘了。这一点，从戚继光带着四品的虚衔，却成为了失学儿童的时候就很明显了。

戚继光秉承父命，要去京师办理袭职手续，但没钱，怎么办呢？

无奈，戚景通只得命人卖掉了家里的一所房子，为儿子戚继光凑足了进京袭职的路费。

戚继光见父亲的身体真是一天不如一天了。他想尽早进京去办理世袭具体职位的手续，早去早回，也就尽早了却父亲的心愿。戚继光想，这才是至忠、至诚、至孝。

临行前，还有一个仪式是必须要完成的，那就是——祭祖。

宋人陆游有诗云："王师北定中原日，家祭勿忘告乃翁。"在重要的日子和重大事件进行之前举行隆重的祭祖仪式，似乎已经成为了一种约定俗成的古老礼仪。

这是一个夏日，天气晴好，年老多病的戚景通强撑着起身，将儿子戚继光带到了郊外的戚氏祖茔，焚香祭拜先祖。

指导儿子戚继光完成焚香叩拜等仪式之后，戚景通拉着儿子戚继光的手说："为父能给你的，也只有这么多，望吾儿，不要轻易地就挥霍掉了啊！"戚景通此话的含义很深，很深……

都说知子莫若父，其实，知父何尝不是莫若子呢？

戚继光眼含热泪，郑重地点点头，回答说："父亲放心，儿子定当努力求增，不敢轻易地挥霍掉的！"

这是一种交接，也是一种传承。父子俩的手久久地握在一起。那一刻，戚景通似乎把所有的能量，都通过手，传递给了儿子。

在场的亲友听得看得是一头雾水，暗想：难道戚景通老糊涂了？儿子戚继光那么大个人了，难不成还会把变卖家产才好不容易凑的路费给胡花浪费了吗？不能，绝对不能够。而戚继光的回答又特别地奇怪，好像不仅不会花掉，还会有所增加，他们这是要搞什么呢？

戚继光听明白了父亲的嘱托，父亲交代不要挥霍损害的，其实是戚家世袭的荣耀，戚家正直的人品，这些才是父亲留给儿子最大的财富。而戚继光要努力求增的，也正是基于这种荣耀之上光辉的一笔。

很显然，此时的戚景通已经如释重负，可以安心了。

万事俱备，戚继光便整装出发了。

然而，尽管戚继光昼夜兼程，归心似箭，但是路途遥远，手续繁杂，戚

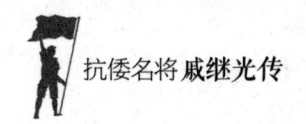

景通已经等不到儿子回来了。

　　嘉靖二十三年八月二日，戚继光从北京办完世袭职位的手续回来时，父亲戚景通已经离开了人世。虽然未能见父亲最后一面成为了戚继光人生最大的一个遗憾，但他发誓：一定要继承父亲的遗志，努力将自己打造成为父亲所期望的样子。

　　嘉靖二十三年十月，戚继光袭职登州卫指挥佥事，也就是说，戚继光被正式任命为登州卫所的高级军官。

02. 屯田，年轻的卫所佥事

小筑惭高枕，忧时旧有盟。
呼樽来揖客，挥尘坐谈兵。
云护牙签满，星含宝剑横。
封侯非我意，但愿海波平。

嘉靖二十五年，即公元1546年，一个月朗星稀的夜晚，戚继光在研读一本兵书时，豪气顿生，欣然提笔在书的扉页上写下了这样的一首小诗。此时，戚继光只有19岁。

这首诗关键之处就在最后一句"封侯非我意，但愿海波平"，这可以堪称戚继光的为官座右铭了。

其实，戚继光的想法很简单：他将用生命来成就丰功伟业，不是为了个人的功名，而是为了国家，为了百姓，为了脚下那片他深爱着的土地。这是一个年轻人的雄心壮志，这是一个年轻人的磊落襟怀，这也是一个有抱负、有理想的有志青年的完美写照。如果父亲戚景通在天之灵能看到儿子戚继光的这首诗，也一定会含笑九泉了。因为，一个有能力、有理想并最终能坚守理想的儿子，就是戚景通在那个朝霞满天、光芒满屋的景象里为孩子取名为"继光"时最大的期望。

就这样，19岁的戚继光怀揣着理想，开始了从军生涯。

因为戚继光是世袭的职位，所以他并不用从基层干起，而是一上来就被任命为主管登州卫屯田事务的高官。

19岁的戚继光虽然年轻，但他对时局有着清醒的认识。他认识到：由

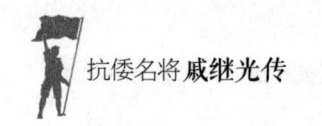

于多年的兵备荒弛，明朝的军队到了嘉靖朝时，已经腐败到不堪一击的地步了。作为一个年轻的将领，他认为军队改革是当务之急。

同时，因为正年轻，因为有理想，所以戚继光一上任就要大刀阔斧地大干一场。

新官上任三把火。

戚继光分工管理登州卫所的屯田事务。他上任的第一把火，当然是从自己的辖区——登州卫烧起，而提出的一系列改革措施，也是围绕登州卫的屯田来展开的。

在明代，卫所、屯田、世袭等制度，是一脉相承的。

卫所制是由朱元璋创建的，它是明代常备军建军制度，发端于元末，正式建立于明洪武年间，到成祖、仁宗时最为兴盛。

屯田，指明朝开国皇帝朱元璋采用"寓军于民"的军事思想，在全国推行军队屯田、战耕结合的制度。

明朝时，把按卫所编制的世袭服役军士同屯田紧密结合起来的目的是多方面的：一是以世袭军士保证兵源充足；二是按卫所单位，根据战略部署分散成屯，以保证及时抗御外来侵扰和镇压人民反抗；三是军队就地屯田自给，以减轻国家养兵的沉重负担。因此可以说，军户世袭、卫所编制体系和军屯构成了卫所制的主要特色。

朱元璋曾对这种制度沾沾自喜，炫耀说："大明的军队可以自己解决吃饭问题了。"

的确，这不是朱元璋"老王卖瓜，自卖自夸"。明初，卫所制度很健全，军事管理也很严格，这不仅使大量驻兵的军粮得以解决，同时也为政府带来了巨额的赋税收入。可以说，卫所制度的推行对明初加快垦荒、恢复农业生产和减轻农民负担具有重要意义，促进了社会经济的快速发展。

如今，凡是"卫、所、营、屯、堡"等的居民点，大多是明代实行卫所制和屯田的遗迹。

当然，卫所屯田制并不是朱元璋首创的。早在汉魏时期，广大人民饥寒交迫，有诗云："白骨露于野，千里无鸡鸣。"是当时社会的真实写照。那时，一方面大量流民食不果腹，一方面大片荒地却无人开垦。于是，曹操就创立了屯田制，把一些劳动力安置在国有土地上从事生产，从而充分利用了生产资源。

军阀混战，归根到底打的是粮草。实行屯田制度，不但粮草供应有了保障，而且大大减轻了农民运粮的沉重劳役负担。

总而言之，屯田制维持了大明军队的主要开销，具体做法是：朝廷给地方驻军提供耕地让军户耕种，收成的绝大部分都拿来养活军人，留下一部分给军户维持生活。一般情况下，军户耕种土地收成的75%都要上缴，而且上缴的数目是固定的，这里面存在着许多不合理因素。在明朝，军户耕种基本上是靠天吃饭，年景好坏，粮食收成差别是很大的，而朝廷却不管年景好坏，也不管军户是不是颗粒无收，粮食都必须要年年如数上缴。所以，一旦遇到灾年无法上缴粮食，军户只能卖掉所有值钱的东西，凑足银两，抵作上缴的粮食。

军队对军户的管理是非常严格的，如果不能上缴粮食，将会遭受最为严厉的惩罚。

除了天灾，还有人祸。

应该说，朱元璋所规定的卫所屯田制度，在明朝初年还是取得了重大作用的。然而，由于疏于管理，使得那些在军队中掌控权力的将官们日渐贪腐，他们无情地盘剥军士，对下克扣军饷，对上谎报军士数额，以套取军饷，中饱私囊。更为严重的是，他们还大量兼并土地，将朝廷划拨的耕地据为己有，根本不管军户和军士的死活。这些军官甚至将军队也视为己有，专门培养亲兵护卫自身的安全。

久而久之，到了嘉靖时期，军官贪腐已经到了积重难返的地步了，下层军士们不是得过且过，就是想要造反。

嘉靖二十五年，戚继光开始分工管理登州卫所的屯田事务，他敏锐地意识到：这样下去大明军队就要垮塌，要想发展，就必须要改革。

可是，理想很丰满，现实却很骨感。

现实总是很残酷的，此时的军队中，从上到下都是兵油子，轻松日子过

惯了，谁还会听命一个刚出道的毛头小伙子呢？所以，戚继光所谓的改革根本推行不下去，几乎是还未萌芽就被摧残了。

然而戚继光没有就此沉沦和随波逐流，痛定思痛之后，他从苦闷和沮丧中挣脱出来，他内心清楚地知道：他还年轻，前方一定还有大把的机会。虽然他现在还改变不了别人，但却可以改变自己。

于是，戚继光给自己制定了一个严格的军事训练计划，并一项项地逐步加以落实。

在为父守孝的几年里，戚继光刻苦训练，不仅炼就了一身绝世武功，而且在射箭、枪法等军事技能上，也是突飞猛进。后来，这些技艺都在扫荡倭寇时功不可没。

03. 成家，完成了终身大事

男大当婚，女大当嫁。

公元1548年，即嘉靖二十七年十月，21岁的登州卫指挥佥事戚继光与南溪万户王栋将军之女王氏完婚。

这是早在戚继光13岁那一年就订下的婚事。当初经父母之命媒妁之言订婚时，戚王两家可以说是门当户对的。男方戚继光是家族的继承人，女方王氏也是出自武官世家，她的父亲王栋最高也做到总兵官的位置。只不过当戚继光袭职之时，戚家已经到了靠卖房子换路费的地步，在经济上，戚家与万户的王家已不可同日而语了。

这里值得一提的是，戚王两家的婚事之所以拖了八年之久，可不是王家或王氏嫌贫爱富要毁婚，而是有多方面原因的，其中最主要的原因就是在戚继光17岁那一年，他的父亲戚景通去世了。

百善孝为先，这是老祖宗留下来的传统。在古代，忠孝被看作衡量一个人人品的重要标准。而最能体现这一点的就是子女要为父母守孝三年，也就是通常所说的"丁忧"。

孔子曰："子生三年，然后免于父母之怀。夫三年之丧，天下之通丧也。"意思是：一个小孩子出生三年之后，才有可能离开父母亲的怀抱。其实，一个人从出生到长大成人，何止需要父母三年的抚养呢？如此看，父母去世后，子女为父母守孝三年，是天下的通丧。

中华民族是礼仪之邦，所谓圣朝以孝治天下，但凡做官的人，不管文官武官，也不管官做到多大，父母之丧如果不马上请假还乡，那是不对的。监察御史甚至会马上提出弹劾，给予其永不录用的处分。

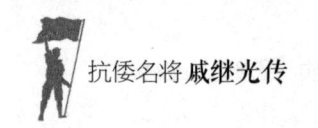

当然，凡事都有例外。如果武将正在前方作战之时，父母亡故了，他应该怎么做呢？遇到这种情况，他仍然要向朝廷请假还乡，然后皇帝可以下诏书，诏命他移孝作忠，予以慰留，这样才可以不用还乡。

戚继光虽然承袭了武官职，但他没处于交战的前线，况且戚继光的家乡就是被称为"孔孟之乡"的山东，因此他没有任何理由，也不能不为父守孝三年。

守孝期间，孝子是应该禁止一切娱乐活动的，敲锣打鼓、燃放鞭炮的喜庆婚礼场面代表的更是最大的不孝。因此，年轻的卫所佥事戚继光直到为父守孝三年后，才正式迎娶王家女儿，此时，戚继光21岁。

之所以一直以王家女儿或王氏来称呼戚继光的新娘子，是因为在男尊女卑的年代，女人一般没有名字，史书也不记载她们的名字。

女人嫁人前只有小名而无大名，嫁入婆家后往往随夫姓，或者"夫姓+本家姓+氏"就是这个女子的姓名了，这样的现象在明、清两朝最普遍。

话说回来，史书没有记载，我们也不好妄加猜测，现只以王氏称呼她，而后人一般称她为王夫人或者戚夫人。

戚继光虽然没钱，但礼节是少不了的，况且万户的王家也不会委屈了自家的女儿，因此戚继光的婚礼场面还算是比较隆重的。

在中国，古人认为黄昏是吉时，会在黄昏时行娶妻之礼，因此夫妻结合的礼仪称为"昏礼"，后来慢慢演化为"婚礼"。当然，中国历史悠久、地域广大，各朝各地的民风民俗也有很大的差别。

从周朝开始，由求亲、说媒到迎娶、完婚的手续通称为"六礼"，六礼大致是指：纳采、问名、纳吉、纳征、请期、亲迎。

明代洪武元年时，官方规定须以朱子家礼为标准制定婚礼。

嘉靖二十七年十月的一天，登州卫戚家张灯结彩，全府上下一派忙碌的景象。作为戚家的长子，戚继光此时已经是当然的一家之主，他的婚礼也当然是戚家的头等大事儿。因此，全家总动员，忙碌是少不了的。

这一日，准备工作已经就绪。"六礼"中的前五礼也都一一办理妥当，只待正式的迎娶仪式了。

第二章 封侯非我意，但愿海波平

一大早，一顶四人抬的花轿就停在新郎官戚继光的家门口，轿身红幔翠盖，上面插龙凤呈祥，四角挂着丝穗，这就是俗称的"亮轿"，是在向四邻昭示——戚家有儿要结婚了。

吉时一到，迎亲队伍就出发了。一路之上，鞭炮齐鸣，旗锣伞扇，热闹而壮观，吸引了许多路人驻足观看。

接下来，自然是新郎官戚继光来到王家，迎娶新娘子上轿，这被称为"发轿"。然后就是起轿，即轿夫们抬起花轿，两面开道锣鼓喧天，前往戚家。

中途是如何颠轿的，是如何完成挡煞一说的，这里就不细述了，现只看看新娘子下轿之后都做了什么吧！

花轿停下之后，蒙着红盖头的新娘子被搀扶下来，只见她凤冠霞帔，内穿红袄，足蹬绣履，腰系流苏飘带，下着一条绣花彩裙，头戴用绒球、明珠、玉石丝坠等装饰物连缀编织成的"凤冠"，肩上披一条绣有各种吉祥图纹的锦缎"霞帔"。新娘子的鞋是不能沾地的，她被喜娘搀扶着走在地上铺的红毡之上，袅袅娜娜，煞是好看。

到了大门口时，早有人在那里放置了一盆火，新娘子王氏依言从火盆上面跨了过去，同时喜娘在一边喊到："婚后的日子红红火火喽！"

与此同时，新郎官戚继光也没闲着，他也在婚礼司仪的主持下，完成着他的三箭定乾坤，即：射天，祈求上天的祝福；射地，代表天长地久；射向远方，祝愿未来的生活美满幸福。

不多时，两位新人来到了点燃花烛的厅堂上。两人站定之后，就在司仪的主持下，进行拜堂仪式，这是婚礼的高潮，也是必不可少的一部分，即：一拜天地，二拜高堂，夫妻对拜。然后，在"送入洞房"的喊声中，两位新人每人牵着一条中间有红花的红带子，向洞房走去。

在洞房的门槛上放置着一副马鞍，马鞍上还放着苹果，两位新人需要一起跨过马鞍。之所以有此环节，是因为"鞍""安"同声，取其"平安"长久之意，喻意一对新人如此一跨，就可一世保平安。

洞房内除了点燃的大红花烛，还有红床盖、红被子上寓意"早立子"的

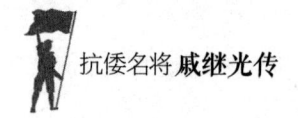

红枣和栗子……总之，几乎全是大红色。中国人喜爱红色，认为红色是吉祥的象征，所以传统婚礼习俗都用大红色来烘托喜庆、热烈的气氛。

入洞房后，在烛光中，新郎官戚继光用秤杆掀去新娘子的红盖头，王氏粉嫩娇羞的容颜让戚继光真的是"称心如意"了。

04. 戍守，蓟门换防的岁月

成家立业，是一个男人的人生必由之路。

如果说"少不更事"的戚继光承袭了武官之职，还只是迈出了立业的一小步，离古人所云的"正心、修身、齐家、治国、平天下"还差着一大截儿，那么成家之后的戚继光已经能感到自己肩上的担子是越来越重了。

公元1548年，即嘉靖二十七年，对于21岁的戚继光来说是不平凡的一年，因为他不仅成家了，而且在事业上也有了新的机会。

戚继光的机会，就是接到命令，令他率领卫所士卒戍守蓟门。

蓟门，即今北京东北部。北京是著名古都，早在商、周、秦、汉、隋、唐时代，就有燕蓟之称，又有蓟城、蓟州、蓟县、蓟门、蓟北等称谓。

战国时期，此地区为燕国地，燕昭王在此筑有"黄金台"，也称为"燕台"，这里曾发生过"黄金台拜将"的故事。

唐朝时，这里是防御契丹的边塞重镇，著名诗人祖咏来到这里时，眼前辽阔的天宇，险要的山川，激发了他投笔从戎、平定边患、为国立功的壮志，于是他激情满怀，赋诗一首《望蓟门》：

燕台一去客心惊，箫鼓喧喧汉将营。
万里寒光生积雪，三边曙色动危旌。
沙场烽火侵胡月，海畔云山拥蓟城。
少小虽非投笔吏，论功还欲请长缨。

然而据文献考证，不论是蓟城、蓟州还是蓟县，没有一座城门叫蓟门，

古代诗词中经常提到的"蓟门"通常泛指幽燕，即今北京地区，而不是指具体哪一座城门。

到了元代，"蓟门烟树"更是燕都盛景之一。

戚继光熟读诗书和兵法，喜欢诗文和军事理论，因此他对发生在蓟门的那些前朝往事是门儿清的。

作为武官，戚继光渴望有机会上前线，杀敌立功，因此，对于远赴蓟门戍守，别人可能认为这是一件苦差事儿，而戚继光却把这看作一次报效国家、建功立业的机会。

那么，为什么戚继光需要率领本卫所士卒去戍守蓟门呢？此话还得从元末明初说起……

元顺帝晚期，由于怠于政事、滥发纸币导致通货膨胀，为了治理泛滥的黄河又加重了徭役，最后导致公元1351年爆发了元末农民起义。公元1368年，朱元璋建立明朝后，派大将徐达进行北伐，攻陷了元大都，元顺帝妥欢贴木尔带着20万精兵退居漠北，史称北元。

公元1402年，北元权臣鬼力赤篡位，建国鞑靼，至此北元灭亡。

鞑靼是中国古代北方游牧民族名称，最早见于唐代的记载，是突厥统治下的一个部落。唐朝末年，突厥灭亡，鞑靼部落逐渐强大，鞑靼成为北方诸部的泛称。到了明代，把元顺帝退出大都至林丹汗时期的漠南、漠北的蒙古人也称为鞑靼。

当时的蒙古族政权，以东蒙古鞑靼和西蒙古瓦剌两部分势力最强大，鞑靼多次进犯明朝的边州，杀掠人畜，威胁北京。

在明朝建立之初的几十年里，与北方的游牧民族连年征战，造成国库空虚，实在是不堪再进行大规模的出塞作战，于是便收缩防线，设关隘派兵驻守，以抵御外族的侵扰。

自明初至中叶，明朝先后设置了九个重镇统领前线军士，这九个重镇统称九边镇，即：辽东镇、蓟州镇、宣府镇、大同镇、山西镇、延绥镇、宁夏镇、固原镇、甘肃镇。各镇都有总兵官、巡抚，数镇之上还有总督，这些封疆大吏统领的兵力，多时达百万，少时也有几十万，约占全国兵力的三分之二。

嘉靖二十七年，明朝政府正式把北京附近的蓟州列为北方九个边镇之一，而人们习惯地称蓟州防线为蓟门，主要是防止蒙古鞑靼骑兵从古北口等地侵袭京城。

当然，蓟州的战线很长，并不仅仅指一道关口，而且需要一年365天不间断地有兵驻守，光靠原先守卫蓟州的军队显然是不够的。因此，朝廷决定调山东、河南等地的官军轮番前往戍防。

戚继光的军队在山东，也在被调的范围之内，因此，他得到了一次到前线去的机会。

俗话说：养兵千日，用在一时。这次能到北方戍边，戚继光心中激动万分，因为戚继光知道，历史上的许多名将，如卫青、霍去病等，都是在北方建功立业而名垂青史的。戚继光也向往那种大漠朔风、铁骑十万、甲兵几十万、纵横千里、征尘滚滚的场面，所以，别人对这种苦差事是避之惟恐不及，但戚继光却是受之惟恐不及，因为他太想在战争第一线一展身手、建功立业了。

从嘉靖二十七年开始，21岁的戚继光奉命率领卫所士卒远戍蓟门，春去秋归，每年都要戍守蓟门一次，前后共五年。也就是说，连续五年，戚继光每年都要奔走于登州和蓟州之间。

在镇守蓟门最初的两年时间里，蒙古鞑靼骑兵很少来犯边，戚继光虽然到了第一线，却没有仗打。说白了，也就是没有什么露脸的机会。然而戚继光却没有让时光虚度，他充分发挥了自己的军事组织才能，将自己所率领的军队训练得井然有序，获得了部众的信服。

性格决定命运。

戚继光是一位不仅有理想，而且能坚守理想，特别是能在现实的打击面前快乐地坚守理想的人。可以说，这就是戚继光最终能成为一个常胜将军的关键性格因素。

话说有一天，戚继光在蓟门巡边的时候路过一座古寺，他进去一看，一帮人正在坐而论道。细听之下，原来他们正在谈的是如何长生之道。

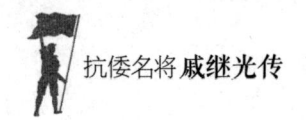

戚继光看众人天地玄黄地扯了半天，正想转身离去，却被一个道士叫住了，问戚继光道："敢问这位将军，你怎么看待长生之道啊？"

戚继光停下脚步，笑笑说："大丈夫征战沙场，马革裹尸，如果能为国捐躯，鞠躬尽瘁，那才是死得其所。这种死，对于将士来说，就没有遗憾，也就是长生不老了。"

戚继光这话说得很俏皮，甚至可以说，透着大智慧、大韬略。以死为生，以死化作永恒……

众人听了戚继光视死如归且轻松达观的回答，皆肃然起敬。

第二章　封侯非我意，但愿海波平

05. 武举，验证自己的实力

春去秋来，转眼已经是戚继光戍边的第二个秋天。

嘉靖二十八年的秋天换防回乡的时候，22岁的戚继光做出了一个新的、大胆的举动——参加武举。也就是说，已经是指挥佥事的戚继光，要以普通人的身份，参加山东的乡试。

结果可想而知，他以娴熟的刀马技术以及精准的箭法，中了武举。

武科举也是封建社会科举考试的一种形式。

在明代，虽然卫所世袭制盛行，但仍然有通过武举考试选拔武官的方式。事实上，到了戚继光所处的年代，明朝政府开武举科已经八十余年了。特别是在明代中期以后，因外敌的猖獗，愈发体现出了边防的虚弱，朝廷尤其需要武备人才，所以也就更加重武举、轻世袭了。

戚继光是一个从小就志存高远的人，他十分渴望杀敌立功，成为一个真正的将领。为此，他准备了许多年，也时刻准备着……

然而，戚继光也始终有一个心结，这个心结就是——他一直认为，他是袭职当上指挥佥事的，是凭借祖上的荫功，而不是个人努力的结果。

凭真本领博取功名，受任军职，然后立功、升级，直至高级将领，这才是戚继光想要的，这才符合戚继光的本愿。

说白了，戚继光明明可以靠世袭直接当官，但他却想凭真刀真枪的真武艺真本事吃饭。

事实上，戚继光的这个想法，已经由来已久了。

戚继光作为家中的长子，除了成家立业，整军修身，他还担负着复兴整个家族的使命，特别是他要接过父亲的担子，担起培养弟弟的责任。

戚继光有一个小自己6岁的弟弟叫戚继美，父亲戚景通去世时，戚继美还只是11岁的孩子。

戚继光与戚继美兄弟俩关系相当好，父亲去世之后，哥俩可以说是相依为命，哥哥戚继光对弟弟呵护有加，而弟弟戚继美对哥哥也是相当崇拜的。后来，戚继美随戚继光一同南下抗倭，先后担任过都督、骠骑将军等职，并于万历年间由狼山总兵升贵州总兵，遂移居贵州，后官至云贵总兵，可以说，也是独镇一方的名将。当然，这是后话了。

在戚氏兄弟为父亲戚景通守孝的日子里，还是少年的戚继美最喜欢跟哥哥戚继光一起练箭法，因为哥哥戚继光的箭法在登州卫那可是有着"百步穿杨"之名号的。

有一天，兄弟俩在郊外练箭。戚继光凌空一箭，直射云端。戚继光这一箭射得很用力，戚继美赶忙抬头去看，只见箭如流星，穿云破雾。而此时，天上却不见一只飞鸟，再看那箭，早已飞得不知踪影。

戚继美不解地看着哥哥，很纳闷：哥哥居然放的是一支空箭。

"好男儿怎能羁守故土，当志在天下啊！"戚继光长叹一声，幽幽地说。没等戚继美反映过来，戚继光又回头深深地看着弟弟。

戚继光的眼神很特别，看得戚继美心里直发毛，心想：今天哥哥，这是怎么了？

"我要去参加武科举考试。"戚继光说出了一个惊人的决定。

"什么？什么？哥哥还要去参加考试？哥哥不是已经世袭了武官职了吗？"戚继美真是没有明白哥哥的意思。

不只是戚继美不明白，对于戚继光的这个决定，可能所有的人都有着疑问：戚继光，你还要参加科举考试，究竟这是唱的哪一出？

古代的科举考试分为两种：一种是文人参加的，一般叫文科举；另一种当然是为了选拔武将而设置的，名叫武科举。

戚继光要去参加的自然是武科举。

明代因为有世袭武官制度的存在，通过武科举选拔而成为将领，甚至是成为一代名将是难上加难。

同时，明代的武科举与其他朝代是有所区别的。区别就在于，虽然是武科举，选的是武将，但首先要进行笔试。如果笔试不合格，根本没有机会展示拳脚刀枪功夫。也就是说，在明代，考武先考文。重文轻武，如此可见一斑。

明代之前，自隋唐开科举取士以来，历朝历代只有宋朝武举考试时也考文化课，但一般是在先考了马步骑射、拳脚功夫之后，才象征性地考点文化课。因此可以说，明代通过武科举选拔出来的人基本上是文武全才，没有点真本事、真功夫还是不行的。

俗话说，没有金刚钻，不揽瓷器活。

戚继光已经世袭了登州卫高级军官的职位，还要费劲再去参加武科举考试，首先他对自己的文才武略相当自信，同时，他也不想躺在祖先的功劳簿上睡大觉。他要向世人证明：他是名副其实的武将。

话说回来，此时此刻戚氏兄弟俩肩并肩地站在郊外空旷的原野上，仰望着遥远的天际，看云淡风清，想人生前途……似乎，弟弟戚继美有些理解哥哥戚继光的决定了。

不知过了多久，兄弟俩收回望向远方的目光，然后互望着，最后，情不自禁地，两双手紧紧地握在一起，兄弟俩达成了共识——荣耀，要凭自己的真本事，亲手去获得。

从此，戚继光打定了主意，要用自己的双手去打拼属于自己的天下，为此，他也积极准备着。

三年守孝期满，戚继光文韬武略已经是大有精进了。于是，他先是娶妻成家，然后是在卫所尽职。当接到戍边的命令时，戚继光安排了家事，并为弟弟继美娶妻，然后，义无反顾地踏上了征程。

机会总是留给有准备的人。

22岁的戚继光走进了山东乡试的考场，小试身手，便毫无悬念地考了个武举人。

按照科举制度的规定，考完乡试的第二年便可参加京师的会试。公元1550年，即嘉靖二十九年，23岁的戚继光赴京师参加会试。戚继光仍然是信

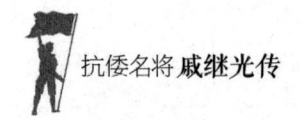

心满满，他期待着能一路过关斩将，说不定稍一发挥就考个武状元了。

可是，这场会试的结果不仅出乎戚继光的意料，也出乎所有人的意料，戚继光既不是状元及第，也不是名落孙山，而是——没成绩。

事实上，没成绩不是他个人的原因，而是因为一个突发事件……

06. 上书，备敌方略受赞赏

嘉靖二十八年（1549年），戚继光顺利通过了乡试，获得了武举人的身份。第二年，他只身入京，准备参加武科举会试。

武科举的会试科目，照例是先考文，再比武。

比武，对于戚继光来说是有十足把握的，因为他不仅出自武官世家，而且自幼习武，再加上这些年来的自我约束、勤学苦练，使得他的马步骑射、拳脚功夫等都早已相当纯熟了。

文考，对于戚继光来说毕竟不是专攻的术业，因此他需得认真对待，马虎不得。所以，戚继光一到北京，就开始琢磨怎么来应对文考。

文考，题型相当于是写作文，而且还是议论文，或者类似于现在公务员考试中的"申论"部分。主题不外乎是就当时社会的焦点问题提出自己的见解与解决办法，这在科举考试中叫"策论"。

因为戚继光参加的是武科举，所以他就琢磨着应该先写几篇有关国防问题的策论，以备考试。说白了，戚继光这是在给自己押题呢！

当然，戚继光所思索的国防问题，不仅仅是为了应对考试，实际上，在他的内心深处，总是激荡着一股报国之志，他要拿出几篇备敌方略来报效国家。

明王朝的国防危机主要表现在两个方面，一是"南倭"，一是"北虏"。

"南倭"，是指南方的倭寇之乱。

自明成祖朱棣派郑和七下西洋以来，大量的海陆往来带来大量海上贸易的同时，也带来了觊觎东方财富的日本武士与日本浪人。这些武士和浪人在日本动荡的战国时代一般都是战败方的作战人员，他们在国内没有立足之

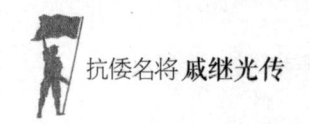

地，就跨洋过海流窜到中国，成了土匪和海盗。

戚继光准备参加武举的时候，倭寇对东南沿海的侵略还没有形成规模，相比起"南倭"来，"北虏"的问题更为严重。

"北虏"，是指北方部族的侵扰。

大明王朝自明成祖朱棣之后，对北方蒙古族的后裔渐渐采取了防守的姿态，再加上内政日趋腐败，后来就明显有点顶不住了。明英宗的时候，先是西蒙古的瓦剌在土木堡大胜明军，俘虏了英宗皇帝，后是瓦剌的首领挥兵直入，一举包围了北京城。多亏有"粉身碎骨浑不怕，要留清白在人间"的于谦少保坚决地领导了一场北京保卫战，才挽救了大明王朝于水深火热之中。

后来瓦剌逐渐衰落，东蒙古鞑靼族的俺答又猖狂起来，他占据了河套地区，对西北边防形成了巨大的威胁。

嘉靖二十九年之前，即戚继光在思考备敌方略之前，俺答就已经好几次长驱直入，深入明王朝的腹地进行蝗虫般的抢劫了，而此时外强中干的明王朝，似乎对俺答的侵扰一点办法都没有。

要知道，此时的明朝首都是北京，北方部族的侵扰已经逼近了大明的心脏，所以明朝一直都认为"北虏"——也就是北方蒙古族后裔的威胁，才是最大的国防危机。

事实上，戚继光也是这么认为的。他在通盘考虑了"南倭""北虏"的国防危机之后，决定还是从最为严峻的"北虏"问题开始分析。于是，戚继光在考试之前开始着手写一个系列文章，题目为《备俺答策》，也就是如何对付北方俺答侵略的方法与策略。

当然，戚继光绝不是闭门造车，而是特别注重调查研究。他在戍边时，对蓟门一带的防务状况进行了深入的实地调查。通过实地调查，戚继光感触很深，蓟门和都城唇齿相依，形势重要，但缺少精兵，一旦有事，必定危及京城，应趁边境暂时安宁，预先做好应敌准备。戚继光奋笔疾书，文采飞扬，很快地草就了《备俺答策》。

嘉靖二十九年夏季的一天，戚继光正在客栈里撰写着《备俺答策》，突然听到外面街上一阵大乱。戚继光推窗观看：人们脚步匆匆地往家赶，商铺开始关门闭店。一问才知道，原来是俺答来了！那么，这俺答是何方神圣呢？

俺答汗，公元1507年出生于蒙古奇源部，包姓，名包·格根，泛称孛儿只斤氏，是元太祖十七世孙，也是大元汗达延汗的孙子。

俺答所在的部落游牧在丰州滩，即今内蒙古自治区呼和浩特一带。明嘉靖初年俺答崭露头角，成为蒙古右翼土默特万户的首领并与他的长兄吉囊数次征伐北方的兀良哈和青海的卫部特等部。公元1542年吉囊死后，俺答势力日强，控制了蒙古右翼地区，成为右翼三万户事实上的首领，控制范围东起宣化、大同以北，西至河套，北抵戈壁沙漠，南临长城。后他为开辟牧场，又征服青海，甚至一度用兵西藏。

俺答被大明朝封为顺义王、俺答汗，意思为"结拜兄弟亲王"。他自称"阿拉坦汗"，又译作"阿勒坦汗"，意思为"黄金家族可汗"，因为他是黄金家族——成吉思汗家族的后裔，明史称为"俺答汗"。

戚继光进京参加会试，刚准备了两篇《备俺答策》，那个远在千里之外的俺答，就像被招了魂似的，真的就跑到北京城来了。当然，俺答汗既不是为了验证戚继光的策论，也不是冲着戚继光来的。历史就是这么有戏剧性，就是充满了这么多的巧合。

其实俺答汗一开始也并不知道他自己会跑到北京城来，他只是把上次抢来的东西渐渐用完了，手又痒了，于是他于嘉靖二十九年的夏天，再次率十万大军入境抢劫。

戚继光是来北京参加武举会试的，考试还没开始，还不知道主考官是谁，俺答就来了。俺答汗似乎成了这场会试的"主考官"，并且出了一个最实用的考题——国都被围，敌军兵临城下，作为一名热血青年，应该怎么办？

"主考官"俺答汗的不请自来，让这一场会试也没法考了。

事发突然，当时北京的兵力很少，各地勤王的部队又远水解不了近渴，所以嘉靖皇帝没办法，便号召北京一切可以动员的力量来进行防卫。各地来参加武举的举子，既有文化，又有武功，当然是一支很好的防卫力量。于

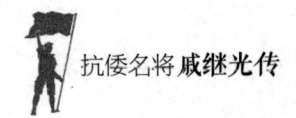

是，像戚继光这些人都被动员起来，临时守卫京城九门，加入到了北京保卫战的第一线。

"国家兴亡，匹夫有责"，面临亡国的危机，戚继光前后两次上书，呈献备敌方略，受到朝廷高级官员的赞赏；同时，戚继光被任命为总旗牌，督防九门。

07. 督防，临危受命显英才

在戚继光戍守蓟门的那些日子里，北方的形势相当紧张，蒙古族的俺答汗经常率兵南下，不仅威胁河北、陕西、山西边境，而且经常深入内地。

庚戌年春夏之交时，俺答汗率兵十几万，进犯大同。俺答汗知道大同守将勇武，于是便将精兵埋伏在山谷里，仅以百名老弱骑兵作为诱饵，往来驰骋。大同守将不知是计，轻率出击，中了埋伏而阵亡。

明朝政府又任命严嵩的干儿子出守大同，严嵩的干儿子居然以重金贿赂俺答汗，条件是：改进攻别处，只要不打大同就好。得了贿赂的俺答汗便不打大同了，改从东面进攻蓟州等地。

兵部尚书得到急报，赶紧调集边兵1.2万骑兵、京营兵2.4万骑兵，前往救援。然而，这是一支没有战斗力的部队，为什么这么说呢？

按照明朝制度，边兵是屯守要塞、捍卫国土的，京营兵或称京兵是戍卫京城、保护皇室的。到嘉靖年间，边兵还勉强能够打仗，而京兵大多由市井无赖充数，根本没有战斗力。因此，明眼人一看便能断定，这一战必败无疑。

俺答汗没想到明朝的军队这么没有战斗力，他率军突入古北口，明军一战即溃不成军，于是他率本部骑兵长驱直入，攻占了长城沿线的古北口、密云、顺义、通州，并直逼京师。

蒙古人一眨眼就打到北京城下，这里可是国都，是一个国家的心脏啊！北京若被打下来，那就算是亡国了。

急报送到，令大明京师震惊。

此时，驻守京城的兵马一共只四五万，其中有一半还是老弱残兵，所以

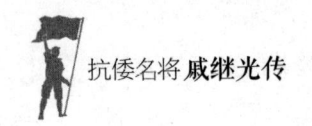

只得仓促从民间招募了4万多义军。

此外，正逢有千余名武举人到京城会试，这时正好派上用场，他们被分派到京师九座城门参与戍卫。

在这千余名武举人中，戚继光的情况又是与众不同的，因为他是登州卫指挥佥事，已经是现役的武官职了。

此时的戚继光虽已戍边两年，但还未面对面地与蒙古骑兵打过仗，所以这次机会，他便积极请战。

当然，戚继光不是那种只有匹夫之勇的人，凭他几次戍守蓟门的经验，他深知要击败敌军，需靠智谋取胜。

于是戚继光准备向朝廷上书，陈述御敌策略。他主张面对强兵不能示弱，反对消极防守，主张积极抵抗。并立即将《备俺答策》通过相关渠道，呈送到兵部。这是戚继光的第一次上书。

此时的戚继光还是一个无名小官，因此第一次上书并没有被兵部采纳。虽然当政大臣没有采纳他的策略，但对他在策文中显示出的军事才能十分惊讶。

上书没有引起重视，戚继光并没有气馁。针对各地援兵纷纷前来等实际情况，戚继光又进行了第二次上书，提出了统一指挥、明确分工合作、抓紧训练士卒、严格部队纪律等十几项措施。

令人欣喜的是，戚继光的第二次上书得到了兵部官员的赞同，并把他的建议发到京师各部队，供将士们学习参考，戚继光也开始慢慢走进兵部众大臣和公众的视野。那么，他是怎么做到的呢？

这里还发生了这样一段故事。

话说俺答汗十万大军兵临北京城下，而当时的京畿守卫只有四五万，并多是老弱残兵，北京城内真可谓人心惶惶。主政的内阁首辅严嵩之流，就主张直接开城投降了。在徐阶等人的坚持下，嘉靖皇帝才决定要拼死撑下去。

疾风知劲草，板荡识诚臣，危急的时刻方显出英雄本色。

面临着危局，守卫九门的将士也是想法不一，很多人都想着该如何逃出"围城"时，年轻的戚继光却镇定自若。

第二章 封侯非我意，但愿海波平

第一次将《备俺答策》呈送给兵部没有被采纳，戚继光就认真查找《备俺答策》中的不足之处。在防卫第一线，戚继光冷静地思考着对敌之策，对所面临的俺答来犯的危机进行了分析，并补充写进了他的《备俺答策》之中。

鉴于正式上书没有被采纳，戚继光首先把《备俺答策》在进京应考的举子们中间进行渗透。一传十，十传百……很快《备俺答策》就传开了，甚至达到了来参加武举考试的举子们几乎人手一册的地步。

有一天，一位兵部的主事也读到了这篇文章。

事情是这样的。那天，一位兵部的主事到京城九门巡视防务情况，当他来到九门之一的安定门时，看到一个年轻人捧着一本小册子在聚精会神地阅读。这位主事便很好奇：大敌当前，难道还有人能安下心来读书吗？

这位兵部的主事将年轻人手上的小册子拿过来，随意翻了翻，这一翻不要紧，真是越看越惊奇，越看越兴奋，他一把抓住眼前这位年轻人的手问："这本《备俺答策》是你写的吗？"

当然，这个年轻人就是戚继光。

面对兵部主事的询问，戚继光多了个心眼儿。

"大人明察，谁写的似乎不重要，如果能对解俺答之围有帮助，那才是最重要的。"戚继光不置可否，因为此时的戚继光还不清楚这位兵部主事对《备俺答策》的心思和态度，同时，他也不想给人"老王卖瓜，自卖自夸"的印象。

这位兵部的主事很快就查到了这篇《备俺答策》的作者名叫戚继光，而戚继光就是他所遇到的那位年轻人。

于是，这位兵部主事立刻向朝廷举荐了戚继光。接着，戚继光撰写的《备俺答策》也作为一部重要的内参成为兵部对俺答作战的重要参考策略。

可以说，作为一个应届的武举考生，戚继光虽然没有会试成绩，但是他实际上已经走进了考场，并且还交上了一份高质量的答卷。

后来的北京保卫战中，戚继光被任命为京城九门的总旗牌官，协助九门提督督防京城九门。这在当年参加武举的考生中也是绝无仅有的。

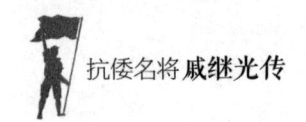

俺答汗的性格比较粗犷，这次兵围大明京师本就在意料之外，且大明朝京师守将众志成城，徐阶施巧计拖延了时间，各地勤王的部队逐渐赶到，俺答汗见大明防备森严，便在北京城郊大肆劫掠一番之后扬长而去。

于是，北京的危机也就算过去了。

这次战争虽然持续时间不长，但在明朝历史上影响却很大，史称"庚戌之变"，也是蒙古骑兵继"土木堡之变"后第二次严重威胁明朝的安全。

是金子就会发光的。

被打断的武举会试在这场突变之后也不再举行，然而武举人戚继光却成为了兵部的一个将才，相当于状元及第了。为什么这么说呢？

因为兵部以"国士"的名义把戚继光的事迹上报给了嘉靖皇帝，在那位兵部主事的推荐表里，更是以"才猷虎变，当收儒将之功；意气鹰扬，可望干城之寄"之语评价了戚继光。

戚继光这位23岁的有为青年，品德出众，才华横溢，当时已被人们誉为"国士"，由朝廷记录为"将才"。

年轻的戚继光临危受命，尽显了英才本色。

08. 擢升，抗倭开始于山东

机会总是留给有准备的人。

戚继光在"庚戌之变"中的突出表现，给兵部、京师、山东的一些高级军官留下了深刻印象。

敌兵虽然已暂时退却，但是边防仍需驻守。头上戴着光环的戚继光并没有过于骄傲，而是回到他的岗位上继续恪职尽守。

从嘉靖二十九年到嘉靖三十一年的三年时间里，按戚继光自己的说法是："臣束发从征，三历边境。"

三年来，戚继光仍然每年带着本部的卫所士兵到北方的蓟辽前线去帮助戍守边境，同时戚继光还扎扎实实地做了两门对他以后的军事生涯产生了重大影响的功课。

一是批读《孙子兵法》。

戚继光是一位喜欢读书特别是喜欢读兵书的人，不论是在家里，还是在战斗的最前沿，他一直在读书。比如，戚继光对《孙子兵法》的学习已经让他形成了自己的风格，可以活学活用了。戚继光所读的那本《孙子兵法》的字里行间和空白处，密密麻麻地记满了他的批注和心得体会，这对他后来形成个人的军事理论，以及写成《纪效新书》《练兵实纪》等伟大的军事著作都有重要的影响。

二是研究针对蒙古人的作战策略。

戚继光在蓟门巡边，这是可以直接面对蒙古人的最前沿。戚继光利用巡边的机会，充分了解当地的山川地形以及蒙古人的作战风格，渐渐形成了在当地作战的清晰思路，这对他在平定南方倭寇之后，转战北方，力克蒙古铁

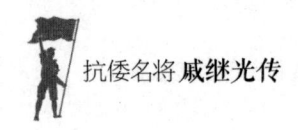

骑打下了基础。

戚继光连续五年往返蓟门、山东之间，春去秋归。紧张的军事生活使戚继光增添了许多宝贵的军事经验，熟悉了边关地形，增强了保卫国家疆土的责任感。这一点，有他所作的《马上作》一诗为证。诗是这样的：

南北驱驰报主情，江花边月笑平生。
一年三百六十日，多是横戈马上行。

应该说，戚继光所做的这一切也不完全是默默无闻的，朝廷中一些主持军务的官员对戚继光的胆识很是赞赏。比如，兵部主事计士元就在一封推荐书里评价戚继光说："留心韬略，奋迹武闱。管屯而俗弊悉除，奉职而操持不苟。"

计士元认为，戚继光将来一定能成大器，为国家做出贡献。

1553年，即嘉靖三十二年，戚继光被提升为都指挥佥事，管理登州、文登、即墨三营二十五个卫所，防御山东沿海的倭寇。

此时的戚继光26岁。

同年六月，戚继光赴任。到任以后，戚继光整顿卫所、训练士卒、严肃纪律，使山东沿海的防务大大改观。

1333年，与中国隔海相望的日本进入了南北朝时期，1392年，在内战中北朝足利氏征服了南朝，南朝武士失败，丧失军职成为"浪人"。这些日本"浪人"与不法商人相勾结，又吸收了一部分破产的农民组成海盗集团，他们坐船来到中国的东南沿海，有时进行走私活动，有时则进行抢劫，这些人就是中国历史上所说的"倭寇"。

到了嘉靖三十二年，即1553年前后，北方的俺答多少消停了点，东南沿海多年沉积下来的"倭寇"之乱呈现出规模化爆发的趋势。

这时，沿海省份山东的抗倭形势突然严峻起来。

戚继光的父亲戚景通原来做过山东的都指挥佥事，而戚继光从17岁起，就已经袭父职成为了一名大明朝的军官，在"庚戌之变"和五年戍守蓟门的上佳表现，让戚继光结束了蓟门巡边，后就被兵部委以重任。兵部让戚继光子承父业，晋升他为山东都指挥佥事，总督山东沿海三营二十四卫所所有兵马。

于是，26岁的戚继光重新回到山东，肩负起了在山东沿海抵御倭寇的重任。

戚继光欣然领命，然而一上任心就凉了一大半儿。因为统领下属三营二十四卫所的花名册上按理应该有6.3万人的正规军归他指挥，而实际上远远没有达到这个数字。

实际上，由于多年兵备荒弛，明朝的政府军已经成了一个彻头彻尾的烂摊子和空摊子。各级将领编造士兵名额只为吃空饷，这是明代军队最突出的贪污形式。戚继光名义上有6万多人的部队，可一清查下来，只有不到5000人。

从6.3万到5000，这反差也太大了吧！

换了其他人可能要撂挑子不干了，可戚继光居然没皱一下眉。只有5000人马，而且要守整个山东近3000公里的海岸线，戚继光居然不为难，且信心十足地上任了。那么，戚继光哪来的信心呢？难道这剩下的5000人都是浓缩的精华吗？

其实，即使是实有的这5000人，也大多是兵油子，都是混日子混惯了的人，怎么可能是精华呢？但是戚继光就是有信心，而他的信心就是——练兵。他要把这5000兵油子，练成浓缩的精华。

练兵，最重要的一条就是严明军纪，而为了严明军纪就得立威。为此，戚继光甚至对自己的亲舅舅也绝不手软。

戚继光的亲舅舅也是登州卫的将领，因为大家混日子混惯了，他的舅舅在戚继光整军的过程中倚老卖老，不服从命令，戚继光查实之后，当众把舅舅捆起来痛打了二十军棍。

当然娘亲舅大，从家庭的角度上来讲，戚继光这是不孝，然而作为将领他必须这么做。

当天晚上，戚继光脱下军服、换上便装，亲自到舅舅家登门谢罪。

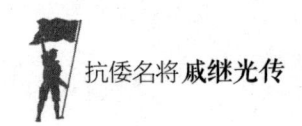

一见到躺在床上的舅舅，戚继光扑通跪倒说："白天我让人打了您，这是军纪；现在我磕头向您赔罪，这是家礼。希望舅舅能公私分明，明白外甥的一片苦心。"

听了这话，窝了一肚子火的舅舅被感动了，他也扑通一下从床上翻到了地上，跪在戚继光的面前承认了自己的错误，并表明态度，认为戚继光这样做是对的，他绝不会再做戚继光整顿军纪的绊脚石了。

戚继光痛惩亲舅的事一下子就在军中传开了。人们心想：这小子连亲舅都下得了狠手，何况别人呢？戚继光这一招杀鸡给猴看起作用了。

戚继光一通杀威棒，先给5000人马来了个当头棒喝，接下来，他再整军、练兵就变得容易多了。

后来，戚继光将5000人马练成了5000精兵，并利用这区区5000精兵，使整个山东沿海军纪整肃，壁垒森严。

倭寇一看这架势，觉得讨不了什么便宜，也就不往戚继光的防地凑了，所以，山东的倭寇之乱也就没成什么气候。换句话说，在年轻的戚继光领导下，山东的抗倭形势一片大好。

戚继光的表现受到兵部的重视与嘉奖，并打算把他当作一颗重要的棋子放到更有挑战性的地方去。戚继光对此更加期待。

公元1555年，即嘉靖三十四年七月，也就是戚继光从军十年之后，这个更艰巨的任务终于来了。戚继光被派到已经渐渐失控的浙江战场。

此时，戚继光28岁。

历史似乎在给戚继光一个契机，戚继光也满怀信心地相信属于自己的时代终于来了。而在浙江等待着戚继光的，又会是一批怎样出人意料的敌人呢？

第三章

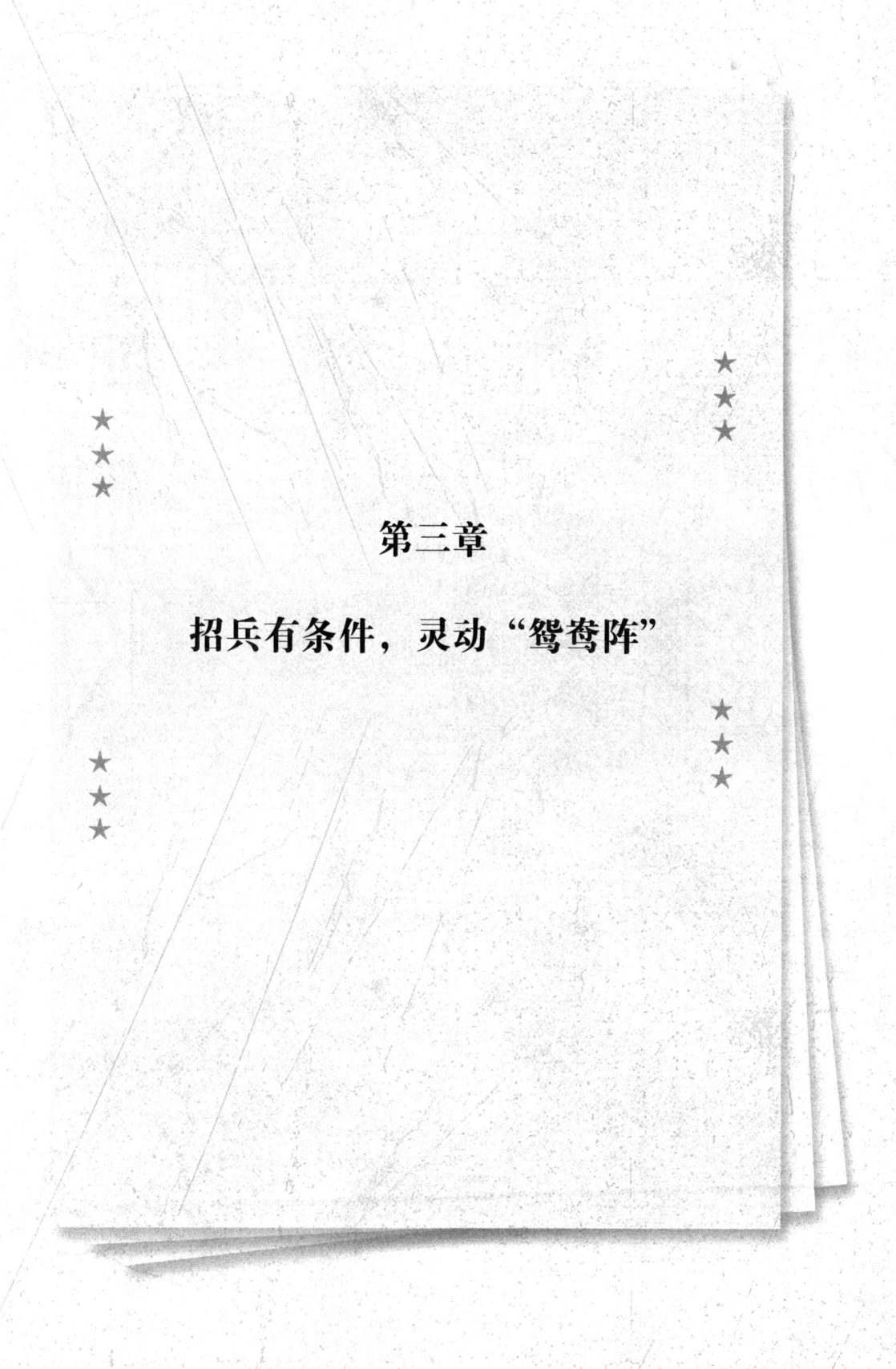

招兵有条件,灵动"鸳鸯阵"

01. 浙江，调任宁绍台参将

时势造英雄。

从某种意义上说，是倭寇成全了戚继光。

在山东抗倭的青年将领戚继光在《过文登营》一诗中表现出了他对浙江战事的牵挂、对人民的关心，决心在抗倭战场上为民杀敌、报效祖国，诗是这样写的：

冉冉双幡度海涯，晓烟低护野人家。
谁将春色来残堞，独有天风送短笳。
水落尚存秦代石，潮来不见汉时楂。
遥知百国微芒外，未敢忘危负岁华。

抱负远大且博览群书的戚继光不喜欢夸夸其谈，他只是默默地做着准备，时刻听从国家的召唤。

"倭寇"，从说文解字角度来看：倭，从人从委，"委"意思是"身材软缩"或"身材小一号"，人与委联合起来就表示"身材矮小的人"；寇，从完从支，"完"指"家园完整"，"支"指"敲打"，完与支联合起来则表示"家园破碎"。

寇和贼常常是同一个意思，因此"倭寇"一词，就常被借指为"身材矮小的贼"。

倭寇对中国沿海的侵扰从明初就开始了。

明太祖朱元璋建立明朝的时候，日本正处于封建割据的南北朝时代。

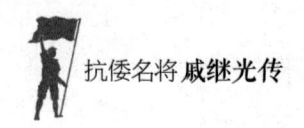

除了南、北两个朝廷外，还有许多"守护大名"等军阀割据势力。他们除掠夺财富、互相争战之外，还常常支持和勾结海盗商人骚扰和掳掠中国沿海地区，形成了元末明初的倭患。

明太祖朱元璋连续派使者到日本以恢复两国关系，更重要的是为了消弥倭患，然而，由于日本正处于分裂对抗状态，明朝的使者无功而返。倭寇侵扰日渐繁复，在北起山东、南到福建的海岸线上，到处受到倭寇的劫掠。

公元1392年，即明洪武二十五年，北朝统一日本。南朝的武士、失意的政客和浪人失去了依托流落海上、盘踞海岛，形成了一股不小的势力，时常侵扰中国沿海，造成洪武末年日渐炽盛的倭患。从辽东、山东到广东漫长的海岸线上，岛寇倭夷到处剽掠，沿海居民深受其害。

明洪武时，由于海防整饬，倭寇未成大患。经公元1419年，即永乐十七年六月的望海埚之战，明辽东总兵刘江率师全歼数千来犯之倭后，倭寇稍稍敛迹。

到了明成祖时，中日双方建立了勘合贸易关系，明朝给予足利幕府贸易凭证，即勘合，日本方面凭勘合来中国进行朝贡贸易。其后，足利幕府王朝更叠，使得双方勘合贸易时断时续。

明正统年间，因明代海防逐渐空虚，倭寇侵扰时能得手，致使倭患又起。这一时期的倭寇多为日本本土之人，除赤裸裸侵扰外，还利用中日间存在的"勘合贸易"载运方物和武器。路遇官兵，则矫称入贡，乘其无备，则肆行杀掠。总的说来，明嘉靖以前，倭寇侵扰只限于个别地区，时间亦短，尚未成为明朝东南地区的严重祸患。

公元1467年，即明成化三年，日本应仁元年，日本进入了战国时代，足利幕府衰弱，"勘合贸易"制度遭到破坏，一些守护大名为了争得与明朝贸易的权力，抢夺勘合，没有贸易勘合的大名便进行海盗活动。到了明嘉靖中叶以后，中日勘合贸易完全断绝，倭寇侵扰日益严重。

明初由于国力强盛，重视海防设置，倭寇未能成大患。

然而，明正统以后，随着明朝政治腐败、海防松弛，倭寇气焰日益嚣张。公元1439年，即正统四年，倭寇侵扰浙江台州的桃渚村，杀人放火，掘坟挖墓，甚至把婴儿束在竿子上用开水浇，看着婴儿啼哭，拍手大笑。

倭寇的罪行，真是罄竹难书。

到了嘉靖时期，随着东南沿海一带商品经济的发展，十分活跃的海上贸易与朝廷的禁海令形成了矛盾对抗。一些海商大贾、浙闽大姓为了牟取暴利，不顾朝廷的禁海令与"番舶夷商"相互贩卖货物，他们成群结队，形成海上武装走私集团，甚至亡命海外，勾结倭寇在沿海劫掠，使得倭患愈演愈烈。

公元1523年，即嘉靖二年六月，日本封建主大内氏使臣宗设、谦导与细川氏使臣瑞佐、宋素卿，因争夺对明贸易，在中国土地上相互厮杀，爆发了震动朝野的"争贡之役"。明朝政府要求日方惩办宗设等人，放回被掳中国官民，缴还旧有勘合，遵守两国所订之约，如此才允许换给新勘合继续贸易。日方没有答复这些要求，致使双方贸易中断。

由此，倭寇走私贸易更加猖獗，并伺机多方掳掠。

公元1542年，即嘉靖二十一年，倭寇由瑞安入寇台州，攻杭州，侵掠浙江沿海。公元1544年，即嘉靖二十三年，许栋、汪直等导引倭寇，聚于宁波境内，潜与豪民为市，肆行劫掠。

倭寇在山东、南直隶、浙江、福建、广东沿海大肆烧杀掳劫，江浙一带民众被杀者达数十万人，严重破坏了社会生产力的发展，威胁着东南沿海人民生命财产的安全。

然而，令人心寒的是，大明朝的一些官僚为了一己之私，竟然与倭寇海盗建立了联系，这就使得事情变得更加扑朔迷离了。

公元1548年，即嘉靖二十七年，大明朝派朱纨巡抚浙江，兼提督福建军务。

朱纨到任后立即下令封锁海面，并击杀了通倭的李光头等96人。当然，朱纨的这种海禁政策不可避免地触犯了通倭的官僚、豪富的利益。于是，他们指使在朝的官僚攻击朱纨擅杀无辜，逼得朱纨被迫自杀，这事才算了结。从此，朝廷不再设置巡视大臣，朝中朝外没人再敢提海禁之事，倭寇也就更加猖獗了。

倭寇的滔天罪行给中国人民造成了重大的灾难。朝廷不作为，受苦受难的

抗倭名将 戚继光传

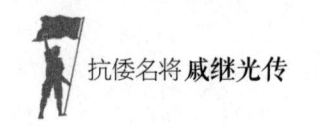

中国人民被激怒了，纷纷组织起来进行抗倭自卫斗争。

公元1552年，即嘉靖三十一年，倭寇入侵南汇县，闵电等人召募了1000余人进行抗击。同年，倭寇进犯松江，营州商人孙镗捐助军饷，还派人回家乡动员子侄们前来参加抗倭斗争。当时当地流传着"吴中倚镗若长城"的说法。

公元1555年，即嘉靖三十四年，由苗、汉、壮、瑶等族人民组成的抗倭军队，在明朝爱国将领的领导下，于王江泾(嘉兴北)大破倭寇，斩敌2000人，这是嘉靖年间抗倭斗争中的一次巨大胜利，被称为"自有倭患以来，此为战功第一"。

嘉靖皇帝，即明世宗朱厚熜是明朝的第11位皇帝。嘉靖早期，他对内整顿朝纲、减轻赋役，对外抗击倭寇，这段时期被后史誉为大明朝的"中兴时期"。后期，嘉靖皇帝崇信道教，并痴迷于炼丹，致使发生"壬寅宫变"，便不再理政，最终驾崩也可能与吃长生妙药有关，当然这是后话了。

公元1553年，大批倭寇在海盗头子汪直、徐海等人的引导、率领下，在浙江、江苏登陆，窜扰崇明、上海、台州、温州、宁波、绍兴等几十个城市，朝廷不得不派官员和军队去围剿。虽然明军在名将俞大猷的指挥下打了一些胜仗，可是朝廷听信当地奸商与贪官污吏的诬陷，先后处死两任抗倭有功的大臣朱纨与李天宠、张经，逮捕了俞大猷，又派严嵩的党羽赵文华祭祀东海海神，祈求保佑驱逐倭寇，使得倭寇的气焰更加嚣张。

朝廷不得已，在公元1555年的秋天，即嘉靖三十四年，从山东沿海将28岁的抗倭将领戚继光调任浙江都司佥书，司屯田事。

公元1556年，即嘉靖三十五年七月，29岁的戚继光又升任参将，镇守宁波、绍兴、台州三府，控制倭寇经常出没的军事要地。

朝廷终于将戚继光调到浙江抗倭前线，戚继光怀着激动的心情，踏上新的征程，到浙江迎接新的战斗。

只靠信心不能横扫天下，毕竟理想与现实之间还有不小的距离，就在他充满信心要施展身手的时候，突然一盆冷水从头浇下，把年轻的戚继光浇了个透心凉，这是怎么回事呢？

02. 龙山，戚继光初露锋芒

戚继光来到浙江，当然把在山东抗倭的经验也带来了。

明朝初年，朝廷为了防备倭寇的进攻，共在沿海地区建筑了16座海上城池。这种籍民为兵的方法和在陆路的卫所屯田制度如出一辙，取得了一些成效。

龙山所就是其中的一座城池。

龙山所，即今天浙江省宁波慈溪市龙山镇龙山所村。

龙山镇位于富饶的慈溪大地最东端，南面紧邻港城宁波，东北面靠近杭州湾，距宁波市区仅30公里，交通便利。特别是近年来，杭州湾大桥建成通车后，龙山至上海仅需1个半小时的车程。

龙山所村地处慈溪的东大门，从明朝开始，即为浙东的战略要地。龙山所北面濒临大海，是倭船往来必经之道。

公元1555年，戚继光来到浙江之后，就逐渐将龙山作为屯兵之所，与观海卫形成"一卫一所"的战略布局。

由于戚继光的出色表现，公元1556年，即嘉靖三十五年七月，29岁的戚继光又升任参将，镇守宁波、绍兴、台州三府。

"戚继光，哪里来的毛头小子？胆敢挡大爷我的财路。难道比那个俞大猷还厉害吗？"倭寇头子猖獗地叫嚣道。

"据说是从山东那边调来的，借老子的光，世袭的武官。"一位倭寇附和道。

"哈哈，那大爷我还怕他干嘛！想必也是顶吃不顶用的软蛋、孬种。"倭寇头子一听哈哈大笑，又接着问道，"那小子如今在哪儿？"

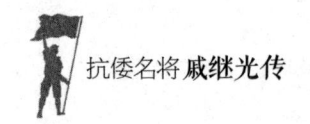

"新官上任三把火,他此刻正在龙山整饬防务,加紧备战呢!"又有一消息灵通的倭寇回答。

"那好,我们就去龙山,趁他立足未稳,去会会这毛头小子,别让他真整出大事来,得让他从哪来的还回到哪儿去。"

公元1556年,即嘉靖三十五年八月,倭寇800余人侵入龙山所。此时,戚继光刚到浙江主持防务仅仅一个多月。

倭寇兵临龙山所城下,民族英雄戚继光临危不乱,信心十足地投入对阵倭寇的战斗中。这是戚继光在浙江的首次对倭作战。

戚继光深知此战的重要性,他不敢怠慢,立即调兵遣将迎敌。

战斗在龙山所一打响,倭寇便兵分三路,以"川"字队形,向驻守龙山所的明军冲击。

从人数上来看,倭寇只有800余人,而各路明军有数千人之多,明军占有绝对优势,然而双方一交手,明军的表现让戚继光的心寒到了冰点。

此前,戚继光预想到明军的战斗力不强,但是没想到堂堂大明正规军会如此不堪一击。

戚继光率军迎击倭寇,没有几回合,明军面对劣势兵力的倭寇竟不能抵挡,甚至产生了怯战情绪。

如果是在山东,面对纷纷溃退的明军,戚继光早就杀一儆百以振奋军威了。然而大敌当前,戚继光没有治军的时间。在千钧一发之际,本来一马当先的戚继光跳上了一块高处的石头,弯弓搭箭,连发三箭。

戚继光平时的功夫没有白下,也真不愧为"百步穿杨"的神箭手,他连发的三箭,箭无虚发,将三名倭寇首领全部射死。

危急时刻,戚继光冷静地运用了平时熟读的兵法,也就是所谓的"擒贼先擒王"。

不出所料,三位倭寇首领一死,众倭寇皆大惊失色,不知所措,停止了进攻。

"冲啊!杀啊!杀敌者奖,退缩者杀无赦!"戚继光大声地喊到。

戚继光知道众倭寇只是暂时的震惊,一旦有人站出来指挥,局面就不好控制了。因此，他当机立断，抓住这个难得的时机，立即组织部队反击将倭寇击退。

明军看到戚继光无比英勇，又听到了严厉的军法号令，便纷纷停下退却的脚步重新发起进攻。倭寇一见，便无力再战，仓惶撤逃了。

此役可以说是新任参将戚继光以个人能力挽回了败局。

同时，经此一役，也充分暴露了原卫所守军军心涣散、战斗力低下的现状，戚继光下决心重整军备，也为后来"戚家军"的组建埋下了伏笔。

龙山所之战，使戚继光认识到了明军的不足。

与此同时，倭寇这次也对失败做了总结。倭寇总结后的结果就是——不服。

公元1556年，即嘉靖三十五年十月，倭寇又在龙山所登陆。

戚继光与俞大猷等率军抗击，三战三捷，倭寇乘夜撤退。明军跟踪追击至雁门岭遇到埋伏纷纷败逃，倭寇才得以乘船出海。

两次龙山所之战，戚继光率明军跟踪追击倭寇，使戚继光初露锋芒。

龙山所之战，与戚继光并肩作战的著名抗倭将领还有谭纶和俞大猷。

谭纶后来成为戚继光的顶头上司，对戚继光的军事活动给予了很多支持，而俞大猷与戚继光更是彼此英雄相惜，在东南沿海留下了许多兄弟并肩作战抗击倭寇的身影。

谭纶，字子理，号二华，汉族江右民系，江西抚州市宜黄县谭坊人，官至兵部尚书、太子少保，是与戚继光、俞大猷等齐名的明代抗倭名将。谭纶用近三十年的军事斗争实践，以及对战争规律的深刻感悟，形成了丰富而深刻的军事思想，著有《说物寓武》等二十余篇军事著作。因此，他不仅是一位杰出的爱国主义军事家，而且是一位优秀的军事理论家。

俞大猷，字志辅，又字逊尧，号虚江，晋江（今福建泉州）人。俞大猷战功显赫，他一生几乎都在与倭寇作战。

俞大猷所率领的"俞家军"甚至能将敌人吓退，他与戚继光并称为"俞龙戚虎"，扫平了为患多年以及趁机作乱的伪倭寇。俞大猷虽然战功累累，却经常因被弹劾而遭到免官，甚至多次被他人冒领军功，但是俞大猷却从来

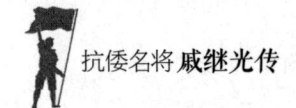

不计较这些，他的唯一信念就是全力打击倭寇。能够在抗倭前线遇到谭纶和俞大猷这样的将领，可以说是戚继光的幸运。当然，有了戚继光等文武全才的民族英雄们，也是沿海受倭寇之扰的黎民百姓之幸运。

戚继光已经站在了抗倭的最前沿，接下来，又会发生什么呢？

03. 上书，三次建议不放弃

戚继光来到浙江后，马上检阅当地军队。发现军队中恶习泛滥时他想，这样一支军队怎么能打败倭寇呢？于是萌生了张榜招兵、重新组建一支新军的想法。然而，还没等戚继光组建一支新军的想法付诸实施，就被迫匆忙上阵了。

戚继光与俞大猷一起在龙山围剿倭寇三战三捷，不仅使戚继光初露锋芒，更重要的是使戚继光充分认识到了明军的"兵无专统，谋不佥同"。也就是说，戚继光从实战中发现了明军的缺点，切实感受到了明军纪律不好、训练不精、士气不旺、素质不高所带来的弊端。

戚继光想，确实有必要重新组建并训练一支强而有力的军队了。

然而，招兵买马、训练新军是国家战略，不是戚继光一个参将可以说招就招、说训就训的。如果不经允许私自招兵，经费来源不足不说，弄不好被人安个谋反罪也说不定。

不招兵不行，私下招兵也不行，唯一的办法就是通过正规渠道上书，也就是用书面建议案的形式向朝廷反映情况，期待用兵部正式批准的方式来实现了。

于是，龙山所之战后不久，戚继光便第一次上书，向上司提出招兵、练兵的建议。

然而，戚继光洋洋洒洒、有理有据的建议案如泥牛入海，一直没有回音。后来一打听才知道，原来兵部那些官老爷们一看见戚继光的上书，头摇得像拨浪鼓似的。这个说："招兵，招什么兵？明军中的兵员还少吗？如果再招兵，国库岂不是更加入不敷出了吗？"那个说："练兵，练吧！在职

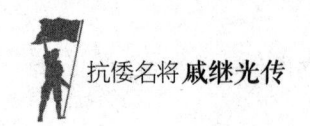

权范围之内，你怎么练都可以，如果要增加经费，两个字——没有，四个字——门都没有。"

总而言之，由于种种原因，戚继光的第一次上书建议未被采纳。

上书没有结果，大敌当前，戚继光又不能有丝毫懈怠，只能在所辖的范围内，通过颁布各种条例、军令、赏罚措施等来提高兵员的战斗力和素质，然而，各种意想不到的状况频频发生。

大批倭寇两次侵袭龙山所之后，在戚继光所管辖的宁波、绍兴、台州等沿海各地，小股的倭寇侵扰一直没有断过。

有一次，与倭寇的战斗结束时，一个士兵拎着一颗人头，美滋滋地来报功说："报告参将大人，末将不才，斩杀一名倭寇，请求受赏。"

然而，这个来邀功请赏的士兵话音还未落，就有一个士兵嚎啕着跟来了，并哭诉着说："这是我弟弟，哪里是什么倭寇？受伤还未断气，就被他割了头……请参将大人明察，为我弟弟伸冤啊！"

这等残杀自己兄弟、还要来邀功请赏的罪行，岂能轻饶？

戚继光闻听如此，不由得怒目圆睁，大喝一声："来人，拉下去……"

"参将大人饶命，小的冤枉，明明是倭寇，是他嫉妒小的，诬陷小的啊！"拎着人头来邀功的士兵，闻听立即倒在地上，杀猪般地嚎叫着，并趴伏着爬到戚继光脚下做着垂死挣扎。

"就是自家兄弟，我作证！"

"我也作证！这个败类杀的真是我们自家的兄弟。"

"我作证……""我也作证……"

一时间，聚集了好多士兵，纷纷为死难的兄弟作证。

"败类，你还有什么可说的。拖下去，立斩不饶！"

真是一波未平，一波又起。这边的事情刚了结，那边又有一个拎着人头来请赏的士兵在情不自禁地瑟瑟发抖。

众人一见，皆起疑：难道他是作贼心虚了吗？

戚继光不怒自威地厉声喝问："查查他是什么情况？难道也是残杀兄弟吗？"核查的结果令人震惊，被他杀的竟然是一个十几岁的无辜少年。

第三章　招兵有条件，灵动"鸳鸯阵"

戚继光闻报怒气冲天，立即下令把这个滥杀无辜的士兵就地正法。

虽然两个杀人冒功的罪犯被处死了，可他们的行为却着实震惊了戚继光，他心想：这样的士兵怎么能打败倭寇？看来，练兵是刻不容缓了。

公元1557年，即嘉靖三十六年，二月，戚继光第二次向上司提出练兵建议。

此时，戚继光已是而立之年。

这次上书，戚继光吸取了第一次上书失败的教训，他没有提招兵，而是只申请练兵。他想：在自己所管辖的三府内招募并训练士兵，提高军队的战斗力，应该是可以尝试的。

然而，就是这样一个退而求其次的建议，也被审批了半年多，从早春二月开始申请，直到冬季才被批准。

其间还发生了戚继光因弹劾被免官的事儿，好在旋即他又以平倭寇汪直之功而复官，只是改守台州、金华、严州三府了。

无论如何，申请总算被批准了，戚继光就着手开始治军。

一方面，戚继光清理整顿所管辖卫所内的兵员情况，将那些只吃空饷不入伍，或者应当服兵役却花钱贿赂官员、实际不入列的士兵一一清查出来。另一方面，戚继光又对宁波、绍兴、台州三府现有的士兵重新编队，提拔任用有能力的军士成为将领，以期达到治军练兵的目的。

戚继光的这些举措确实取得了一定的效果。宁波、绍兴、台州三府的兵员数量和素质很快得到了提高，兵员的战斗能力也得到了增强。然而，戚继光总觉得还缺少点什么，缺的是什么呢？

通过实战的检验，让戚继光发现了许多不足之处。

比如，绍兴兵能够服从命令听指挥，也不怕辛苦，扎营修城，打扫战场，他们从无怨言。在战场上，如果敌人退却，他们会主动追击敌人，然而，敌人一旦主动攻击，那么他们就会自动撤退，据戚继光统计，但凡与敌相接三十步内，即将肉搏之时，他们一般会全军退走。总而言之，关键时刻靠不住。

再比如，戚继光开始招收台州新兵三千，经过了几个月的刻苦训练，台

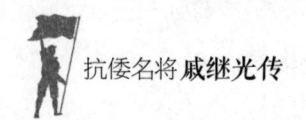

州新兵也算是好兵，他们听从指挥，执行命令毫不犹豫，作战也比较勇猛，然而，台州新兵不够顽强坚毅，遇到真正顽强抵抗的倭寇，便会败退，甚至逃窜。

由此，戚继光也和许多古代将领有了相同的看法：比较富裕地区的人，有经济头脑，善于经商，却不适合当兵。

于是，公元1559年，即嘉靖三十八年，九月，戚继光第三次提出建议，决定到义乌招募农民和矿工，这次立即获得了批准。

04. 岑港，压力山大的胜利

1557年，即嘉靖三十六年，倭寇进犯乐清、瑞安、临海等地。戚继光率军前往救援，无奈因为道路阻隔，戚继光没有及时赶到施以援手。好在朝廷并没有因此而治戚继光的罪。

从嘉靖三十六年的年末开始，浙江巡抚胡宗宪用诱敌深入之计，诱骗倭寇头子汪直来和谈，然后诱捕斩杀了汪直，但是汪直的干儿子毛海峰却退回了倭寇在浙江的大本营岑港，声称要为汪直报仇，负隅顽抗。

盘据在岑港的毛海峰等汪直余党大约有3千余人，人数虽然不多，但是岑港的地形却相当复杂。

汪直余党作乱于岑港，凭借地形与明军对抗。于是，1558年，即嘉靖三十七年，春，戚继光又被朝廷派去支援。此时，戚继光31岁。

明军中和戚继光并肩作战的还有号称棍法天下第一、嘉靖朝名满东南的抗倭名将——俞大猷。

岑港在舟山岛的西面，三面环山，一面朝海，只要在高处安营扎寨，居高临下，易守难攻。倭寇深悟其中之道，只留一条小路以便出入，将其余通路全部堵死。随着明军的围剿，大批的倭寇从海路赶到岑港支援毛海峰。明军围剿毛海峰的岑港之战，从围剿战演变成了持久战。

从嘉靖三十六年的年末开始，一直打到嘉靖三十七年的夏末，整整大半年过去了，明军还是没能攻下岑港。

1558年，即嘉靖三十七年，时值夏末，在浙江岑港，也就是今天浙江省舟山市的岑港镇，有一位名闻天下的名将，面对着远处战场的硝烟，双目微眯，愁眉紧锁，情不自禁地发出了一声长叹。

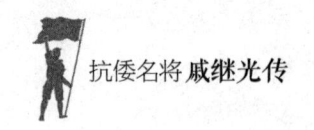

这个人就是俞大猷。

俞大猷着急上火的是，大明朝拥有着上百万的军队，却对顽踞在岑港的几千倭寇束手无策。岑港久攻不下，朝野上下人人皆知，并认为是件令大明朝蒙羞的丑事。

嘉靖帝为此大为震怒，颁下圣旨限俞大猷一月之内必须拿下岑港，否则军法论处。至于怎么军法论处，圣旨上也说得很清楚：自俞总兵以下，各级将军、参将一律革职下狱。

为此，俞大猷这个急啊！自己倒霉也就算了，眼看着与自己出生入死的兄弟也都要跟着遭罪，他能不着急吗？

岑港之战，不只是令俞大猷发愁、着急、难熬，对于戚继光来说，也是压力山大的。为什么如此说呢？

1558年，"戚家军"还没有组建，戚继光率领的还是战斗力不是很强的官兵，戚继光手里握着的也不是金刚钻，他想揽瓷器活也是难度相当大的。

嘉靖三十七年的春天，戚继光率军一到，就与俞大猷两军会合。戚继光在左路，俞大猷在右路，两人率部一左一右围攻岑港。然而，倭寇占据有利地势，居高临下，明军虽然死伤惨重，但是岑港仍未攻下。

岑港久攻不下，明朝廷认为这是将官作战不力，便将戚继光、俞大猷等人官职全部罢免，但让他们戴罪杀敌，并限令一个月之内必须攻克岑港。

这样打下去不行，必须得研究出破敌之策，可是只一个月期限，接下来应该怎么办？

俞大猷聚集了所有参战的各级将领们召开了一次军事会议商讨计策，戚继光也参加了。

俞大猷说："岑港拿不下来，我们丢官被杀头也就罢了，但浙江的老百姓可就惨了。即便是我们下地狱了，又有何面目去见浙江的老百姓呢？身为军人，不能保一方百姓之平安，我们又有何面目站立在这天地之间呢？"

戚继光上前一步，大声地说："末将不才，愿为先锋，一定会尽快克敌制胜！"

俞大猷见说话的是一位三十岁左右的年轻人，身高八尺开外，一张国字脸，两道剑眉，眼睛很大，眼眶较深，脸上征尘仆仆，目光坚定，双眼炯炯有神。

这里有人会问了，难道俞大猷和戚继光不认识吗？

是的，俞大猷和戚继光并不是很熟，此时的戚继光调到浙江才两三年，虽然都是在抗倭第一线，但各有各的管辖范围，因此两人的交情并不深。

说实话，俞大猷看戚继光要讨令做先锋，心里一点底儿都没有，但又一想：不交给他又能交给谁呢？眼前这批将领基本上都是束手无策，即便是自己武功盖世，在乱军之中也不能每次都力挽狂澜。既然有人敢出头，想必人家心里是有把握的。为今之际，也只有死马当活马医了。

于是，俞大猷横下一条心，拱手抱拳对戚继光说道："想必这位将军是有破城之计了，如此甚好。我俞大猷愿听从将军的调遣。"

俞大猷都这么说了，其他将领还能说什么？于是，戚继光便将破城的重任揽到了自己肩上。

接下来的时日，戚继光率人马每天在通往岑港的唯一一条山路上佯攻，虽然喊杀声震天动地，但参与冲锋的士兵人数却很少，就跟闹着玩儿似的。俞大猷这个气啊！

当一月之期只剩三天时，俞大猷再也忍不住了，于是他深夜来见戚继光。

俞大猷也不让人通报，直接闯入戚继光的大帐里来。戚继光一见到俞大猷，还没等他开口，就抢先说："明日！明日，必下岑港！"

听了这话，俞大猷一句话没说，掉头就走，边走边摁了摁腰上的宝剑，心想："明天要拿不下岑港，我就先要了你戚继光的命！"

第二天一大早，俞大猷整装出营，见到戚继光所属的各支队伍早已整装待发。戚继光一身戎装，腰上配剑，手中还拎着一支长枪，俞大猷一看就知道这种长枪要耍得起来，那功夫可不简单。不仅戚继光手拿这种超长的长枪，他手下的亲兵卫队也人手一把。

这时，只见戚继光一声令下，各支队伍都推出几个被五花大绑着的士兵，行刑官手起刀落，被五花大绑着的士兵瞬间身首异处。

随后，戚继光立身高处，大声地对全军将士说："倭寇横行东南，烧我城池，杀我百姓，是可忍，孰不可忍。一个月来，我们屡攻岑港不克，是因为每次都有贪生怕死、临阵退缩者，刚才，每阵之率先退缩者都已经问斩。今日之战，如再有退缩者，定斩不饶！往日，我们轮番佯攻，只是疲敌之计。今日，呼喊如常，但杀敌务必用尽全力！今日若拿不下岑港，大家只有一起战死沙场，绝无生还之理！听明白了吗？！"

说完，戚继光下令全军出发，直奔岑港杀去。

俞大猷这才明白，戚继光之所以一个月来不痛不痒地攻打，乃是疲敌、麻痹敌人之计。

进攻开始了。明军的先锋部队在主攻的山路上奋勇向前。倭寇以为明军还是以前的雷声大雨点小的打法，不以为意，当明军连连攻下几道关口时，倭寇才急了，连忙组织反扑。眼见着倭寇的反扑就要取得成效，戚继光突然跃至前方，带着自己的亲兵卫队冲了上去。

戚继光一挺长枪直冲险隘，十几把倭刀寒光闪闪地从四面劈来，戚继光长枪一抖，把枪尖舞动成一个个的小圈儿。因为戚继光的枪比一般的枪长，所以倭刀够不着他，而他的枪尖儿早就挑到倭寇身上了。

戚继光一马当先，长枪如灵蛇出洞，又如飞龙在天，在刀光剑影里杀开一条血路。他的亲兵长枪队追随在他身后，也发挥出了巨大的威力。一时间进攻的山路上尸横遍地，终于被戚继光杀开了一个巨大的豁口。

俞大猷抓住时机，毫不犹豫地率领总预备队全力跟进，纵身杀入敌营。

这一仗从早上一直打到了晚上。当午夜来临的时候，毛海峰等倭寇头子预感到失败已经不可避免了，于是，便率余党借着夜色的掩护退到海边的大船上，准备乘船退出岑港。

俞大猷和戚继光趁机发动进攻，击沉倭寇大船，这伙余党便向闽南逃窜，最后转移到舟山北面海中的梅山。

就这样，在岑港盘踞了一年之久的顽固倭寇终于土崩瓦解。明军虽然付出了很大的代价，但最终大获全胜。

此后，从岑港逃走的倭寇又在台州烧杀抢掠，给事中罗嘉宾等人便弹劾戚继光故意放走岑港的倭寇，有通倭的嫌疑。其实，毛海峰的主力基本上被歼灭在岑港，一部分倭寇之所以能从海路逃跑，是因为明军水师的战斗力太差，在水路上根本打不过这帮海盗、浪人出身的倭寇。

因岑港收复得及时，戚继光被官复原职继续守卫台、金、严三郡，而俞大猷却因在岑港久战不力，被以"邀击不力，纵寇南奔"的罪名逮捕下狱，经过兵部的营救，后被发配到大同戴罪立功。

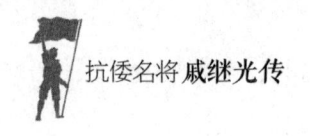

05. 义乌，矿工群架别样考

　　戚继光一直从实战的角度出发，锲而不舍地坚持上书，请求朝廷批准招兵、练兵的建议。特别是在公元1559年的第三次上书中，戚继光提出了到义乌招募农民和矿工的建议。那么，戚继光为什么会把目光放在了义乌呢？

　　义乌，位于浙江中部，地处金衢盆地东部，境内东、南、北三面环山。公元前222年，即秦始皇二十五年，义乌地区开始建县，当时取名为乌伤，隶属于会稽郡。这里还有一个典故。

　　相传，在秦朝时此地有个名叫颜乌的人，他对父亲很孝顺。父亲去世后，他背土为父亲建筑坟墓，这时，有一群乌鸦衔土前来相助，结果乌鸦的嘴喙因衔土而受伤，所以人们就把此地称为乌伤县。

　　经过几个朝代的更叠，到了唐武德七年，即公元624年，乌伤改名为义乌县。元代时，义乌隶属于婺州路总管府，至正十八年，即公元1358年，朱元璋率部攻取婺州，改婺州路为宁越府，至正二十二年，又改名金华府，其间义乌隶属关系一直未变。

　　自古以来，义乌人就尚武。在民间流传着这样一句话："兰溪埠头，萧山哺头，义乌拳头。"

　　义乌的民间武术绚姿多彩，内容丰富。武术界的十八般武艺，在义乌都有，并且义乌武术还有着极其广泛、浓厚的群众基础，营造出了刚正勇为的义乌精神。

　　义乌地灵人杰，在戚继光到来之前，先后涌现出了"初唐四杰"之一的骆宾王、宋代抗金名将宗泽、金元四大名医之一的朱丹溪等名人。

　　特别是兵学大家宗泽，他是戚继光的偶像级人物。宗泽是在北宋、南宋之交的抗金斗争中涌现出来的杰出政治家、军事家,可以说,宗泽的文韬武略对戚继光军事思想的形成有着重要影响。

浙江义乌是宗泽的故里,戚继光既然已经到了浙江,来到了金华,他怎么会不去朝拜一下他的偶像呢?

公元1559年,即嘉靖三十八年,夏季的一天,待辖区内无战事之时,戚继光便带上几个熟悉情况的亲兵到义乌各地去探访宗泽的足迹。

戚继光一行在一处地方发现了一个天然水塘,一位兵士说:"这个水塘名为娄山塘,水域面积大约为50多亩。登高远眺时,水塘呈月饼状,并且塘中还有一个小岛,当地群众称之为'犀牛望月',小岛面积约400多平方米。"

戚继光闻听,马上以战略家的眼光发现:这里是一处天然的水陆两栖练兵场啊!

戚继光一行又来到了义乌的苏溪镇,在一个叫滴水岩的地方,他立即被这里的美景吸引住了:在花草树木的掩映间,或溪水潺潺,或泉水叮咚。再顺着水声寻找,一块巨岩呈现在眼前,形成了一个天然的洞府,有水从上滴下,或成线似竹,或点滴似珠,水落处,水滴石穿。

戚继光令人一打听方知这里不仅有"水竹洞天""滴水洞天"之美誉,而且相传太祖皇帝朱元璋当年率将士经苏溪憩息时,曾在这条溪里喝过水,并且宋朝抗金名将宗泽也特别喜欢这个地方。于是,戚继光便对此地有了朝圣般的感觉。

戚继光了却了心愿,没想到在返回途中却被一群人挡住了去路。这群人不是拦路的劫匪,他们正在斗殴、打群架。

戚继光从小就是孩子王,打架的事儿他也干过,况且在"北京保卫战"中,戚继光还曾经跟勇猛、顽强的蒙古俺答汗部交过手,又在山东、浙江和倭寇对过阵……应该说,他也是见过世面的。然而,此时此刻的戚继光却被所看到的打架场面深深地震撼了!打斗场上尘土飞扬,对阵双方每个人手中都拿着棍棒刀剑,每个人的头上、脸上都血肉模糊,但是,只要没倒下,他们就一直在往前冲,不停止厮打。打到后来,双方展开了肉搏战……这哪里

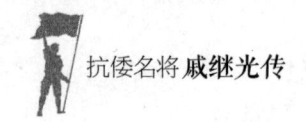

是在打架，简直是在拼命嘛！

终于有一方抵挡不住了开始撤退，然而胜利的一方并没有停止，而是继续乘胜追击，直到撤退方已经逃得不见踪影才罢手。此时，胜利一方也是死的死、亡的亡，还活着的人也早已经是遍体鳞伤、精疲力竭，甚至连庆祝胜利的力气都没有了。

戚继光得知：胜利一方是义乌人，失败一方是永康人。打群架的起因是义乌当地发现了矿山，义乌人靠着这个矿山赚了不少钱，这就引起了附近永康人的羡慕，永康人便也想过来挖矿赚钱。别人想到自己的锅里分一碗羹，义乌人当然不干了。一个要抢，一个要护，没有商量的余地，就只有动武了。结果，两个地方的人就打了起来。

这场斗殴一打就是持久战。戚继光所看到的，已经是持续了四个月之久的大规模斗殴的尾声。

实际上，双方参战人数累计达三万多人，最后义乌人赶走了永康人，双方伤亡共计两千五百余人！

呜呼！这样惊天动地的场面，真的把戚继光震撼了！戚继光想，这样的士兵才可以称为战士。

戚继光从义乌矿工打群架的另一个角度去思考决定：要从义乌招兵，组建一支敢打敢拼的新军。

于是，戚继光立即第三次上书，建议批准他在义乌募集矿工和农民编练新军。当得到朝廷批准后，戚继光立即到义乌各地亲自挑选。

戚继光征兵时制定了严格的挑选标准。

不能用之人：在市井里混过的人不能用；喜欢花拳绣腿的人不能用；年过四十的人不能用；在官府干过的人不能用。不要之人：喜欢吹牛、高谈阔论的人不要；胆子小的人不要；长得白的人不要；偏见执拗的人也不要。也就是说，那些刁滑的、怕死的、染有流氓习气的人都不在他的选择之列。

此外，被录取者还必须具备以下特征：臂膀强壮，肌肉结实，眼睛比较有神，看上去比较老实，手脚比较长，比较害怕官府。

经过这样的严格挑选，最后精选了3000名壮实胆大、吃苦耐劳、动作灵便的农民与矿工,组成了一支全新的军队。然后,将这3000人编入队伍、分发武器,进行严格的训练,这就是日后让倭寇闻风丧胆的"戚家军"。

训练这支新军的地点,戚继光就选在了他早已看好的娄山塘。

至今,娄山塘的东南方向大约300米处仍有一处叫"明龙"的地方,据传说是当地百姓为了纪念抗倭名将戚继光而修的"戚家坟"。

当然,这是后话了。

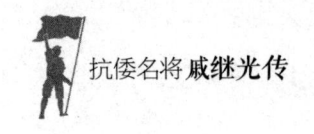

06. 治军，启动练心式训练

必须要治军和练兵，必须要建立一支军纪严明、杀敌勇敢的军队，对此，戚继光有着相当痛的领悟！

到了浙江，戚继光深知那些卫所的军队要和身经百战的倭寇作战无异于驱羊喂虎，于是，他想起了岳飞的"岳家军"，决定创建一支"戚家军"，以便和倭寇决一死战。

嘉靖三十六年，戚继光招募了3000名比较彪悍的农民和矿工，组成了一支新军，接下来，他要将这些新兵打造成精兵。

戚继光以训练士兵严格而闻名于世，他提出："战必以练兵为先。"

为了打造一支"能战之师"，戚继光从思想教育、胆气、号令、军事技术、作战技术等各方面对士兵进行了一系列严格的训练。

在思想上，戚继光提出了"练心"，就是向士兵讲明道理，将领要以身作则，实行感化。

戚继光重视教育与赏罚相结合。教育只是"练心"的一个方面，还必须以赏罚作为辅助手段，并且赏罚一定要公正，该赏，即使有旧仇新怨，也要赏；如果违抗军令，就是亲子侄，也要依法处罚。

精心训练，严明纪律，赏罚必信，并配备精良战船和兵械等，这些都是戚继光坚决贯彻执行的训练思想和方法。

戚继光所招的兵源主要是浙江金华、义乌等地的农民，他一直坚持这样一个准则：加入他的队伍的士兵必须是农民，决不收城市市民。原因是，他认为来自城市的人多半是奸滑之徒，远不如纯朴、吃苦耐劳的农村青壮年。

然而，农民和矿工也是有缺点的。

第三章 招兵有条件，灵动"鸳鸯阵"

戚继光依照自己所撰写的《练兵实记》中的方法日夜训练新军。在训练之余，戚继光发现新军中存在着两个致命的问题：首先，新兵多是农民和矿工，组织纪律性较差。其次，更为严重的是，一些士兵在入伍之前有小偷小摸的恶习，一时难于改掉。

对于凌晨三时起床操练的军规，一些新兵怕辛苦，竟然躲在床底下偷偷睡觉，虽经多次批评，但迟到的现象依然存在。军营中的小偷小摸现象也时有发生，偷鸡摸狗的勾当甚至慢慢地扩大到了附近百姓家中，百姓开始有了怨言。

戚继光对此感到忧心忡忡。

"怕苦，可以慢慢地克服，但是骚扰百姓，必须及时制止。军队和百姓血肉相连，离开了百姓的支持，再强大的军队也会不战而溃。勇桥，你说是不是？"戚继光和身边一名叫郭勇桥的亲兵诉说着心中的忧虑。

可以说，戚继光是郭勇桥的救命恩人。

郭勇桥就是附近的棋盘村人，他是家中的独子，原本一家三口，日子过得也算是其乐融融。然而倭寇来抢劫，他的父亲惨遭杀害。戚继光到任后，郭勇桥年过六十的娘亲支持他应征入伍，杀倭寇报父仇。

有一天，郭勇桥随队去运粮，在摸黑走夜路时，不慎摔下了千余米深的山谷。戚继光闻报，立即带人赶往出事地点，并不顾士兵的劝阻，亲自点着火把，踩着陡峭的山石，下到山谷里救人。历经一番艰险，终于找到了已经奄奄一息的郭勇桥，此时戚继光的脸和脖子上，也已被荆棘划得血淋淋的了。

郭勇桥捡回了一条命，康复后，他感恩于戚将军的爱护，拜为义父。戚继光很喜欢这位出身贫苦的士兵，于是将他调到自己身边当了一名亲兵，期望通过自己的精心培养，他日后能成为将才。

此时看到戚继光为了军纪之事而忧心，郭勇桥安慰道："义父，请宽心，新兵初到军营，尚不懂规矩，日子久些，定能改好。"

戚继光说："重振军纪军威之事，一刻也不能再耽搁了啊！勇桥，马上通知众将前来商议对策。"

于是，众将连夜开会，第二天就出台军规，并张贴告示：全体将士务须克己自律，不准有任何骚扰百姓之行为，一经发现，将立即斩首以正军威！同时，还组织了一支由副将组成的督军团，日夜巡逻，监控士兵的行为。

这一举措，使军营安静了数日。然而，几日之后，一些士兵又开始蠢蠢欲动了。

一天夜里，戚继光在帐中研究倭寇近期的动向时，有名副将心事重重地进来报告说："抓到了一名到棋盘村偷百姓银子的士兵。"

戚继光一听大怒，拍案而起，吩咐立即将士兵押进来。

"戚将军，夜已深，明日再处理此事吧？"副将很是为难地说道。

戚继光怒喝道："有这等胆大包天、藐视军威的人，不处置怎能安歇！"

副将只好传令将盗窃的士兵押进了将军帐，可当犯罪的士兵被五花大绑地押进来时，戚继光原本充满怒火的眼睛一下子凝滞了。原来押进来的人竟然是他的帐前亲兵、义子——郭勇桥。

戚继光看了副将一眼问："是否抓错了人？"

副将说："天黑时分，我发现一名士兵溜出军营，便尾随其后，在棋盘村的一户人家中，将他人赃并获。"

戚继光深深地看着郭勇桥，厉声喝问："你确有盗窃行为？"

四目相对，郭勇桥用力地点了一下头，然后就将目光移开了。难道他这是做贼心虚，不敢看戚继光那逼人的目光吗？

戚继光痛心疾首地说："虽然你是我义子，但是军法无情，既然你不守军规，只有将你立即斩首。你还有什么话说？"

"义父，斩吧！义子不孝，只求来世再报答您的大恩大德。"郭勇桥跪地叩头，流着眼泪说。

戚继光下令立即击鼓传令，将全体士兵集合在军校场。戚继光威严地说："郭勇桥触犯军规，虽为我义子，也定斩不饶。斩！斩！斩！"

一声令下，刀光一闪，郭勇桥就被砍了首级。

曾有过小偷小摸行为者一看这阵势，顿感脖子上拔凉拔凉的，吓得浑身发抖。

第二天一早,一夜未眠的戚继光正为郭勇桥的事难过,一名亲兵进来报告:"账外有一位姓郭的大娘求见。"

戚继光来到帐外一看,来人他认识,正是郭勇桥的老母亲,戚继光一时间不知道说什么好。

郭大娘却声音暗哑地开了口:"前日我儿回家告知老身,将军为军纪一事患忧多日。于是他就'偷'了老身的银子,从而触犯了军规……"

闻听此言,戚继光全明白了,泪水从他的眼中夺眶而出。

"将军不必难过,只要军纪严明了,我儿他就死得其所。"郭大娘反过来安慰着戚继光。

全体新军再次集合于军校场。戚继光扶着郭大娘来到阵前,向全体新军介绍了这位伟大的母亲和她英雄的儿子——郭勇桥。

听完英雄的故事,全体新军对着郭大娘齐刷刷地跪了下去……有过小偷小摸行为者则放声大哭。

从此之后,新军洗心革面,去除恶习,苦练杀敌本领。

于是,经过短短几个月的训练,戚继光就将他们打造成一支纪律严明、训练有素、武器精良、作战勇敢的队伍。一年后,戚继光带领这支新军开赴战场,打击倭寇。

戚继光带着这支战斗力很强的队伍,转战在浙江、福建的抗倭战场,取得了许多辉煌战果。这支军队所到之处,老百姓都拎着食物开水欢迎他们,称他们为"仁者之师"。倭寇将戚继光称为"戚老虎",民众将他们称为"戚家军"。

"戚家军"百战百胜,让倭寇闻风丧胆,又被誉为"16至17世纪东亚最强军队"。

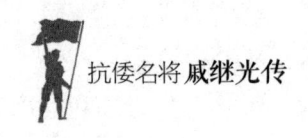

07. 支持，来自于文官集团

公元1559年，即嘉靖三十八年，32岁的戚继光经过朝廷的批准开始创建新军。

从公元1559年开始征兵，当年就征了3000，两年之后，增加到6000，到公元1562年时，戚继光征兵人数达到了1万人。这种几乎完全由将领个人进行的征兵和练兵方式，在极度集权和武将地处下位的明代，是极其罕见的。为什么这么说呢？因为，即使是多年以后，当李自成、张献忠的流贼和女真族的外虏共同动摇大明的根本时，大明朝廷也没有采取过这种应急措施。这就足以说明两点：一是戚继光时代的倭寇为患已火燃眉毛；二是戚继光取得了来自朝廷文官集团的强力支持。这一时期，对戚继光影响和支持最大的人，当属胡宗宪了。

胡宗宪，字汝贞，号梅林，祖籍安徽绩溪，家族世代锦衣卫出身，在东南倭乱时期任直浙总督。胡宗宪是嘉靖十七年的进士，嘉靖十九年时，被授官为山东青州府益都县县令，累迁浙江巡按监察御史，为官二十九年，忠心为国，抗倭有力，官至兵部左侍郎兼都察院左佥都御史。

嘉靖年间，东南沿海地区的倭患骤然加剧，百姓生活在水深火热之中。在这样的背景下，胡宗宪出任了浙江巡按监察御史，由此可见朝廷对他寄予着厚望。胡宗宪也深感责任重大，临行前立下誓言："这次任职，不擒获汪直、徐海，安定东南，誓不回京。"

胡宗宪新官上任，就针对辖区内官兵纪律松弛、软弱涣散的积弊，以严明赏罚为手段，大力进行整顿。通过胡宗宪的努力，明朝官兵的军容、军纪有了改观，士气也逐渐恢复。

其实，一位有志于建功立业的好官，想做好职权范围内的事儿并不难，最难的是与狼为伍、与虎谋皮。也就是说，如何搞好人际关系而不至于误了正事，才是最难的，用现在的话说，就是情商必须得高。

胡宗宪上任不久，内阁首辅严嵩就推荐了工部右侍郎赵文华，以祭海神的名义，到江南督察沿海军务。

胡宗宪对赵文华是有所了解的，赵文华是严嵩的义子，为人奸诈骄横，排挤、陷害忠良是他的拿手好戏。在胡宗宪之前，浙江总督张经、浙江巡抚李天宠都先后因赵文华的陷害而丢官，甚至是掉了脑袋。

胡宗宪谨慎小心地与赵文华共事，甚至做到了行事圆滑。胡宗宪不仅没有受到赵文华的阻挠，还得到了赵文华的赞赏和推荐。这样，胡宗宪很快就被提升为兵部左侍郎兼都察院左佥都御史，又加直浙总督，总督浙江、南直隶和福建等处的兵务。

此时，胡宗宪可以调遣江南、江北、浙江等省重兵，所掌握的权力要比一般总督大得多。胡宗宪知道自己大展宏图的机会来了。

胡宗宪招揽、重用俞大猷、戚继光等人进行抗倭，以平息倭患。

特别是在岑港之战中，胡宗宪深切体会到训练新军的重要性，因此，他支持戚继光提出的练兵建议。

可以说，戚继光之所以能够招兵、练兵，和胡宗宪的支持是分不开的。

俗话说：师傅领进门，修行在个人。有了胡宗宪的支持，嘉靖三十八年，即公元1559年，戚继光得以名正言顺地从浙江义乌群山之中招募勇敢的农民和彪悍的矿夫共3000余人。

兵是招上来了，接下来就是训练了。这时，又一位文武全才的大明军事家、思想家给了戚继光以启发，这个人就是唐顺之。

唐顺之，字应德，一字义修，号荆川，武进（今属江苏常州）人，他是嘉靖八年的会试第一名，先任翰林编修，后调任兵部主事。当倭寇屡犯沿海之时，唐顺之以兵部郎中的身份督师浙江，曾经亲自率兵船于崇明岛，大败倭寇于海上，并升右佥都御史，巡抚凤阳。

嘉靖三十九年，即公元1560年，也就是戚继光开始训练新军的这一年，

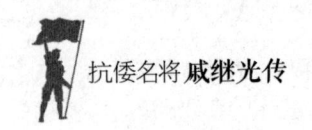

唐顺之督师在抗倭途中不幸染病，于通州（今南通）去世。

唐顺之在扫荡倭寇的战斗中，因用兵如神，再加上武艺高超，他率领的队伍将倭寇杀得落花流水。倭寇一听到唐顺之的大名就吓破了胆，当然，倭寇头子对唐顺之是恨之入骨，曾重金聘请刺客谋杀唐顺之。

民间流传着一个唐顺之投笔掷死刺客的故事。一天深夜，唐顺之正秉烛挥毫，忽觉桌前烛光一闪，猛一抬头，只见一个穿着黑色紧身短衣、手执利刃的人已站在眼前了。他知道来者不善，微微笑着对黑衣人说："朋友，深夜前来，想必是来取我性命的喽！"

"唐顺之，你真是个聪明人。那就别费话了，受死吧！"刺客说。

"既然这样，容我把这张字写完吧！"唐顺之手执毛笔，继续龙飞凤舞，似乎写字成了他的终极目标。

刺客心想：都说唐顺之学问好，字写得好，今天能亲眼得见也算有眼福。反正他的性命已尽在掌握之中，就让他多活一刻吧！

于是，刺客的刀架在唐顺之的颈项上，而唐顺之神色自若，提着斗笔饱蘸浓墨依然挥毫如飞，看得刺客都入迷了。突然，一道闪电划过，再看原来行走如飞的笔，已经插在了刺客的喉间。"哎……"刺客的"呀"字都来不及喊出口，身体便向后倒去，手中的利刃"当啷"一声落在地上。原来，唐顺之把浑身的力气全运到笔尖上，轻轻一掷有千钧之力，如此可见唐顺之的武艺了得。

与胡宗宪不同，戚继光与唐顺之的机缘，大部分来自书本。

嘉靖三十九年，戚继光在练兵时，就是受到时任兵部职方司郎中唐顺之的启发，从他所编"六编"之《武》中获得了灵感。如果唐顺之没有因病去世，也许戚继光会当面求教吧！

戚继光是幸运的，他在重文轻武的大明朝，以一名世袭武官的身份，获得了来自文官集团的大力支持，使得他的才能得以最大限度发挥。当然，戚继光也没有让他们失望。

戚继光采用营、官、哨、队四级编制方法将新兵编成新型军队。队是基本战斗单位。队员按年龄、体格分别配备不同的兵器。经过戚继光的严格训练，这支新军队伍很快成为军事劲旅，人称"戚家军"。

作战时，全队队员用其所长，配合作战，攻守兼备，进退灵活。这种战斗队形能分能合，人称"鸳鸯阵"。

戚继光注重练兵，尤善育将，他组建的"戚家军"在当时明朝军队中的战斗力是最强的，他所创立的攻守兼备的"鸳鸯阵"，在抗倭斗争中也立下了不朽的功勋。

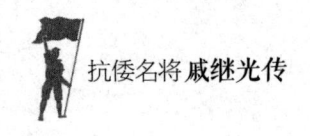

08. 首创，攻防兼备鸳鸯阵

戚继光是一位聪明的、爱动脑筋的将领。

俗话说，兵熊熊一个，将熊熊一窝。因为戚继光机智灵活的指挥和用兵，在对倭战斗中，常常能事半功倍，出奇制胜。

民间传说着一个戚继光训练猴子使用火器的故事。

一日深夜，戚继光正在帅帐内秉烛释读兵书。忽然，帐外传来了忙乱嘈杂的窃窃私语声。

戚继光心中一凛，心想：难道有倭寇偷袭？于是，大声喝问："何事惊慌？进来回话。"

一军校闻听忙进来怯怯地禀报："刚刚发现有一面军中指挥作战的大皮鼓不见了。不知何人所为？末将正在一一盘查。"

竟然有此等事，戚继光略作思考，也觉得此事蹊跷，谁会偷一只大鼓呢？若是倭寇所为，那么他们的目的何在？

就在这时，隆隆的鼓声响起，在静静的夜晚，鼓声显得格外响亮。戚继光快步来到帐外，倾听片刻，不由得笑了：原来是它们！

戚继光对军校命令道："率人进山，顺着声音搜索，带回鼓即可，不要惊扰了猴子。"

猴子？难道偷鼓的是猴子。军校接令，将信将疑地引兵去了。

军士们进山入林，寻声查找，不多时，借着月光，依稀可辨不远处的山坡上，一只猴王正有板有眼地擂着大皮鼓，而一群猴子、猴孙们则学着戚家军白天在野外操练排阵的架势。

军校回来把看到的情形详细地禀报给了戚继光，戚继光计上心来。

第三章　招兵有条件，灵动"鸳鸯阵"

次日，戚继光命令将士们在校场边放置了许多果品，引诱许多山猴在校场边住了下来。此后，他让猴子天天观看将士们操练，同时给予猴子们优厚的待遇。

慢慢地，戚继光又专门遣调一些驯猴人，训练猴子使用和发射火器。

这样，数月之后，一支令行禁止的猴军便诞生了。

倭寇再次来犯，戚继光把军队埋伏于山林中，把火器分发给猴兵。正当倭寇在山谷中安营扎寨、埋锅做饭之时，军鼓响起，猴兵纷纷串入敌营放起火来，敌阵中火烧连营，倭寇纷纷抱头鼠窜。

然后，戚继光率军掩杀，不足半个时辰就全歼倭寇。

戚继光善于动脑，能够因地制宜、因敌设计、灵活作战。

公元1560年，即嘉靖三十九年，戚继光在浙江及沿海地区对抗倭寇。

江浙地区地形大多是低洼沼泽，河道纵横，道路泥泞弯曲。这种地形不适合大部队作战，兵力也不易展开，倭寇又多是以小股分散的方式进行侵扰，也逼迫着明军必须以机动灵活的小分队形式与之对抗周旋。

戚继光审时度势，针对南方多湖泽的地形和倭寇善于设伏、需要短兵相接的特点，创造了攻防兼宜的"鸳鸯阵"。

所谓"鸳鸯阵"，是以11人为1个队形的作战方阵，给其中每个人配备盾、枪、叉、钯、棍、刀等长短兵器，作战方阵再因敌因地来变换队形。

在这11个人中，有一个人是队长，他站在队伍前列的中央位置，其余10个人分成两列纵队，站在队长的背后。队列中虽然只有10个人，但他们却持有着4种不同的武器，并且组成了5道互相配合的攻击线。

队长身后是2名持有标枪的盾牌兵，一人执长牌，一人执藤牌，长牌手执长盾牌遮挡倭寇的箭矢、长枪，藤牌手执轻便的藤盾并带有标枪、腰刀，长牌手和藤牌手主要掩护后队前进，藤牌手除了掩护还可与敌近战。作战时，他们负责用盾牌掩护自己和后面的战友，并且要首先投掷标枪发动进攻。

盾牌兵的后面是2名手执狼筅的狼筅兵，他们是负责掩护的。所谓狼筅，是一种特制的兵器，形状十分怪异。有的是利用南方生长的毛竹，选其老而坚实者，将竹端斜削成尖状，又留四周尖锐的枝枝权权形成长3米左右的狼

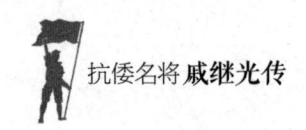

筅。有的是以长铁棍为主干，上面扎满铁枝和倒刺，往前一挺，跟铁丝网一样，任谁也过不来。狼筅手利用狼筅前端的利刃刺杀敌人，以掩护前面盾牌手的推进和后面长枪手的进击。

狼筅兵的后面是4名长矛兵，左右各2人，他们是队伍的攻击主力，分别照应前面左右两边的盾牌手和狼筅手。遇有敌人，他们就使用长矛冲上前去冲刺搏杀。

队列的最后是2名手持"镋钯"的短刀手，他们负责防止敌人迂回攻击，以及从侧翼担任警戒、支援等工作，以保护长枪手。如敌人迂回攻击，短兵手即持短刀冲上前去劈杀敌人。

从当时的对阵角度看，这个阵形毫无弱点。11个人互相配合，互相掩护，构成了一个完美的战阵。从分工的角度看，各种兵器分工明确，每个人都要将自己份内的那一种兵器精熟操作，有效杀敌。总之，全队的关键在于整体配合，令行禁止。

此外，"鸳鸯阵"的阵型还可以变换为两种模式。

一种是五行阵，即队长身后的10人纵队还可以一分为二，以5人为单位进行布阵。狼筅兵迈步向前，与盾牌并列，形成第一道防线，2名长枪手跟随其后，短刀手殿后。此阵型多用于狭窄地区的巷战。

一种是三才阵，即狼筅兵迅速上前，超越所有同伴，站在队伍的最前面，2名长枪手紧跟在他的身后，盾牌手和短刀手分别站在长枪手的侧方，保护他们的侧翼。这种阵型是在狼筅兵的带领下开始发动的进攻。

"鸳鸯阵"还可以根据情况和作战需要变纵队为横队，变一阵为左右两小阵或左中右三小阵。当变成两小阵时称"两仪阵"，左右盾牌手分别随左右狼筅手、长枪手和短兵手护卫其进攻；当变成三小阵时称"三才阵"，此时，狼筅手、长枪手和短兵手居中，盾牌手在左右两侧护卫，这种变化了的阵法又称"变鸳鸯阵"，它灵活机动，正好抑制住了倭寇优势的发挥。

"鸳鸯阵"是集11人之力于一体，充分发挥集体互助、长短兵器结合的力量，互相取长补短，机动灵活地打击敌人。

"鸳鸯阵"也有由12人组成的阵形，除了前面所提到的11人战斗方阵之外，再加上一名伙夫。这样的小分队不仅使矛与盾、长与短紧密结合，充分发挥了各种兵器的效能，而且阵形变化灵活，更主要的是连后勤保障的功能也考虑进去了。

"鸳鸯阵"法已经演练成熟，"戚家军"如虎添翼，那么在实战中运用得如何呢？

第四章

尽歼杀倭寇，无敌"戚家军"

第四章　尽歼杀倭寇，无敌"戚家军"

01. 温州，戚继光闪亮登场

浙江地处中国东南沿海长江三角洲南翼，东临东海，南接福建，西与安徽、江西相连，北与上海、江苏接壤。境内最大的河流为钱塘江，因江流曲折，称折江，又称浙江，地区因江得名为浙江。

浙江地形自西南向东北呈阶梯状倾斜，西南以山地为主，中部以丘陵为主，东北部是低平的冲积平原。大致可分为浙北平原、浙西丘陵、浙东丘陵、中部金衢盆地、浙南山地、东南沿海平原及滨海岛屿六个地形区。其中浙中的金华、义乌，浙北的杭州，浙东的宁波，浙南的温州，并列为浙江的四大区域中心城市。

浙江风景秀丽，物产丰富，具有典型的山水江南特色风光，自古就有"鱼米之乡"之称。也正是因为这一点，倭寇对浙江地区的侵扰也就更猖狂。在浙江全境，人民纷纷奋起抵抗来犯的倭寇，保卫自己的家园，形成了对倭寇人人喊打的局面。

公元1558年，即嘉靖三十七年，倭寇进犯定海，因城中居民誓死抵抗，倭寇没有得逞，于是又转攻长乐。长乐城的城墙被崩开了一个几十米长的缺口，城中居民数千人列成人体栅栏，抵抗迎敌，拼死防守。就在同一年，倭寇袭击了扬州，各地来扬州经商的商人大约有数百人也加入守城作战，有一位姓邰的商人，一箭射死了倭寇的首领，致使倭寇群龙无首，纷纷败退，扬州城才得以保全。

嘉靖三十七年四月，正值浙江的春汛时期，倭寇再一次大规模入侵台州。此时，戚继光正在岑港前线作战。台州告急，直浙总督胡宗宪命令戚继光率部回解台州之围。

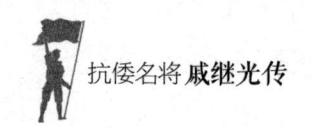

四月二十三日，戚继光率所部自舟山起程渡海，当经过奉化将要到达台州时，得到消息：倭寇占据了温州。于是，戚继光又率部日夜兼程向温州进发。

四月二十八日，戚继光率部正在行进中，瓢泼大雨不约而至，当地一位士绅便请戚继光到屋中避雨，戚继光看了看大雨中的士兵，婉言谢绝了这位士绅的邀请："众多的士兵在冒雨前进，我怎么可以去避雨呢？"于是，队伍顶风冒雨继续前进。

四月二十九日，有消息探知倭寇此时已渡过瓯江，在盘石卫的乌牛进行烧杀抢掠。于是，戚继光率部又急行，并于第二天兵临盘石镇城外。

戚继光针对倭寇的情况作了战略部署，决定将所部士兵分南、北、中三路：南路由绞头沿瓯江而进；北路由白塔而进；戚继光自己则亲率大军走中路，直指乌牛山。

戚继光一声令下，部队立即出发，分头行动，争分夺秒迅速到达指定地点。

倭寇见明军势头迅猛，便逃奔盘石西北的馆头，再渡过乌牛溪，并凭借乌牛溪之险以抗拒明军。

明军先锋部队首挫倭寇锋芒，大部队乘胜涉水渡河，齐攻倭寇，经过5次冲锋，倭寇溃败、四散奔逃。戚继光率军乘胜追击，倭寇在仓皇逃窜中，有数百人挤在一起，或自相踩踏而死，或溺水而亡，被明军斩杀的倭寇有20余人，而明军只阵亡3人。此外，明军还救出了被掳的百姓300余人。

夜色笼罩了大地，天黑了下来。戚继光见已经无法继续搜山，就将所部在山下宿营，并沿着瓯江，在各个要路上设防。

瓯江对面隔岸观火的倭寇见同伙被打败，本想出手相救，但见明军军容严整，戒备森严，就没敢轻举妄动。

因为潮水上涨，戚继光见己方所处的位置面山背水，如果倭寇发动进攻，将处于危险境地，于是就率军撤出阵地。对岸的倭寇见明军撤走，也不敢恋战，用船只接走战败的同伙向海上逃去。

进入五月，有80余艘倭船在乌牛、馆头一带停泊，倭船载来的4000余倭寇四散去劫掠，其中一半左右的人流窜到了盘石的北斗门附近。闻讯后，戚继光立即率3000人抵达北斗门的十里桥。

倭寇大部分匿伏于民房中，只有一个人在十里桥上隔桥擂鼓，被明军一位叫陈国用的神射手用鸟铳射死。当数百倭寇出击时，明军放火器、弓箭，倭寇抵挡不住，向农田四处乱窜，明军跟进斩杀了60余人，其余倭寇逃奔到白塔小岭时，吹响螺号，鸣放烟火。听到号令后，众多倭寇从四面八方赶来增援，倭寇仗着人多势众，逃回到了停泊在乌牛、馆头一带的船上。

戚继光也率部回到十里桥等村落驻扎，静观其变。

五月初五，2000余倭寇劫掠十里桥，明军出击，倭寇又绕道退回船上。此后明军多次挑战，倭寇一直不敢出来应战。

五月初九，屯聚在瓯江南岸龙湾的倭寇再次进攻宁村所，戚继光令材官刘意部渡江支援，倭寇连夜退走。

到了初十，龙湾的倭寇聚集了40多艘战船，妄图进攻盘石，但是看到屯扎在沿岸十余里的明军军容威严，便调转船头向瓯江下游驶去，屯泊在了黄华一带。

十一日，在乌牛、馆头的倭船再次进行劫掠，明军沿江布防，同时，戚继光令所部准备船只，明军水陆并进夹击倭寇。

十二日，在明军的夹击下，倭寇渐渐不支，纷纷败退。这次倭寇为了不被明军消灭，耍了个花招：主力隐匿在小船中偷偷溜走，只用少数人在大福船、苍船上且战且退。

戚继光率军追击到瓯江口附近的小崎山下，身先士卒，亲发矢石，并一箭射中了倭船的舵工。与此同时，明军的材官刘意又射杀了倭船的橹手，倭船顿时失去了方向和动力，完全处于被动挨打的境地。明军乘势四面攻打，倭船失火，倭寇尽数被歼。

此时，停泊在黄华一带的倭寇隐约听到明军的喊杀声，再看到火烧战船的蔽天烟火，知道大势已去，便慌忙向大海中逃去。

至此，此次入侵的倭寇在戚继光所率明军的追剿下以失败而告终。

戚继光独自率军，取得了独立对倭作战的第一次胜利。

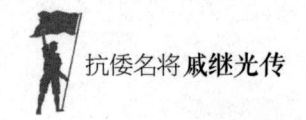

实际上，这个胜利并不算大，因为这次只消灭了一小部分来犯之敌，大部分敌人都逃跑了。

不过，即使如此小的胜利，对于在此之前的明军来说，也是不多见的。况且，明军在消灭了几百敌人的情况下，己方只阵亡了3人，这就更加难能可贵。不能不说，这是戚继光指挥得当、督战得力的结果。

经此一役，戚继光率领他的部队虽然没有获得重大的胜利，但基本保卫了温州地区的安全。

戚继光在更加清醒地认识到练兵治军重要性的同时，也认识到自己的队伍训练不够，还不能打硬仗、打恶仗，因此建立一支水军，也必须要提到议事日程上来了。

02. 桃渚，解七天七夜之围

在浙江临海东南41公里的东海之滨，距海仅10余公里的地方有一座千户所城——桃渚城。

明朝初年，由于倭寇的不断侵扰，沿海居民的安全受到了严重的威胁，因此明太祖朱元璋于洪武十七年，即公元1384年，命信国公汤和到沿海各地巡视，寻求解决之策。汤和就此事问计于熟悉海上事务的方国珍从子方鸣谦。

方鸣谦认为，倭寇自海上来，就必须加强海上的防御。具体说，就是在一定区域内合理分布设置卫、所，在各卫所内，陆地上要驻扎步兵，海上要停泊战舰，这样倭寇就不能侵入，即使侵入也不能靠岸，再组织近海百姓人人从军，一起戍守，就可以全民皆兵，沿海各地的安全就有保障了。

汤和将巡视结果和解决方案奏报给了皇帝，于是明洪武二十年，即公元1387年，明太祖朱元璋下令在山东、江南北、浙东西沿海筑城。

汤和来到浙江，挑选3.5万壮丁，在宁海、临山、台州等地建造了59座卫、所城。桃渚千户所城就是其中之一，隶属于临海的海门卫城。

此时所筑的桃渚城，坐落于上盘镇新城村旧城山，距海岸仅1公里。东、南、北三面滨海，一面靠山。东临圣塘门，西接轻盈山，南襟海涂，北扼桃渚港，百姓称之为"下旧城"。因为过于近海，既不利于防守，又频繁遭遇台风海潮的袭击，于是桃渚城进行了迁移，内迁至桃渚镇中城村，即所谓的"中旧城"。内迁后的桃渚城虽然离海岸远了许多，但是由于每逢涨潮城的四周仍然为海水所围困，安全还是得不到保障。

公元1439年，即正统四年，五月，大股倭寇进犯桃渚，时任浙江佥事

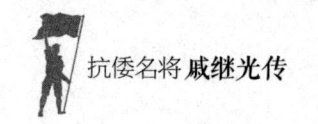

的陶成，密布钉板于海沙中，倭船跃上，钉板将船穿成破洞，倭寇害怕了，退缩了。然而，倭寇毕竟人多势众，当卷土重来时，桃渚城最终还是被攻陷了，致使官庚民舍被焚劫一空，造成了城野萧条、过者陨涕的悲惨局面。

到了公元1442年，即明正统七年，朝廷派遣户部侍郎焦宏、监察御史高峻备倭浙江。他们认为，桃渚城在临邑海崖之巅，势甚孤危，适足以饵寇，且潮汐冲激，弗克宁居，因此主张再次迁城。这次的迁建至第二年结束，也是桃渚城的最后一次内迁。至此，桃渚城初具规模，这时的桃渚城，周长1366米，城高4.5米。

公元1547年，即嘉靖二十六年，十二月，倭寇进犯宁波、台州二郡，大肆杀掠，致使二郡的将吏获罪，然而桃渚城则经受住了考验。

公元1555年，即嘉靖三十四年，谭纶出任台州知府。同年七月，戚继光调任浙江都指挥使司金书，司理屯田。第二年，戚继光因足智干练升任都司参将，镇守宁波、绍兴、台州三府，并在谭纶的节制下，屡次领兵救援台州。此时台州一府辖临海、黄岩、天台、仙居、宁海、太平六县，倭寇不断侵扰，警报不绝。

岑港之战后，倭寇意识到宁波、绍兴一带明军兵力雄厚，便开始向南侵犯。公元1559年，即嘉靖三十八年，春夏之交，数千倭寇南略台州、温州，攻掠台州的倭寇以栅浦、桃渚、海游等地为巢穴；攻掠温州的倭寇，则流劫于平阳、乐清两县。浙东沿海形势又紧张起来了。

台州、温州到处都是倭寇，戚继光审时度势，认为围攻桃渚的倭寇最猖狂，流劫栅浦、贾子的次之，骚扰温州一带的又次之。于是戚继光建议：由分巡佥事曹天佑督都指挥祈云龙等部防守黄岩；以知县张师善率领乡兵牵制栅浦倭势；副使谭纶亲率都司戴冲霄等镇守海门，切断栅浦、桃渚二处敌人的联络，而他自己则统兵直趋桃渚，以解倭寇攻城之急。总督胡宗宪采纳了这个建议，并且也依照这个建议在军事上作了必要的安排。

此时谭纶已经升任浙江按察司副使，仍然是戚继光的上级。有了谭纶的支持，戚继光的才能发挥得更加出色了。

嘉靖三十八年五月十一日，戚继光领兵从宁波出发，向东南进军，军容整齐，盔明甲亮。然而大军所到之处，人烟稀少，房倒墙塌，一片废墟，戚继光和将士们不由得义愤填膺。

戚继光率军开到桃渚附近驻扎下来。

桃渚位于临海县海门卫东北50里，东南至前所40里，北至健跳100里，西至台州府城120里，三面环山，一面临海，形势非常险要。此时的桃渚已经被围七个昼夜，对外交通全部断绝，城中百姓度日如年。

戚继光一到就做好战斗准备。首先，戚继光派出几十名鸟铳手偷偷进城，进城后，鸟铳手大张旗鼓地到处招摇，当然，这是戚继光布置的疑兵之计，同时，戚继光还派出几路军队，分头埋伏。

一切如箭在弦上。

五月二十三日，倭寇开始攻城。他们赤着胳膊，手提盾牌或倭刀向护城河冲过来。过了护城河，再架起攻城云梯，争先恐后向城墙上爬。就在这时，城上突然鼓声大作，旌旗飘飘，喊杀声大起。只见几十名鸟铳手冲到城墙边，弹药齐发，攻城的倭寇顿时死了几十人。

此时的鸟铳应该算是一种新式武器，只有在正规军队中才有。倭寇在桃渚城上受到了火力凶猛的鸟铳打击，就以为戚继光的大军已经入城了，又见城头上旌旗飘飘，十分雄壮，因此不敢再攻城，便如潮水退潮一般退了回去。桃渚城头上的守军一见，摇动旌旗，擂动战鼓，呐喊声、鸟铳声不绝于耳。倭寇以为大军在后面追杀，狼狈逃窜，直到发现没有追兵才停下来。

气急败坏的倭寇头领不甘心失败，桃渚城没攻下来，就在附近村庄抢劫。倭寇们分成十几个队，如狼似虎地闯入一个村庄。当然，村子里的人知道倭寇要来，早就跑光了。倭寇挨家搜索，寻找能吃的、有用的东西。正在此时，忽然听到四周号炮连天，倭寇们一下子蒙了，等他们醒过神来，四面八方已涌来了无数的明军。倭寇惊慌失措，又累又饿，已无力再打，为了活命向南逃窜。

倭寇逃到了一条名叫"灵江"的河边，点起几堆排成一定次序的火堆，当然，这是他们发出的求救信号。果然，不多时，江面上现出了许多倭船，船上的倭寇上岸后，与岸边的倭寇合兵一处。

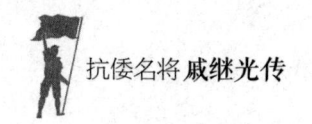

戚继光率兵出击，分三路设下埋伏，并号令三军："战必胜，后退者斩。"他亲自拿起鼓槌，擂起进攻的战鼓。

战斗打响了，鼓声隆隆，喊杀阵阵，双方展开白刃战。战斗从早上开始一直到中午，明军越战越勇，最后，倭寇支持不住，全线崩溃。这股倭寇被明军伏兵冲为两部分，一部分向灵江北岸的山区逃窜；一部分渡江向南岸逃窜。戚继光率兵赶来，将其中一部分消灭在黄焦山，取得了大胜。

五月三十日，戚继光督兵再度逼近桃渚。倭寇见明军势盛，立即奔逃到莒埠。六月一日，明军猛攻莒埠，放火焚烧倭寇巢穴，倭寇大败，烧死溺死无数。这天夜里，大雨如注，残留的倭寇负伤冒雨乘夜开船逃走与栅浦倭寇会合。至此，桃渚之围解除，逃难在外的居民都纷纷还家。

第四章 尽歼杀倭寇，无敌"戚家军"

03. 南湾，戚家军牛刀小试

公元1559年，即嘉靖三十八年，32岁的戚继光开始在浙江义乌招收农民和矿工，组建和训练新军，同时戚继光举贤不避亲，把他的弟弟戚继美也带到军中。

戚继光既得到了朝廷中文官集团的支持，又有弟弟戚继美等一批将领的辅佐，他充分利用一切机会，加紧训练新军。

在不到一年的时间里，凭借着聪明才智，戚继光不仅创立了"鸳鸯阵"，而且因为要时常面对倭寇的侵扰，在率军进行对倭实战中，他不断地对阵法和战法进行改进。

嘉靖三十九年，即公元1560年春，33岁的戚继光调任镇守台（州）、金（华）、严（州）等地的参将。

胡宗宪为了使戚继光能充分尽其所长，特意上书请求兵部让戚继光"久任责成"，不要随便升调，专候浙直总兵出缺，以便递补。由于戚继光练兵成功，胡宗宪又罢去了此前所调的各省"客兵"，让戚继光所练的兵担当了浙江御倭的主力。

能够得到上司的如此重用，戚继光做好了长久镇守的准备，他一方面加紧训练新军，并大力兴造战船；另一方面，他积极整饬卫所武备，加强所辖地区内的军事力量。

经过一年的努力，整个浙江的防务大为改观。与此同时，在浙江的抗倭前线，戚继光和他训练的新军已经跃跃欲试，准备闪亮登场了。

同年，戚继光率军与谭纶的军队屯兵一处，在海门卫会合，然后两军联合开到台州，清剿流窜台州的倭寇。

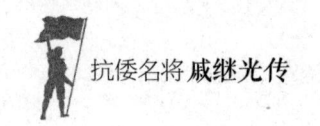

明军在行进途中打了许多场硬仗，将倭寇驱逐到太平，即今天浙江温岭的南湾。

在南湾，倭寇占据了海岸边的高山等有利地形，负隅顽抗。箭和石头像雨点一样飞向了明军。

打仗亲兄弟，上阵父子兵。戚氏两兄弟在阵地的前沿指挥作战，面对雨点一样射来的箭簇和石头，他们毫无惧色。

"兄弟，考验我们的时候到了。"戚继光对弟弟说。

"大哥，没说的，你下令吧！"戚继美轻松地一笑，回应着哥哥。

看准机会，兄弟两人对视一眼，心领神会地同时搭弓射箭。一人一箭，嗖地飞出，宛如流星，不偏不倚，正好射中两个举旗呐喊的倭寇头目。

其余倭寇见状，吓得不由自主向后退缩。

"兄弟们，冲啊！杀啊！"一阵喊杀声起，更有一杆大旗迎风招展，上书大大的一个"戚"字。

挥舞着"戚"字大旗的明军很快就冲上了山顶。倭寇一见，哪里还敢恋战，纷纷向海边退去。然而后面是悬崖绝壁，倭寇退无可退，只得硬着头皮迎战。

可是接下来发生的一幕，倭寇应该至死都没弄明白自己是怎么死的。

是啊！明明面对的明军也就是几十个人嘛！

甚至可以说，在人数上倭寇是占优势的。然而还没等他们找到对手，就被刺中了。

不知为何，倭寇面对着这样的情况：出击，找不到对手；罢手，立即被杀死；逃跑，后面是万丈深渊。最后，只有一条路可走，那就是——跳海。如果侥幸不被摔死和淹死，那么悬崖上的这一幕，也一定会让他们终身难忘。

不甘心的倭寇在跳海前问了一句："哥们，你们这是什么招数？说出来，也让我们死得瞑目。"

"哈哈"，明军中一个小队长骄傲地说："你们听好喽，这就是戚继光将军发明的'鸳鸯阵'，如果害怕了，下辈子就别做海盗，做好人吧！"

这应该算是戚继光创造的"鸳鸯阵"第一次亮相，只可惜，见识过"鸳鸯阵"威力的倭寇们没有机会将感受说给世人听了。

古人云：登高而呼，臂非加长也。

后来的事实证明"鸳鸯阵"确实很独特，堪称中国古代军事史上著名的阵法了。

公元1561年，即嘉靖四十年三月的一天，台州城内喜气洋洋，热闹非凡，大街小巷，人流涌动，人们笑容满面，三五成群地涌向海边。

据消息灵通人士透露：今天戚家军的大船要举行出海仪式，并且戚家军这次出海的战船一共有44艘。这可是个难得一见的大场面。

艳阳高照之时，海边已经挤满了人，但见岸上戚家军阵容整齐划一，港口里旌旗招展，一艘艘战船排列整齐。

围观的人们不时地发出赞叹："好大的船啊！""好多的船啊！""好威武的队伍哟！"

一阵骚动，身披铠甲的戚继光出场了。官吏、乡绅、文人们纷纷迎上前向戚继光道贺，而戚继光也春风满面，抱拳施礼，前前后后地应酬着。

一声长长的螺号响起，出海的时间到了。

戚继光停止了寒暄，面容一整，将手中的一杆令旗高高举起，立时，全场鸦雀无声，所有人的目光都集中在戚继光的手上……此时，戚继光不禁想起了儿时组织小伙伴进行打仗游戏的令旗。

当然这个念头只是一闪，戚继光便深吸一口气，镇静自若地将手中的令旗一摆。

随着戚继光的旗语，戚家军的阵形也随之发生着变化。原本整齐划一的队伍，化整为零，组成了44个小方阵。戚继光再把令旗一摇，戚家军变成了水军。水兵们立刻行动，分成44组，分别迅速登上战船，启锚、升帆、正舵……

此时，风力正好，船帆一升起，大船便乘风破浪向大海深处驶去。

慢慢地44艘战船便呈伞型散开，在相当大的一片水域内，到处是戚家军的战船，岸上的人们不禁一阵阵欢呼。

望着远去的战船，戚继光心中也是说不出的激动。

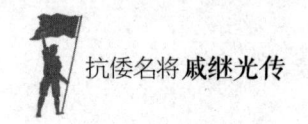

自抗倭以来，还从未有过这么好的形势，他手下不仅有精兵三千，而且现在又有了一支新型水师，可以说，对付倭寇，戚继光更有信心了。

　　此时的戚继光33岁，正当建功立业的壮年时期。

　　从此戚继光率领"戚家军"转战各地，取得了辉煌的战绩，威震天下。最难能可贵的是，"戚家军"横扫浙江及东南沿海倭寇，无一败绩，己方最大的伤亡记录是69人，这还是因为在一次战斗中找的带路向导其实是个倭寇的奸细，才让"戚家军"吃了大亏所致。当然，这是后话了。

第四章　尽歼杀倭寇，无敌"戚家军"

04. 宁海，戚家军的揭幕战

话说当"戚"字大旗一打，"戚家军"便势不可挡了。

如果说南湾之战，倭寇没有人能为戚继光扬名，那么，在宁海，"戚家军"则上演了自己的揭幕战。

公元1561年，即嘉靖四十年，五月，倭寇一万余人大举侵入浙东沿海台州府所属的圻头、桃渚以及温州沿海地区。与此同时，象山、奉化、宁海、瑞安、乐清诸县，中中、大嵩、桃渚、新河、楚门、健跳等卫所，也先后报警。

倭寇骚扰各地的倭船总计有数百艘，倭寇人数也达到了两万余人。

此时，34岁的戚继光正是这一辖区的参将。他意识到这将是一场恶战，于是决定举行誓师大会，以鼓舞士气。

校军场上旌旗飞扬，万千勇士列阵以待，特别是刚刚打出"戚"字大旗的三千精兵，更是盔甲鲜明，刀枪耀眼，十分雄壮。

戚继光登上点将台，手扶长剑的卫士威风凛凛地站立在他两旁。

戚继光目光炯炯，环视全场，声调高亢地说道："倭寇的罪行，早已罄竹难书。如今，倭寇又来骚扰，抢占我们的土地，杀害我们的同胞。养兵千日，用兵一时。铮铮男儿们，我们能答应吗？"

"不能！不能！"将士们群情激奋，齐声大喊："奋勇杀贼，荡平倭寇！奋勇杀敌，保家卫国！"

将士们的士气令戚继光十分满意，待声音稍有平息，戚继光开始调兵遣将："楼楠、刘意听令！"

"末将在！"两个将官闪身站出来。

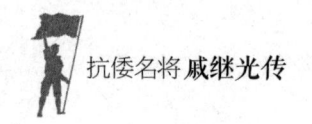

"现命你二人率军守卫台州城。"戚继光大声下达着命令。

"得令!"二人领命而去。

"胡守仁、张元勋听令!命你二人防守海门。胡震听令!命你率水军驻守松门、海门和宁海以东外洋,断绝敌人海上逃跑之路……"不多时,各将都领命而去。

五月初二,16艘倭船由象山至奉化西风岭登岸,迅速窜至宁海。

倭寇窜扰宁海奉化的目的很明显,就是想把松门、海门一带的明军主力牵制住,然后好乘虚直犯台州。

倭寇的诡计够狠,但岂能蒙蔽戚继光的法眼呢!

戚继光及时识破了倭寇的阴谋,并且不动声色地做好了相应的军事部署:在台州、海门两地都配备了必要的兵力,又另派水师到宁海的外海设伏。同时,戚继光又上书请调宁波驻军,水陆并进,加入会剿。而戚继光亲自统领主力精兵戚家军,前往宁海迎敌。

戚继光布下了天罗地网,要严惩顽寇,全歼倭贼。

宁海,位于中国大陆海岸线的中段,浙江东部沿海,象山港和三门湾之间,天台山、四明山山脉交汇之处,背山靠海,西高东低,属沿海低山丘陵地区。西部和西南山岭重叠,属于天台山脉中段,自华顶山、括苍山分别从西北、西南蜿蜒入境。东部以较低丘陵和冲积平原为主。

明洪武元年开始,宁海隶属于台州府。

倭寇的主力在宁海,参将戚继光便亲率部队兵发宁海。

一路上,戚继光接连收到战况报告:

"桃渚告急,速来增援!"

"新河告急,速来救兵!"

"海门、松门发现倭寇!"

告急文书一件件飞到戚继光的手中。

倭寇是狡猾的,也是有经验的,当得知戚继光率主力去了宁海,猜想台州一带就一定空虚了,便想乘机来犯。

倭寇兵分三路,一路进犯台州以东的桃渚,一路进犯台州东南的新河,一路进犯台州东北的健跳。三路人马齐头并进，直扑台州。

战场上的形势风云变幻，军情紧急，纵然是一向沉着冷静的戚继光，面对这样复杂的局面，也有些慌乱了。也难怪，多处告急，该怎么应对呢？

分兵支援，不行。因为戚继光深知兵法所云"备多则兵分，兵分则力弱"的道理。况且早已经分兵几处，再无兵可分了。

放弃打宁海，也不行。宁海是退可守、进可攻的战略要地。如果宁海被倭寇占领，倭寇以宁海为据点，明军不仅会腹背受敌，而且有可能还会重蹈岑港的覆辙。

戚继光下定决心要大力重创倭寇，合力围歼，打速决战。也就是说，消灭一处，再迅速支援别处，而取得全胜的关键，就是一个字——快。

当然这也是对戚家军军事素质的极大考验，作战一定要胜，如果进攻不力，拖延了时间，则对全局不利；行军速度一定要快，否则会贻误战机。

戚继光全盘分析了各地的战斗形势，他认为：倭寇虽然兵分三路，但入侵桃渚的倭寇不是十分强大，原有的过城士兵可以抵挡一阵，可暂缓救援；而入侵新河的倭寇威胁很大，应迅速采取援救措施。

想到新河，戚继光竟然偷偷地笑了。这是为什么呢？

此时戚继光只是叫来传令官，吩咐他派人立即前往胡守仁和楼楠部，让他们各自飞兵增援新河……一切的军事布署都是在行进中完成的。

戚继光部署好台州周边各地的对敌战术，亲率戚家军以迅雷不及掩耳之势到达宁海。在宁海，戚家军切断了正在桃渚烧杀抢掠的倭寇去路，并迫使倭寇在龙山地区进行决战。

戚继光下令攻击，士兵个个同仇敌忾，怀着满腔怒火冲向敌阵，曾经不可一世的倭寇，在戚家军强大攻势下一触即溃，残敌败退到了雁门岭。

雁门岭位于温州西面，在雁门岭东北，就是明朝廷在浙江沿海设立卫所时所筑的龙山所城。

雁门岭，又称"雁门关"，全长6里，旧为三北、山南的古道。雁门岭三面环山，青峰蜿蜒，草木苍翠；雁门岭海拔高41米，坡缓岭短，是慈镇两县的分界岭。登上雁门岭，回头向东北眺望，浩瀚东海尽收眼底，海天一线，

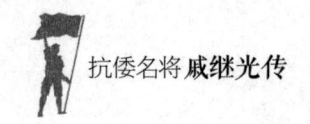

波涛滚滚。下岭后只见群山起伏,溪流蜿蜒,满目苍翠。

五年前,倭寇在此击败过明军。此时,苟延残喘的倭寇仍然企图凭借险要地形,顽抗到底,妄想重温五年前的美梦。

然而,此时的戚家军已经非彼时的明军了。戚继光一声令下,戚家军组成多个小分队,以"鸳鸯阵"奋勇拼杀,乘胜进攻,经过一番激烈战斗,将雁门岭上的倭寇残余全部剿灭。

三北龙山一带的人民为保卫自己的家乡也赶来参战御倭,有歌颂道:"抗御倭寇保家乡,好汉男儿战沙场;怒目寇仇千刀剐,扫尽倭寇热血洒。"

05. 新河，戚夫人唱空城计

长江三角洲地区，以人杰地灵、文化底蕴深厚著称，而在"台州金三角"的一隅，还有一个著名的江南水乡城镇——新河。

新河，本是水名，又名迂江。

公元1395年，即明洪武二十八年，信国公属广洋卫指挥方鸿谦，在距南鉴只有几里地的陶家村修城、筑墙、浚河，建立了一个所城。城池高二丈三尺，周围方五里。建城的同时，引流经南监的新河水为护城河，河水自城的西门进入，从城的东门流出，因此，所城因河而得名为"新河"。

方鸿谦在陶家村所建的新河所城，隶属于海门卫城。

公元1559年，即明嘉靖三十八年五月，参将戚继光率军在新河所歼灭倭寇千余人。

明军将领赴任是允许家属随军的。参将戚继光在新河大胜倭寇之后，正好弟弟戚继美陪同戚继光的夫人王氏来随军，于是戚继光就将弟弟戚继美带在身边与他一起冲锋陷阵，而将夫人王氏等家眷安置在新河所居住下来。

当21岁的登州卫指挥佥事戚继光与南溪万户王栋将军之女王氏完婚之时，戚继光还不知道自己娶了个日后名闻天下的奇女子，当然王夫人是将门虎女，这一点戚继光是有所体会的。

野史上说王夫人"威猛，晓畅军机，常分麾佐公成功"，实际上，王夫人博览群书，在兵法、武艺上略有见地，不输于平常男子，这一点是可信的。

戚继光在别人眼里是铁骨铮铮的汉子，但他对自己的夫人是崇拜的，也是怀着敬畏之心的。

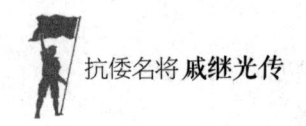

一天，难得军中无大事，戚继光便回到设在新河的家中与夫人团聚。

"夫人，最近在研读什么书？有没有兵法战术方面的，可以让我借鉴一下？"晚饭后，照例是夫妻恳谈时间，戚继光一边翻看着夫人放在床头的书，一边问道。

结婚这么多年来，因为一直膝下无子，闲来无事，王夫人就把大部分时间用来看书。又因为女子即使再有学问，也没有机会出头露面，所以王夫人就把研读的重点放在了兵书上，再将研读的心得讲给丈夫戚继光。这样不仅夫妻两人有了共同的话题，增加了夫妻感情，而且王夫人作为一个女人无法自己实现的远大抱负，也可以通过辅佐当将军的丈夫来实现。

此时的王夫人正在埋头捧读着一本书，对于戚继光的提问似乎听而不闻。戚继光就纳闷：夫人看的是什么书，会如此入迷呢？

没等戚继光继续问，王夫人放下了书，颇为兴奋地说道："夫君，妙计，妙计，真乃妙计啊！诸葛孔明弹琴，吓退百万兵啊！"

戚继光看了一眼夫人放下的书，正是罗贯中所著的《三国志通俗演义》。对于这本成书于本朝洪武年间的历史演义作品，戚继光是略有耳闻，但还没认真研读过。

"街亭失守，司马懿大军直逼西城，这时，诸葛亮已无兵御敌，却大开城门，并在城楼抚琴，司马懿疑有埋伏，于是就退兵了。此乃虚而示虚的疑兵之计，是一种疑中生疑的心理战。此计，高啊！"王夫人继续兴奋地介绍着，"当然，这是罗贯中在50多岁时，对历史、人生比较成熟的看法和感悟了，但从用兵战术角度看，却不失为一招妙计呢！"

那一天，夫妇两人围绕用兵之计进行了热烈的讨论。虽然只是趣谈，但对提高戚继光的军事素养帮助良多。

历史往往总是惊人地相似。

公元1561年，即明嘉靖四十年四月，倭寇侵袭新河所，大明朝面临着与蜀国同样的危机，同时，也是一样的分兵乏术。只是守城的不是足智多谋的军师，而是一位足不出户的女子。然而令人欣慰的是，这不是一般的女子，而是一位熟读兵书的奇女子。因此，大明的百姓有福了，新河的百姓也有福了。

这边戚继光率军奔宁海,那边倭寇在新河给戚继光出了个难题。

然而,接到倭寇进攻新河的消息后,戚继光却笑了,然后他沉着冷静地下达了两道指令:一是令胡守仁和楼楠部,飞兵增援新河;二是令心腹亲兵唐尧臣带着一条计策,火速赶往新河。

大敌当前,戚继光之所以还能笑得出来,就是因为在新河,他有王夫人这员奇兵猛将。他虽然相信王夫人能拖住敌人,为他的排兵布阵赢得时间,但为了保险起见,他还是让亲兵带往新河五个字的计策——诸葛亮弹琴。

这是戚继光与夫人的心照不宣,万一被敌人截获,这个哑谜也够敌人猜一阵子的了。

当戚继光派遣的亲兵唐尧臣刚刚进入新河城门,倭寇就杀到了城外。于是,新河城四门紧闭,严阵以待。

还没等唐尧臣到达新河城内的戚府,远远地就看到一队全副武装的"明军",举着两杆大旗,迎面向他走来。唐尧臣定睛细看,两杆大旗,一个写着"帅"字,一个写着"戚"字,而走在队伍最前头的,正是英姿飒爽的王夫人。

原来,闻倭寇来袭,城中百姓纷纷拿起武器到城墙上助战。密切关注战事的戚继光夫人王氏,深知新河城的兵力情况,她想:即使是有百姓助战,但全城的男丁加起来,兵力也不足。于是她挺身而出,振臂一呼,发动城中妇女挽起发髻,穿上军装,也到城上列阵。

与此同时,王夫人也深知这些女子兵是充数不顶用的花架子,吓退敌兵,还需要唱"空城计",于是就出现了唐尧臣所看到的一幕。

唐尧臣一看夫人的计策已经与将军不谋而合了,也就不需要他再费话,直接加入王夫人的战队就是了。

倭寇气势汹汹地杀到城下,远望城头,旗帜招展,士兵排列整齐,盔明甲亮,兵刃耀眼,再看那新河城门楼上还有两杆大旗在风中呼呼作响,一个写着"帅"字,一个写着"戚"字,大旗下,稳坐一个威严的军官,卫兵侍立两旁,也都不怒自威。稍远一点,在十几架战鼓边上,分站着几个赤着胳

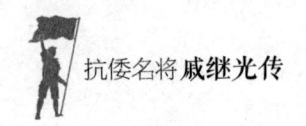

膊的壮小伙，咚咚咚地把鼓擂得震天响。

总之，整座新河城池，都透着一股杀气。

倭寇头子一看这情形，有些狐疑了，心想：莫非戚继光没去宁海，如果是他在这儿，就麻烦了。

倭寇头子没敢轻举妄动，又观察许久，然而并没看出有什么破绽。

就在这时，城头上的"戚继光"站起来，一声令下："放箭！"当然，这个"戚继光"是由唐尧臣扮演的。

再看那城上的弓箭、鸟铳纷纷开火，如雨点般地倾泻下来，直奔城下的倭寇阵中。

倭寇头子见势不妙，大喊："撤，撤，赶紧撤退。"于是倭寇如潮水般退了下去，但也没退多远，在离城五里的地方安营扎寨，招集头领开会，一起商量对策。

第二天清晨，派出去的探子们纷纷来向倭寇头子报告：戚继光和他的主力已在宁海开战。新河城不是明军主力。倭寇头子知道上当了，大怒之下，立刻下令攻城。

新河城中能战斗的人马不多，倭寇攻势很猛，新河城危在旦夕。正在危急时刻，城下杀来两支明军：一支是胡守仁的援军，一支是楼楠的援军，他们是在接到戚继光的命令，火速赶来增援的。

这是倭寇根本没有想到的，因此没有一点防备，被两支队伍内外夹击，乱了阵脚。新河城中的明军见到援兵，群情振奋，打开城门杀了出来。

立即，明军对倭寇形成了夹击之势。倭寇见势不妙，慌忙寻路溃逃，明军随后追杀，获得了胜利。

与此同时，戚继光在宁海也大胜倭寇。兵贵神速，立即回兵支援新河。半路上，有探马来报："新河已经取胜。"

"哈哈"，戚继光大笑道："夫人威武！"

王氏与"戚家军"的家眷亲属居新河所城，上演了一部现实版的"空城计"。

可以说，戚继光抗击倭寇，台州一战，夫人王氏功不可没。

06. 花街，第一次斩首行动

在台州大战的揭幕战里，戚家军在宁海一线阻击倭寇前锋，一战毙敌300人，自己的部队无一伤亡。

在这一战中，有人可能会提出这样的问题：戚继光率军在雁门岭奋战的时候，难道他就一点都不担心新河方向吗？那毕竟是一座空城啊！况且，戚继光就算是要唱"空城计"，他面对的也是倭寇而不是司马懿，而倭寇往往是不按套路出牌的，假如倭寇不上当，那么这出戏戚继光又该怎么唱呢？

世上本没有万无一失的计谋，戚继光把宝押在了新河城的夫人身上，应该说也是一招险棋，但他自信，夫人一定比他亲自到场唱得还要好。当然戚继光跟进派出的援兵，也是新河之战取胜的关键。

事实证明，戚继光成功了，而帮助戚继光创造这一奇迹的，是戚夫人王氏上演的"空城计"，这场战斗也就更被人们传得神乎其神。

公元1561年，即嘉靖四十年四月二十六日，戚继光在宁海大胜。兵贵神速，戚继光立即回兵支援新河。路上，有探马来报："新河已经取胜，只是进犯桃渚的倭寇已经杀到精进寺了。"

戚继光大惊，精进寺离台州不到20里的距离，必须火速支援台州。于是，戚继光又改变方向，率军向台州而去。

天正下着雨，道路泥泞难行，加之刚刚进行了一场恶战，现在又要匆忙行军，士兵们又累又乏。

看着手下的士兵们，戚继光觉得很心疼，但形势所迫，他也不得不狠下心来命令部队必须急行。

戚继光鼓舞士气说："倭寇已经骚扰到精进寺，离台州只有20里，如果

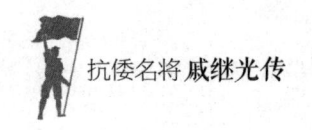

台州失守，百姓就会遭殃，生灵涂炭，后果不堪设想，我们必须火速支援。此时我们多流汗，百姓就会少流血。兄弟们，我知道大家都已经很累了，坚持就是胜利！兄弟们，能不能坚持啊！"

"能！能！能！"鼓劲的喊声，接力似地传了下去。

看着自己的士兵，戚继光感到很满意，于是除了行军，再不需多言。

戚家军连夜行军110里，于第二天中午到达台州城外。

戚家军又累又饿，正准备埋锅做饭时有探马来报："倭寇已经杀到离台州只有2里的花街了。"

"兄弟们，大敌当前，看来饭是吃不成了，不如一鼓作气，消灭这股倭寇，回来一起吃庆功宴，如何？"戚继光对将士们如是说，"每队的伙夫留下来继续做饭，其他队员摆阵迎敌，实施斩首行动！伙夫们，要手脚麻利些，别等我们凯旋时，饭菜还没有做好哟！"

"戚将军，您就放心吧！好酒好肉我们先预备着，等着给兄弟们庆功。"伙夫们高声大嗓地回应着。

由于分兵多处，此时戚继光身边的戚家军将士共有1500人，全体将士一起振臂高呼："杀尽倭寇。回来庆功！"

花街与台州仅相隔2里的路程，不多时，戚家军就与倭寇在花街遭遇了。

受场地所限，倭寇们排成一字长蛇阵冲杀过来，戚继光目测了一下人数，判断这股倭寇大约有3000人，也就是说，戚家军所面对的是两倍于自己的敌人。

于是，戚继光迅速进行了排兵布阵。

排兵：丁邦彦部为前锋左哨，从大路迎战；陈大成部为前锋右哨，由江下前进击敌；陈濠等部为中哨正兵；赵记、孙廷贤部为左右翼，分随左右前锋；台州知府王可大督率民兵列阵于城外壕边来往策应。

布阵：针对善于设伏、好短兵相接的倭寇，排出的一字长蛇阵，戚继光率"戚家军"迎战，首次排出了变"鸳鸯阵"的三才阵和五行阵。

戚继光亲自点燃号炮，指挥鸟铳手发射鸟铳，号炮一响，就见每阵的前锋以火器轮番齐射，左右前锋奋勇冲杀，顿时硝烟弥漫，打头的倭寇还没看见对手长什么样,就稀里糊涂地倒下了几十人。

此时的戚家军从组建到出道已经一年有余,在大小战斗中都给了倭寇以沉重打击,这股倭寇虽然没有亲眼得见,对戚家军的威力也早有耳闻。此时碰到戚家军的主力,倭寇的心里早就怕了几分。于是,倭寇队伍开始乱了阵脚,许多倭寇都在犹豫:是打还是逃呢?

两军相遇,勇者胜。

正在倭寇迟疑之际,有一位戚家军的勇士大呼一声,站了出来。只见他身先士卒,冲入敌阵。这位勇士深得戚继光"擒贼先擒王"的战术精髓,冲杀中,他看准一名正在阵前指挥的倭寇头领,直冲过去,手起刀落,那倭寇头目的头颅立刻就与身体分了家。

于是,烟火弥漫的花街,第一次上演了斩首行动。

这时,群匪无首,队伍更加混乱,戚继光指挥军队冲杀上去。在短兵战中,戚家军的优势得到了体现。因为在平时的训练中,戚继光很注重短兵格斗的练习,经常在军中举行演武会,表演对战本领,取胜的士兵会受到奖赏。

严密的阵法,再加上高超的指挥,此时的戚家军锐不可当。

倭寇节节败退。逃跑过程中,倭寇又使用了他们的惯用伎俩——拿着许多珠宝,边跑边洒,这是想趁对手抢夺珠宝时,借机逃跑。

然而,这次倭寇失算了,因为他们碰到的是戚家军,而不是以前的"客军"。戚家军全体将士对满地的珠宝看都不看一眼,眼中盯着的只有敌人,一心想的只有杀敌。

这一幕,令戚继光又欣慰又愤怒,欣慰的是,他的兵成熟了;愤怒的是,倭寇太可恨了,竟然敢以金银财宝来蔑视戚家军。

戚继光号令手下:"杀死这帮家伙!"

"得令!"戚家军将士闻听将令,手疾眼快,专选洒珠宝的倭寇斩杀。于是,戚家军的斩首行动更加坚决、迅速和目标明确。手起刀落间,倭寇的头颅与珠宝一起滚落,戚家军乘胜追击到了瓜邻江和新桥。

戚家军英勇拼杀,在鸟铳、弓、弩、火箭的配合下,战斗很快结束。

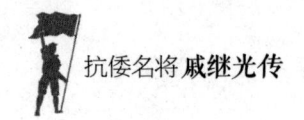

花街之战打得相当漂亮，戚家军空腹作战，速战速决，出战时伙夫开始做饭，凯旋时饭刚刚烧熟……

战斗结束后，戚继光兑现诺言，大摆庆功宴。

在花街，戚家军以如下的战绩永载史册：以1500人迎战3000人，斩首308人，生擒倭首2人，歼倭寇1000余人，其余淹死和未割首的数目不详，己方仅伤亡3人，同时，救回被掠去的百姓5000余人，缴获武器650余件。

第四章　尽歼杀倭寇，无敌"戚家军"

07. 上峰，大创尽歼杀倭寇

虽然戚继光率领"戚家军"在宁海、新河、花街等几次战斗中，给予侵犯浙江的倭寇以沉重打击，但并没有将来犯的倭寇全部歼灭，倭寇气焰还很嚣张。

公元1561年，即嘉靖四十年五月初，原大举从桃渚、圻头等地进犯的倭寇又蠢蠢欲动了。

这次与以往不同，倭寇上岸后就自烧其船、断己后路。可以说，倭寇这是做垂死挣扎、拼死一搏的节奏了！

戚继光召集军官，共同商量对策。大家你一言，我一语，出了许多点子。最后戚继光总结陈词："我们全体将士要树立以寡击众，以劣胜优的必胜信念，主动迎战。"

与此同时，戚继光传出号令，约法三章：第一，不准抢功，争割首级；第二，不准贪图战利品，只管冲杀；第三，不要轻杀胁从犯，能招降的就招降。

为了加强台州地区的整体防务，戚继光将戚家军兵分三路：一路守新河；一路守太平岭；自己亲率1500人守台州。

五月初五，阴云密布，暴雨倾盆。狭窄的山路被水一冲，更加泥泞难走。此时，一群自健跳、圻头登陆的倭寇却在匆忙行军，倭寇的目的地是先占领台州东北大田，然后侵扰台州。

倭寇排成一字长蛇阵，队伍长达20里，前不见头，后不见尾，至少有2000人。

倭寇们又冷又累，叫苦连天，心里暗骂头儿在这么个鬼天气出兵。倭寇

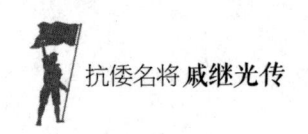

头子脸上却露出阴险的笑容,心中暗想:"戚继光肯定想不到我会在这种天气出兵吧!"

然而倭寇头子还是得意得太早了,戚继光早已率军时刻准备着歼灭来犯之敌。

此时的台州守军仅有1500人,倭寇人数超过自己,形势不利。戚继光率军迅速进入大田,严阵以待。

倭寇本想借雨偷袭,没想到戚家军早已经有所准备,倭寇见无隙可乘,便冒雨向西逃窜,想去攻掠处州。

戚继光迅速做出预判,决定在倭寇必经之地仙居的上峰岭设伏以待。

戚家军在接到指令后,克服重重困难,争分夺秒,先倭寇一步赶到上峰岭狭谷埋伏了起来。

雨一直在下,时急时缓,山路弯弯,雨水夹带着泥水形成了泥流,山路变成了河床,路也更不好走。

直到中午时分,这股倭寇终于来到了一座高大的山峰边。

往前看去,两山间夹着一条沟谷,可见弯弯的山路更加崎岖,一眼望不到边儿。站在山谷中抬头朝上看,两边或是陡峭的山崖,或是稍缓的山坡,或是乱石丛生,或是林深草密。

倭寇头子心中一惊:这样的路,敌人要是伏击,可就麻烦了。

倭寇头子忙派探子前去探路,探子很快回来说:"报告,两边山上没有人。"真不知道探子是如何打探出来的结果,所有人都怀疑他是在糊弄。

然而,倭寇头子却没有怀疑,一听报告,心里一阵欢喜,狂笑道:"哈哈,戚继光也是浪得虚名嘛!假如他够聪明,假如他能想到我会来这里,假如他能想到我会此时来这里,在此伏击,那么,我命休矣!"

于是,心中狂喜的倭寇头子便下令继续行军,向仙居方向移动。

山路曲折,越来越不好走,倭寇们疲惫不堪,叫苦连天。

一路没碰到明军,倭寇头子也放松了警惕。再往前走,出现了一片开阔地。倭寇头子见部下实在是太累了,就下令队伍停止前进,原地稍事休息。

倭寇们早就累坏了,听说可以休息,也不顾地上是否潮湿,就一下子坐在了泥地上。其实倭寇们一直在冒雨前进,全身本就湿透了,他们累得再也懒得动弹,此时席地而坐是最便捷的休息方式了。

命令逐一向后面传达着,于是整个队伍都停了下来,原地休息。然而,倭寇们怎么也不会想到:附近的山上埋伏着的许多明军,正蹲在大石、树林后面,密切注视着他们的行踪。

当倭寇2000余人成一字长蛇阵进入上峰岭南侧的峡谷时。戚继光率领他的戚家军在山林间已经埋伏多时了。

戚继光隐身在一棵大树后面,默默地数着数:"300……500……1000……1500,够了,可以了。"

戚继光数着倭寇的人数,眼见着大部分倭寇已进入埋伏圈,正准备下令开火,一个让他没想到的状况竟然发生了——倭寇竟然在伏击圈范围内停下来休息了。

天赐良机,戚继光果断下令:"开火!"

号炮一响,喊杀声四起,声震山谷。戚家军从树丛、石头后面迅速现身,居高临下,先以火铳、弓箭、石头杀敌,然后,又列成鸳鸯阵,如猛虎下山一般冲向敌群。

鸟铳突发,戚家军如神兵天降,漫山遍野地杀下来,倭寇经过雨中的长途跋涉体力消耗太大,许多人此时已经坐着睡着了。

初时倭寇还以为是在做梦,待明白过来时,戚家军的鸳鸯阵形已经冲到面前。倭寇仓卒应战,立即被冲得七零八落,最多的一伙倭寇退到了对面的小山坡上,苦苦抵抗。

正在这时,倭寇的背后也响起喊杀声。原来,早就埋伏在小山坡上的戚家军,此时也冲了下来。于是,戚家军对小山坡上的倭寇形成了四面夹攻之势。同时,戚家军在北山上树起一面白旗,并齐声高喊:"放下武器,投到旗下,不杀头,不问罪!"

走投无路的倭寇看到招降白旗,有几百人奔到旗下,缴械投降。

然而,还有相当数量的倭寇登上峰岭拼死抵抗,戚家军登顶奋击,再一次大败倭寇。余下的众倭寇败逃到白水洋。

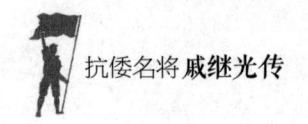

戚继光率戚家军乘胜追击,在白水洋将倭寇层层包围,最后,将其全部歼灭。

此战,共斩首344人,活捉倭首5人,缴获兵器1490多件,救出被掳男女1000余人,已方牺牲仅3人。可以说,此战是御倭战争史上以少胜多的典型战例。

08. 台州，戚家军名闻天下

台州辖宁海、临海、黄岩、天台、仙居、太平6县，三面环山，一面滨海，南自温州，北抵宁波，海岸线长700余里，一直是倭寇侵扰的重点地区。

公元1561年，即嘉靖四十年，戚继光34岁。

在经历了大大小小10余次战斗之后，五月十七日，由宁海逃跑的倭寇又聚众2000余人，联舟18艘在长沙登陆，企图南攻隘顽、北袭太平，扩大地盘，长期盘踞。

此时驻扎在新河的戚继光决定率戚家军水陆联合，将倭寇包围在长沙，并派遣一部分守备军切断倭寇海上逃跑线路。

五月十九日，戚家军进抵长沙。

这一次，戚继光又做了以下兵力部署：命令把总陈大成正面进攻，向北面突击；把总丁邦彦为左翼，向东侧突击；把总楼楠为右翼，向西侧突击；通判吴成器为奇兵，迂回至长沙东南，焚烧倭船，切断通往海上的道路；同时，命指挥胡震率水师泊于松门西南海面，与陈濠部构成犄角之势；哨官赵记率游兵游弋，侦察警戒。

五月二十日拂晓，戚家军进至小亭，迅速迫近倭巢。

倭寇匆忙迎战，失利后企图夺船遁逃，但退路早已经被戚家军切断，只得投海泅逃，被戚家军水师歼灭。

长沙之战，共消灭倭寇3000余人。

公元1561年，即嘉靖四十年，倭寇大举侵犯台州，戚继光率领戚家军南征北战，在台州军民的配合下，经宁海、新河、花街、上峰岭、长沙等地战斗，连战连捷，共连续歼敌万余人，取得了举世闻名的台州大捷。

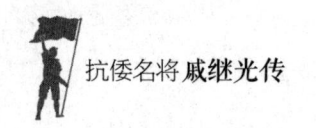

倭寇们吓得心惊胆战，给戚继光取了个绰号"戚老虎"。

戚家军凯旋归来时，台州人民出城欢迎，人群组成一条20多里长的长龙，欢声雷动，共同庆贺英雄归来。

由此，戚继光和他的戚家军名震天下，妇孺皆知。

戚家军所面对的敌人以倭寇中的萨摩人为主，戚家军赖以成名的是严明的军纪，职业化的训练水平，东亚最先进的装备，百战百胜的战绩和高达十余万级的斩级记录。

这次"台州大捷"，打得倭寇闻风丧胆、狼狈逃窜，从此台州成了倭寇的伤心地，再也不敢进犯台州了。

此役是中国战争史上灵活用兵、以少胜多的典型战例。充分体现了戚继光的军事思想：充分发挥火器威力，在火力掩护下实施冲锋。火力与冲锋密切结合，使用各种性能火器的兵种协同作战，这在中国战争史上是较早的，对后世用兵有着深远的影响。

另外，戚断光在作战中还采取了集中兵力、各个击破的战法，首先攻打危害巨大之敌，再歼灭残余力量，关键时刻判断准确、机动迅速，所以才能连续9次战斗皆取得大捷，彻底消灭侵犯台州的倭寇。

与此同时，浙江总兵卢镗和参将牛天锡分别率军歼灭了进犯宁波和温州地区的倭寇。嘉靖四十年秋，入侵浙江的倭寇基本荡平。

台州大捷后，34岁的戚继光威名大振、官升三等，成为都指挥使。

而后闽、广一带的倭寇流入江西一带作乱，总督胡宗宪无法平定，于是让戚继光增援，戚继光率军于上坊巢将其击破，倭寇逃往建宁，戚继光引军回浙江。

倭寇继续抵抗，戚家军势不可挡，很快就全歼顽敌，取得巨大胜利。

嘉靖四十年闰五月，福建、广东农民武装九千人分数股突入江西，江西万安、泰和、吉安、永丰、瑞金、南丰、永新、庐陵、崇仁、宜黄、临川、金溪等县相继报警。七月，乃移檄浙江，告急制府。

十月四日，戚继光率军五千自钱塘江乘船沿富春江溯流而上，十月十四日登岸，直趋江西。此时，夏季攻入江西的农民武装已循原路退走，江西境内以赣东情势最急。

十月五日，由福建入境的黎天明、黎天纲兄弟率七千余人，在弋阳、铅山、贵溪一带所向披靡，于贵溪板桥江附近安营扎寨，与铅山数百农民武装遥相呼应，闻知戚继光率师将至，则焚营移屯弋阳上坊。

上坊为重山之间一小镇，距弋阳城70里，外有马鞍岭峻峭可凭，内有金鸡峰可远眺二十余里，加之山道崎岖、壁垒森严，农民武装以为易守难攻，准备据险与明军相抗。

戚继光得报，先遣部将余廷法率军一支赶往铅山堵截，随后自率大军驰驱弋阳。

十月二十日夜，戚继光命胡守仁、朱文林率部为先锋，吴惟忠、陈大成各领一军为左右翼，自督胡大受、陈濠等部为中军，地方官周赞、陈仕、王时拱率乡勇助战。二更时分，各路人马衔枚疾进，五更抵达上坊农民武装营寨。陈大成部哨官陈子銮当先攻入，高呼："胁从平民听便，投戈自散！"当场散去千余人。

黎天明举大旗率众迎战。不久，吴惟忠等部一齐杀到，各路夹击，明军气势大盛。双方激战至次日午时，农民武装弃营退往云际岭，后离境而去。

此役，明军奔袭成功，农民武装溃散，营寨尽焚，黎天明等四名首领或斩或俘，无一得脱。

戚继光率部乘胜追击，忽有宜黄告急文书送到，于是大军转而西进。

十一月五日抵达宜黄廖坊，后又过建昌，趋南城，抵新城，昼夜驰驱数百里。农民武装闻风远避，不与接战。其余欲图江西者，闻戚家军声威，亦率众远遁。江西境内渐趋平静。

第五章

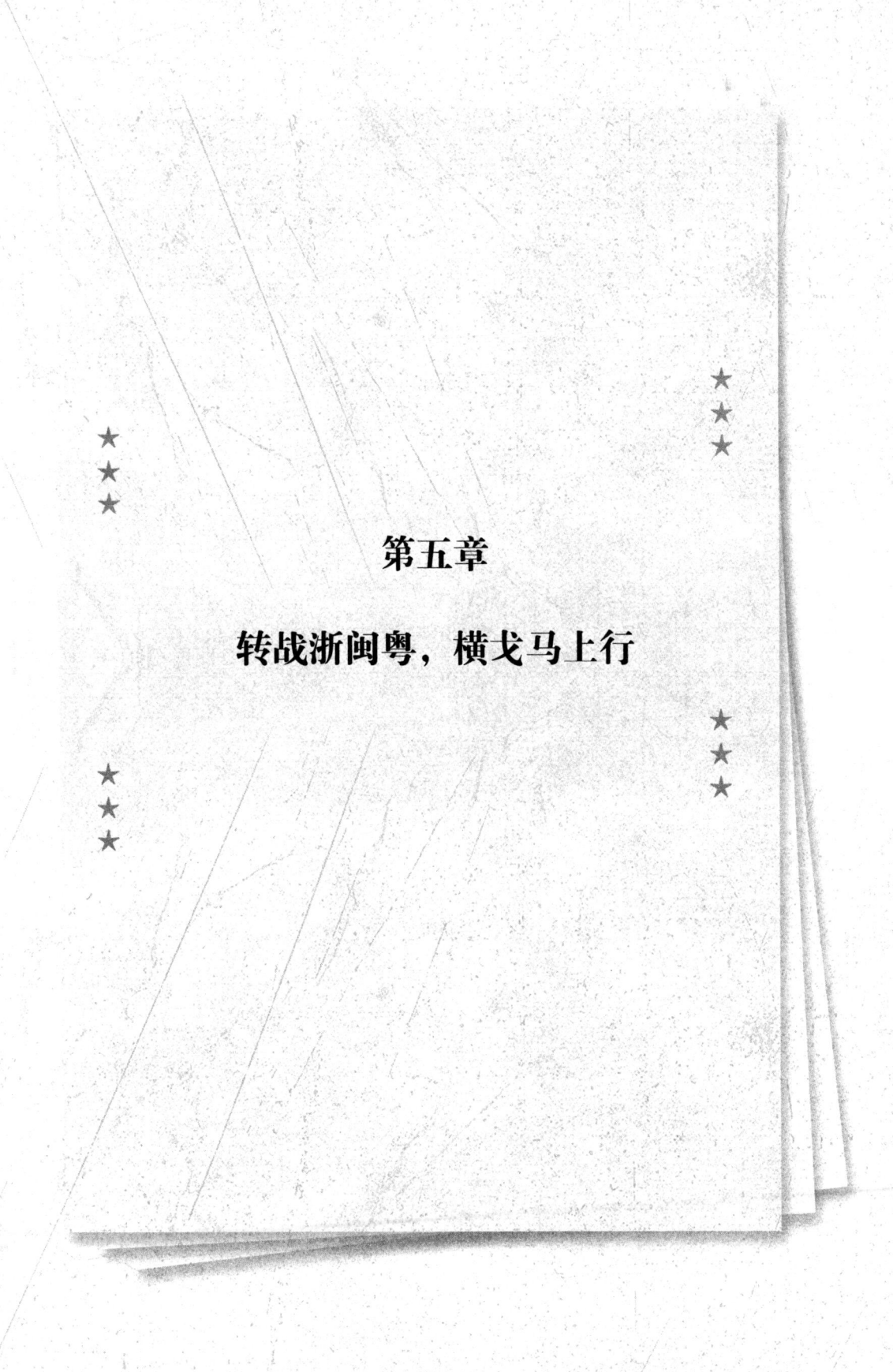

转战浙闽粤，横戈马上行

01. 横屿，闪电登陆夺命岛

倭寇在中国山东到广东的沿海各地侵扰，位于东南沿海的福建也在其列。

福建的倭患始于嘉靖二十七年。福建毗邻浙江，到嘉靖三十四年以后，倭寇在入侵浙江的同时，也连年入侵福建。特别是嘉靖三十九年以后，倭寇由于在浙江受到戚家军的痛击，便向南发展，在福建的活动更加猖獗。

公元1562年，即嘉靖四十一年，倭寇大举进犯福建。他们主要有两条行进路线：从温州来的倭寇与福宁、连江的倭寇一起攻陷了寿宁、政和、宁德；从广东南澳来的倭寇与福清、长乐等地的倭寇攻陷了玄钟所，并延及了龙延、松溪、大田、古田、莆田等地。

此前，倭寇在距宁德城外5公里的海岛——人称"夺命岛"的横屿凭险固守，与官军已经相持一年多，新来的倭寇又在牛田、兴化等地筑营固守，两拨倭寇互为声援。于是，在北至福宁，南至漳、泉，沿海千里，几乎到了无地无倭舱、无地无倭窟的地步，福建的形势非常危急。

然而大敌当前，福建的沿海防御系统由于承平日久、缺乏建设，卫所空虚，军务废弛，兵力薄弱。漳州和泉州巡检司的弓兵缺额在百分之五十以上，镇海卫缺额达百分之七十以上。各水寨的士卒更是逃的逃、死的死，兵员严重不足。所剩的战船，也因年久失修，多不能出海作战。福建的大明军队，不堪一击。

时任福建巡抚的游震得不得不用八百里加急的文书上疏朝廷，请求朝廷派兵援救。于是，大败倭寇于台州、以功晋升为都指挥使的戚继光就成了援救的最佳将领。

公元1562年，即嘉靖四十一年，夏，戚继光受命率戚家军南下福建，入

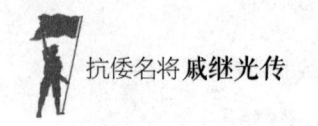

闽剿倭。此时令倭寇闻风丧胆的戚家军总兵力已达6000人。

知己知彼，方能百战百胜。从接到援闽命令的那天起，戚继光就开始了解福建敌我双方的情况，着手制定切实可行的战略战术。

戚继光的一贯打法是进攻战。他认为，打仗要争取先机，要进攻，防守是被动而不自由的，唯有进攻才能达到战胜的目的。当然，支撑他这种攻势战法的先决条件是戚家军的超强战斗力。

兵马未动，戚继光就已经了解了倭寇在福建的几个大的巢穴，如横屿、牛田、林墩等，他决定主动出击，拿下这些巢穴，先断了倭寇的后路，以求最终取得胜利。

戚继光认为，获得当地人民的支持，也是取胜的关键。

八月初，戚继光怀着报国酬民的愿望，信心满满地率部起程。戚家军自温州出发，由海道抵平阳，再自平阳取旱道入闽。一路上，戚家军纪律严明，"号令金石，秋毫无犯"，给久受官军骚扰的福建人民留下了良好的印象。百姓们都说："始见仁者之师矣！"于是百姓争先恐后地向戚家军馈赠粮饷。

这样，戚继光率领戚家军马不停蹄，顺利地开到福建宁德驻扎下来，并且开始着手进行收复横屿的准备。

横屿，在宁德县城东北20余里，是海中的一个小岛，离海岸约10里，与大陆隔着一片浅滩。涨潮时，海水将岛屿与大陆分开；潮退后，尽是泥淖。

此时，倭寇在岛上安营扎寨已经三年有余。他们依靠险要地势，在岛上筑起坚固的防御工事，以此作为他们四处抢劫的根据地，显然，倭寇做好了长期盘踞的打算。

岛上的倭寇根本没把明军当回事，因为此时岛上的倭寇有一千余人，再加上分散在宁德、福清境内的倭寇一万余人，岛内岛外彼此呼应，力量确实不可小觑。倭寇们甚至狂妄地认为，他们占据的是一个夺命岛，明军无论采取何种方法进攻都是有来无回，必败无疑，只要他们在岛上据守，明军就拿他们毫无办法。

然而，真的没人治得了他们吗？事实上，倭寇还是高兴得太早了。戚继光来了,戚家军来了,他们的末日也就到了。

一到福建,戚继光就去拜会了福建巡抚游震得,并如实告之了欲进攻横屿的作战计划。

"什么,什么,打横屿?岛上只有百十来人,也没什么好打的啊!何况,听说那可是'夺命岛'啊!损兵折将地攻打它,有用吗?"游震得也听闻了戚继光的大名,对他佩服有加,但听说要打横屿,却是吃惊不小。

经戚继光的解说,游震得才有所领悟,表示将全力支持。

戚继光也不再客气,直奔主题地说:"只需巡抚大人帮忙筹集10万斤稻草,而且要越快越好,可以吗?"

"筹集10万斤稻草应该没有问题,关键是你要那么多稻草干什么呢?"游震得不解地问。

"那就好!我自有妙用!"戚继光卖了个关子,便告辞了。

福建巡抚游震得命人凑集稻草自不待言,戚继光一边令戚家军进行休整,一边紧锣密鼓地做着战前的动员和准备。

戚继光战前动员的举措之一,就是张贴"安民告示"。

横屿附近的村镇因长期受"夺命岛"上倭寇的侵扰和胁迫,许多普通百姓不得不臣服在倭寇的淫威下成为了从犯、奸民。特别是不远处的张湾镇,镇上的许多人都成了这种"奸民"。他们听说戚家军要来收复横屿,心里便都忐忑不安起来:戚家军该如何处置我们呢?

戚继光似乎感觉到了他们内心的忐忑,戚家军到达的第二天,张湾镇的大街小巷就有告示张贴出来了。告示四周围满了人,有人大声读着告示的内容:"凡被迫与倭寇勾结的人,只要主动投案自首,不再与官兵作对,其罪皆免,官府将不再追究……"

人们议论纷纷:真的还是假的?戚将军说话不知道算不算数呢?

于是,就有人大胆地前去试探。试探的结果:戚继光不仅是个一言九鼎的男人,而且是特别理解他们苦衷的将军。

戚继光是这么对试探的人说的:"倭寇为敌,大家都活不下去。有些人和倭寇为伍,只是混口饭吃。没事,我不怪罪你。你回去告诉别人,就说我

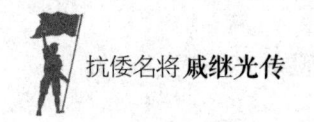

戚继光说话算话，只要你们悔过自新，绝不与你们为难。"

戚继光的话，一传十，十传百……最后，戚继光不费一刀一枪，不仅分化瓦解了2千多人，而且有很多人反过来为戚家军所用，成了戚家军的向导。

戚继光先对横屿这个"夺命岛"上的地形、防御设施、兵力部署等情况进行了初步了解，又令戚家军找来一些有经验的渔民，询问了岛上的潮汐规律和气候、风向变化等情况。万事俱备，一个完整的破敌计策也就形成了。

八月初八，是个涨小潮的日子，戚家军从张湾镇出发到达关田渡。

戚继光令部队原地严阵待命，同时主持召开了一个全体高级将领参加的战前军事会议。

戚继光指着对面的海岛说："这次登岛之战，敌人肯定早有防备，必将是一场恶战。同时，岛上从落潮到涨潮只有1.5个小时的时间。我们会在落潮时踩着泥滩进岛，待潮起时，浅滩上将是一片汪洋，不能步行，同时因水浅也不足以行战船。也就是说，如果我们不能在落潮的1.5个小时之内消灭敌人，后果不堪设想。"说到这里，戚继光停顿了一下，目光如炬，环视着他的将领们，接着说道，"所以我们今天可谓破釜沉舟、背水一战。这次战斗很冒险，需要坚强的意志，需要巨大的胆魄，如果诸位没有信心，这个险我看也就不必冒了。"

众将听了十分激动，纷纷表示：愿意以实际行动证明戚家军的威名。

戚继光见士气如此高昂，暗自欢喜，说："好！晓谕全军，鼓声为令，潮水涨落，分秒必争。只许勇往直前，不准犹疑回顾，违令者斩！"

落潮了，露出浅滩，进攻的鼓声响了。

戚继光亲自擂响了第一面战鼓，随后又有十几个壮小伙脱了外衣擂鼓跟进，一时间，鼓声隆隆，震天动地。

在咚咚的鼓声中，戚家军摆成"鸳鸯阵"，奋勇前进，与往日不同的是，此时每位士兵的背上都背着一捆稻草。行不多时，滩涂上的烂泥就缠住了戚家军行进的脚步，士兵们便解下背上的稻草，铺草垫路行进。然而，由于泥太软，身强体壮的士兵加上兵器辎重，即使是踩在稻草上，也陷进泥里，因此，士兵们只好在稻草铺设出来的路上爬行。

鼓声不停，爬行不止，戚家军终于登上了"夺命岛"。

登岛后，戚家军的强大威力就显现出来了。虽然倭寇们早有准备，沿山麓布成阵势，戒备森严，但戚家军将士不仅人人奋勇冲杀，而且火炮齐发，倭巢立即着火，天空中硝烟和尘土弥漫……在倭寇还没明白怎么一回事时，戚家军的"鸳鸯阵"就已经攻防结合地来到了面前。

转瞬间，戚家军从四面合围，向中心突破，很快控制全岛各处要道，岛上一片混战，喊杀声和战鼓声掩盖了大海的涛声。

倭寇知道大势已去，到处乱窜，企图逃命。戚家军乘胜追击，斩首348人，生擒29人，残余倭寇向海上逃命，被淹死600多人。

战斗从开始到结束，不过3个时辰。戚家军以闪电般的登陆战，收复了被倭寇占领长达三年之久的横屿"夺命岛"，共消灭倭寇2600余人，己方牺牲13人，解救百姓3000多人。

消息传出，福建人民欢欣鼓舞，倭寇胆战心惊。

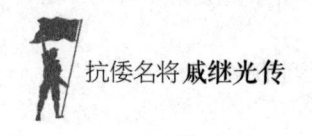

02. 牛田，创下伤亡零纪录

天空如碧，明月皎洁，又是一个中秋月圆之夜。

公元1562年，即嘉靖四十一年，农历八月十五，宁德县城里的百姓们家家张灯结彩，人人喜笑颜开，为戚家军的到来与胜利干杯！

同晚，宁德城里的军营中，6000将士同赏明月，庆贺胜利！只是，庆祝的宴席上无酒。

军中无酒？中秋月圆之夜，凯旋回师之时，军营中居然无酒，纪律严明如此，不禁令人肃然起敬！

敢问是哪支军队？答：戚家军。

他们是怎么做到的？答：这就是戚家军战无不胜的法宝，这就是戚家军的别样风采！

虽说无酒不成席，但却一点也不影响戚家军将士们欢庆胜利的慷慨激昂。虽说每逢佳节倍思亲，但此时此刻，戚家军将士们却感受着兄弟相聚在一起的大家庭温暖。这一切，都缘于军中有一位既有拼杀之勇、又有运筹之谋、且文武双全的将军——戚继光。

戚继光将军不仅和全军将士一同赏月，而且为助兴他还即席口授一首《凯歌》，与全军将士一起唱和。全军将士士气高亢，打着拍子，以歌代酒，同唱《凯歌》：

万众一心兮，群山可撼。
惟忠与义兮，气冲斗牛。
主将亲我兮，胜如父母。
干犯军法兮，身不自由。

号令明兮，赏罚信。

赴水火兮，敢迟留！

上报天子兮，下救黔首。

杀尽倭奴兮，觅个封侯。

声音豪迈雄壮，响彻天空，全体戚家军将士们在异乡度过了一个欢乐的中秋节。

第二天，戚家军又向南进发，经过罗源、连江，并于农历八月二十七到达福清县城。

此时的福清县内有倭寇近万人，盘踞在县城以东的上薛、西林、木岭、葛塘、新塘、闻读、牛田等处。倭寇的巢穴分布在长达30余里的范围内，不仅势若长蛇，而且如棋盘式布局，随时随处可见。这些巢穴几乎都处于半岛与大陆的连接处，东为福清湾，东南为海，南为兴化湾，只有北面和西面与陆路相通，既可以相互声援，抄袭侧后，一旦战败，还可以从海路逃跑。

当福清境内的倭寇们得知戚家军向他们盘踞之地推进后，立刻慌了，但是他们不甘于束手就擒，负隅顽抗是他们的第一反应。于是他们便与山贼结合，建立分巢的同时，将主力驻扎在了福清东南的牛田。

倭寇作乱，福清一带的百姓惶惶不可终日。戚家军刚进福建就在宁德打了个大胜仗，福清的百姓们对此早有耳闻，现在戚家军开进了福清，百姓们奔走相告，觉得有盼头了。

戚家军一入城，福清城内便纷纷传言："戚家军远来，要先休整一番，等待时机，不会着急打仗的。"当然，这些传言是戚继光令人故意放出去的。倭寇们闻听此言，心里的警惕便放松了许多。

戚继光率领戚家军一到达福清，就把当地驻军的军官及各路抗倭领头人一一请来，共同商量对敌之策。商议的结果是：首先攻打牛田。

牛田，在福清县城东南三十里，地势异常复杂，不仅是倭寇在福清境内最大的巢穴，也是离海最近之处。

当地原有抗倭力量的观点和战法，一直以来都是先易后难，而戚继光则

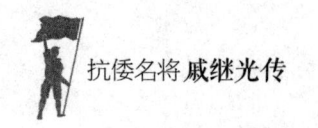

一直坚持认为：擒贼先擒王。如果拿下牛田，便可以切断倭寇的入海口，形成关门打狗的局势，也可以给别处的倭寇以威慑。

对抗倭寇，戚继光是最有发言权的。首攻牛田，便成了最后的决定。

"凡在打仗时观望不出力的、抢夺财宝的、争夺功劳的、妒忌有功者的，都与此血酒相同。"最后，戚继光威严而郑重地与几路抗倭将领歃血为盟，宣誓共同对敌。

随后，戚家军外松内紧，戚继光抓紧时间进行进攻牛田的军事部署：由戚家军担任主攻，当地守军负责配合、牵制。

戚家军兵分三路：一路由都司戴冲霄带领，从仓下进攻；一路由戚继光亲自率领，由锦屏山进攻；另一路一部分埋伏在林木岭，防止倭寇偷袭，一部分守住田原岭、上迳等处，切断倭寇的归路。

农历八月二十八日深夜二更时分，万籁俱寂，家家户户都进入了梦乡，戚家军悄悄地列队出发了。全军将士轻装前进，悄然行军，只有偶尔传来的几声狗叫，百姓们浑然不觉……

一路戚家军如神兵天降，接近杞店贼巢，杀死10余名哨兵，并将倭巢团团围住。此时倭寇们正在睡大觉，毫无防备。三名戚家军士兵以叠罗汉的方式翻墙进寨，从里面把门打开，戚家军一拥而入。有的倭寇在睡梦中就成了刀下鬼，被惊醒的倭寇们，或只穿条裤衩，或提着裤子，狼狈逃窜。戚家军将士一阵冲杀，无路可逃的倭寇们纷纷投降。因为这是个小巢穴，战斗很快便结束了。

戚继光亲自率领的一路戚家军，深夜行进，黎明时分到达锦屏山安营扎寨，准备埋锅造饭、稍事休息时，忽然有探子来报：有倭寇前来偷袭。

戚继光立即命令哨官赵记、孙延贤、勇士朱钰等人，带领几百弓箭手、火器手，埋伏在倭寇的必经之路上。

不多时，果然有一队倭寇悄悄摸过来。这队倭寇大约有700余人，骑兵在前，步兵在后。待倭寇一进入埋伏圈，一声令下，戚家军的弓箭、鸟铳一齐发射。此时，戚继光率大军前来掩杀，倭寇纷纷败逃。

戚继光指挥戚家军乘胜一路猛攻，连端上薛、闻读等地倭巢，直捣倭寇最大的巢穴——牛田。

牛田倭寇闻讯列阵出营，两军相遇，战斗迅速展开，一时间，杀声震天。在戚家军强大的打击下，倭寇渐渐不支，纷纷败退。

这时，戚家军戴冲霄率部从仓下赶到，堵住了倭寇的去路。倭寇成了笼中困兽，为求活命，拼力杀向戴冲霄部队，试图突围，入海乘船逃脱。然而，戚家军没给敌人任何可乘之机，此路明军获得了巨大胜利。

福清的牛田一役，戚家军在一天之内进行了三次战斗，分别采取了奇袭、伏击和乘胜追击等战术，可谓一气呵成，堪称完美。

经此一役，有几千名由海盗、流氓组成的倭寇胁从分子投诚过来，杀死倭寇688人，夺获武器369件，救回被掳百姓954人。

最难能可贵的是，大明军队中无一人阵亡，这在古今中外的战争史上恐怕也是少有的。

在兵力部署上，戚继光既考虑到了进攻，又考虑到防守和防敌逃窜等所有环节。可惜的是，盘踞在西林、木岭的倭寇见牛田已破，抱头鼠窜地向惠安、晋江一带逃遁，由于扼守田原岭等处打配合的福建士兵麻痹大意，使西林、木岭的倭寇突围逃走，导致没能将福清的倭寇全部就地歼灭。

如果这个部署能够全部落实，那么大明军队不仅能立于不败之地，还能够全歼敌寇。从这一点上看，这一战稍有些遗憾。

但无论如何，牛田的这次战斗，沉重打击了倭寇的嚣张气焰，福清境内暂时恢复了安宁。

战斗结束时，夜幕已经降临，见天色已晚，戚继光令戚家军在锦屏山扎营休息。

第二天，当戚家军高唱凯歌，敲着战鼓，抬着战利品，热热闹闹地向福清县城进发时，受到了沿途百姓的夹道欢迎。

离城还有几里时，远远地就看见以福建巡抚游震得为首出城迎接的人群，他们敲锣打鼓，把戚家军迎入城中。

这一天，成了福清人民的节日，也是戚家军的节日。

福清人民十分感激戚家军，戚继光的英名也在福建传扬开去。在福建的倭寇中，戚继光的"戚老虎"称号更加响亮。

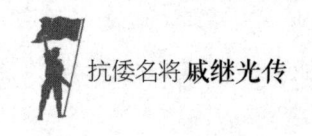

03. 林墩，惨烈的攻击之战

牛田之战后，戚继光率部驻扎在福清。

牛田漏网之敌始终是戚继光的心病，于是，他派出侦察兵，四处打探倭寇的行踪。

再说从牛田逃往惠安、晋江的倭寇，因为那里四野空旷无所掠夺，既缺乏粮食，又无险可守，再加上跟随倭寇胁从作乱的山贼大多是福清人，故土难离，思乡情切，本就不愿意远走他乡，特别是倭寇们盲目乐观地猜测戚家军远道而来，不可能久留在福建，因此逃跑的倭寇又窜回福建兴化一带，盘踞在林墩。

林墩，位于今天莆田东南黄石镇，四周河渠环绕，附近几公里内密布着纵横交错的中小河流。林墩东临兴化湾，只有船只水师才能上岸；北靠木兰溪，只有经过"宁海桥"才能与外界相通；南面只有一条通往黄石的大道；西北方向也只有一条需要跨过若干个沟渠的小路通向兴化府城。也就是说，林墩水路纵横，陆路通行却是难以接近。

倭寇窜踞到林墩后，以打探明军消息为名，把所有胁从的山贼都遣散出去，巢内只留狡黠凶狠的倭寇4000多人。他们利用林墩这个易守难攻的有利地形，竖起栅栏固守，并拆除了西北方向通往兴化府小路上的桥梁，加强了南、北方向大路上的防守。

公元1562年，即嘉靖四十一年农历九月十二日，当得知倭寇在林墩扎营后，戚继光立即率戚家军启程，急行军70里，在离林墩大约30里的烽头、江口宿营。

戚继光考虑到倭寇已是惊弓之鸟，如果得知戚家军兵临城下，很有可能向北经宁海桥逃走,并再次蹿入内地。如果真是那样,以后就很难再捕捉到倭寇的踪迹了。为今之计,必须以迅雷不及掩耳之势进击倭寇。

于是,戚继光运筹帷幄,根据林墩的情况进行了兵力部署。这次戚家军兵分南、北两路:北路由把总张谏、叶大正、金科、曹南金等领兵1600人,以中军王辅、百户张元勋辅助,务必于九月十三日到达涵头,并于十四日拂晓前秘密进入到宁海桥,堵住敌人可能窜入内地的通路。同时,闻战鼓声,应立即沿大路向林墩进攻,配合主力夹击倭寇。

南路由戚继光亲自督阵,由把总吴惟忠、胡大受、陈大成、陈子銮、王如龙、童子明等领兵大约4000人,经兴化迂回到林墩以南,再沿黄石大路向林墩前进,并于九月十四日拂晓发起攻击,与北路军协同夹击据守林墩之敌。

戚继光率部于九月十三日晨从江口出发,为了隐蔽作战意图,戚家军并没有直接奔兴化或者林墩,而是偃旗息鼓,从山间小路,绕道来到了莆田东北江口镇西偏北的囊山寺。然后,似乎是无目标地正常行军,中午时分,戚家军到达了兴化府城。

此时,按照惯例,有人主张部队驻扎在城外,一是不扰民,二是有利于军队启程。然而这回戚继光却一改往日的做法,坚持主张大部队进入城内住宿。

戚继光认为:倭寇的奸细较多,如果入城,倭寇会认为戚家军不会马上进攻,如果在城外野宿,则容易打草惊蛇,暴露戚家军的进攻意图。

于是,戚家军整队入城,来到了演武场安营。

九月十三日,戚家军入城后的整个下午,戚继光似乎都非常忙碌。只见他穿戴整齐,公开去拜会名流,出席宴会,完全不像恶战在即的样子。当有人问起抗倭的事,他或是说几句表面上的官话,或是用几句"不忙,不忙"来敷衍过去。总之,所有人从戚继光的言谈举止中得到的答案是:戚家军要在兴化长期驻扎,等待最佳战机了。

当然,这个消息很快传到了据守林墩的倭寇耳中,这正是倭寇们求之不得的答案,于是便放松了警惕。

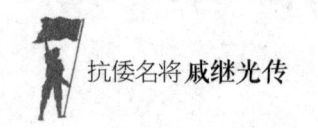

日暮西山时，在演武场军营中驻扎的戚家军早已熄灯休息，戚继光也结束了公开的活动，回到了属于他的营帐中。似乎一天已经结束。

子夜时分，戚家军的将士们忽然被一阵熟悉的"虎啸"声惊醒，受过严格训练的将士们知道：这是戚家军的紧急集合号。

于是，全体将士手脚麻利地整理行装，不多时，当第二遍"虎啸"声响起时，全体将士已集合完毕，起程出发了。

两声"虎啸"，在别人听来，只是山林中的猛兽在暗夜中的嘶鸣，而对于戚家军将士来说，那是前进的号角。

战马摘了铃铛，蹄子用草或布包上，全体将士轻装简从，悄悄地出了城。

林墩倭巢，四周水沟纵横交错，地形极为复杂。陆路上只有两条路可走：一条在南，为正路，名叫黄石大道；另一条在西北，为沟渠小路。

按计划，戚继光率部将从黄石大道进攻。暗夜里辨不清方向，戚家军只好跟随着向导摸索着前进。快接近倭巢时，意外发生了——向导不见了。

戚继光马上意识到：坏了，向导肯定是投敌了。

向导投敌的直接后果是：戚家军被带进了西北面的沟渠小路，而不是南面的黄石大道。小路的四周到处是充满淤泥的水渠，路窄而难行。

虽然戚继光大为恼火，但此时生气发火都于事无补，虽然路途艰难，也只有前进了。戚家军艰难跋涉，行动缓慢，直到东方发白时，才逼近倭巢，然而此时倭寇早已发觉并做了防备，奇袭的战机早已错过。

戚继光下令进攻，战斗开始，倭寇利用有利地形打得十分顽强。戚家军连夜行军，体力消耗过大，加上地形不利，伤亡惨重，倭巢却久攻不下。

正当戚家军向前全力进攻时，队伍后面却突然乱了起来。原来是熟悉地形的倭寇悄悄绕到戚家军背后进行偷袭。这对于戚家军来说，可谓雪上加霜。

敌军气势汹汹，前后夹击，戚家军遭受到了前所未有的打击。纵然是所向无敌的"鸳鸯阵"也有些乱了阵脚。军中滋生出了畏难情绪，甚至因为抵挡不住，有人开始纷纷后退了。

戚继光见状，飞身跃到阵前，大喊一声"后退者，斩"！

有一名哨长依旧在向后退缩，不由分说，戚继光手起剑落，把向后退的哨长斩杀，并大喊："再后退者，就如同他这样的下场！"

形势还是不容乐观，士兵们还在后退，戚继光十分气愤，连杀了14名士卒才稳住了阵脚。

"大丈夫为国捐躯，宁死阵前，不死阵后，怎能这么没骨气！"戚继光一边呐喊，一边亲自补位，充当了哨长之职，鼓舞队伍重组"鸳鸯阵"。士兵们见主帅如此，便精神一振，仿佛从梦中惊醒一般，重拾信心，拼死反击。

于是，双方短兵相接，展开肉搏战。

黎明时分，原计划在十四日拂晓前到达宁海桥的北路军张谏部，游水渡过了木兰溪，按时赶到了宁海桥。

这时，戚家军两路人马才形成了前后夹攻之势，战场上对阵双方的形势也渐渐地发生逆转。

倭寇招架不住，开始溃败，而戚家军士气更加高涨，奋力追杀，连克几十座营垒，很快攻下了林墩倭巢。

林墩水路纵横，倭寇四散而逃，落水淹死者不计其数。

戚继光指挥戚家军继续追杀，一直追到黄石一带才收兵而回。

倭寇残部仓皇败退到平海后遁逃出海。

这次大规模歼敌战，就是历史上著名的"林墩抗倭大捷"。

这一仗，戚家军取得了巨大的胜利，烧死和淹死倭寇3000余人，斩杀960人，俘虏26人，解救百姓2120人，但这一战，戚家军因被向导奸细出卖，也付出了阵亡69名将士的惨重代价。

这是戚家军自组建以来，遭受到的前所未有的打击，为此，主帅戚继光陷入了深深的自责之中……

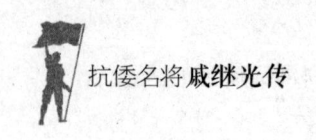

04. 兴化，戚老虎去而复返

虽然取得了"林墩大捷"，但戚继光陷入了深深的自责之中。

戚继光进行反思：出兵以来，每战皆捷，让自己滋生出了骄傲自满的思想。大敌当前，头脑过热，造成了在对地形等情况还了解不够时就匆忙进军，又因识人不明，找了个通倭的向导，引军走上了艰难之路。

戚继光很难过，不是为了自己事先设想的兵力部署落了空，而是为了阵亡的69位兄弟，他将他们从浙江带出来，如今，却将他们永远地留在了异乡。

其实，当兵打仗，每个人都是做好了牺牲准备的。

戚家军出兴化城时，城里的百姓没有察觉，直到捷报传来，大家才知道戚家军已经出兵，并且还打了胜仗。

公元1562年，即嘉靖四十一年农历九月十四日，当戚家军凯旋时，兴化城的老百姓扶老携幼，出城十里迎接，欢呼、赞扬声如潮水一般涌向了戚家军。

然而，戚继光却拒绝了对他个人的祝贺，并难过地说："伤亡如此惨重，我怎么忍心接受庆贺！"

入城后，戚继光立即去看望伤兵，并安慰他们好好养伤，士兵们望着这个平易近人的主帅，眼里充满了泪水。同时，戚继光安排专门人员，做好阵亡将士的抚恤工作。

九月十六日，戚继光主持了隆重的死难将士安葬仪式。

墓前，戚继光身着素衣，神情庄重。他眼中含泪，声音哽咽地说："众位兄弟，为杀倭寇，你们和我一起南征北战，耗尽了体力，流尽了鲜血，你们是真正的英雄好汉！我为你们而骄傲，戚家军为你们而骄傲！你们的功绩必将永载史册！"

戚继光将一杯酒高高地举过头顶，然后洒在墓地前的土地上。

接着，戚继光屈膝跪了下去，行了三拜叩头大礼。大丈夫，跪天、跪地、跪父母，然而这一次，戚继光却为死难的将士们行了如此大礼。于是，后面的将士们跪了下去，百姓们也跪了下去……

戚继光率部在一个月内四次奔袭作战，将士们不仅伤病较多，而且思归情切，因此林墩之战后，戚继光率部准备班师回浙。

农历十月初一，戚家军从兴化启程，十月初三，再入福清城。

此时的戚继光因染病咳嗽不止，谢客在衙署休养。与此同时，戚继光令福清县备马把受伤的戚家军士兵先期送往府城。此时，伤兵已达数百人，分三拨才将伤兵送完。

农历十月初五，福清东南龙田的东营又传来消息，有一艘倭船载倭寇300余人，在葛塘登岸并安营扎寨。

敌情就是命令。虽然戚继光重病在身，戚家军只剩下3000兵力，但戚继光还是立即着手部署剿倭。

戚继光驱兵直奔福清葛塘，到达后立即发起攻击，将这股倭寇头子双剑潭及300多名倭寇全部歼灭，己方又牺牲了20人。

戚继光预感到，葛塘的倭船只不过是倭寇的先头部队，大批倭寇将会陆续到来。他本想整顿一下队伍，歼灭一切来犯之敌，但看看身边已经伤痕累累、疲惫不堪的兄弟们，他犹豫了。

戚继光冷静地分析了面临的军情：戚家军已是伤病过半，"鸳鸯阵"已是人员不整，而新的倭寇将陆续乘船有备而来，驱疲兵以挡新寇，无异驱群羊以搏猛虎，为今之际，只有补充新兵，才能歼灭来犯之倭。

于是，戚继光决定回到浙江请兵，明年春天再来剿灭此地的倭寇。虽然这是下策，但也只能如此了。同时，戚继光寄希望于其他抗倭力量能够顶上来，给倭寇以打击，并给戚家军赢得宝贵的休整时间。

农历十月十六日，戚继光率军从福清起程回浙，当地百姓哭着拦在路上，请求戚家军不要走。戚继光安慰说："不要害怕，我不久还会再来。"

农历十月十七日，戚继光率部到达福州，受到百姓、乡绅以及文武官员的热烈欢迎。众官员同戚继光一起登上了平远台，为他摆上庆功酒。

据传说，当天的宴会上戚继光喝醉了，至今福州的于山上仍可见一块戚继光醉卧过的石头，人称"醉石"。

农历十一月初一，戚继光率部从福州出发返回浙江。

当戚继光率军到达金华时，闻听胡宗宪被逮至京的消息，不禁浮想联翩，感叹命运之多舛。

福建的倭寇得知戚家军已回浙江，奔走相庆："戚老虎已经走了，我们还有什么可怕的。"于是，大批倭寇分成四伙进行抢掠：一伙停泊宁德的云淡门；一伙驻屯兴化的江口诸村；一伙流劫同安、南安商县，并围攻福清；一伙自漳州窜扰沼安。福建沿海地区均遭倭寇荼毒。

公元1562年，即嘉靖四十一年，冬，六千倭寇包围了兴化府。

福建巡抚游震得再次向朝廷告急，请求援兵。朝廷考虑到戚家军刚刚班师需要休整，便派广东总兵刘显率兵增援。

刘显，江西南昌人，生来就膂力绝伦，稍通文义，但因家贫落魄，只好在公元1539年，即嘉靖十八年，假冒四川籍考取了武生。刘显先任副千户，后任浙江都司参将，并于浦口冈下大败倭寇，因功升任副总兵，后来又尽歼了刘家庄倭寇。嘉靖四十一年，刘显又充职任总兵，镇守广东，随即率军赴福建援助抗倭，与戚继光、俞大猷等连续破倭，继任狼山总兵，统制大江南北，防倭进犯，又进官都督同知、左军府都督、太子太保。

刘显援闽，并没有做好充足的准备，只带700人前来增援。因兵力太少，又远道而来，人马疲乏，刘显不敢轻举妄动，便把所部驻扎在离兴化30里的江口桥。这样一来，刘显这支援军的老底很快被倭寇探听清楚了。

刘显想和兴化城内取得联系，便派八个士兵前去送信。不幸的是，送信的八个士兵在路上遇到了倭寇，全部被杀，所送之信，当然也落入了倭寇手中。

狡猾的倭寇令人换上明军的服装，带上伪造的书信，进了兴化城。

倭寇伪造的书信中谎称：总兵刘显打算当晚率兵进城，希望城里不要敲警报，不要点火，不要发出声音，以免惊动敌人。

守兴化城的军官也是个糊涂蛋，不加分析就信以为真，随后便解除了戒备，只待刘显率军队入城。

夜深了，那几个扮作明军混进城的倭寇奸细冲上城头，杀死了守城的军兵，把大门打开，外面埋伏的倭寇蜂拥而入，街上一片混乱。可叹，守城的明军官兵还以为是刘显的部队进城了，就差没有夹道欢迎了。

倭寇没有给守城官军想明白的机会，迅速占领了兴化城中的各个要地，不久就控制了整个兴化城。坚守了一个月的兴化城，就这样被击破了。

倭寇盘踞兴化城两个多月，屠杀百姓，强奸妇女，无恶不作，罪行滔天。

消息传到京师，朝野一片震惊。

兴化乃是大明朝的一个府城所在地。自倭寇侵扰闽浙沿海以来，府城被攻陷，这还是第一次。

最可气的是明军视敌如虎，不敢进攻，让倭寇在城内横行达两个多月，有失天朝大国的风度。

嘉靖皇帝大怒，下诏罢免福建巡抚游震得，改由在家为父丁忧的谭纶出山巡抚福建，总督福建军务，统一指挥福建抗倭斗争。同时又提拔俞大猷为福建总兵，协助谭纶扫荡倭寇。

与此同时，又命令戚继光火速支援福建。

那么，戚继光去而复返，又是以什么身份重入福建的呢？

早在戚继光率部回浙江时，福建巡抚游震得就上奏了福建御倭三事，其中之一，就是建议将参将戚继光提拔为副总兵，分守浙江与福建接壤且倭寇经常出没之地。为抗倭计，朝廷同意了这个建议，并于嘉靖四十一年农历十二月，任命戚继光为副总兵，分守温州、处州、福宁、福州、兴化等地。

至于横屿、牛田、林墩等地的战功，朝廷直到公元1563年，即嘉靖四十二年六月才查勘完毕，擢升戚继光为署都督佥事。

总之，"戚老虎"又杀回来了！

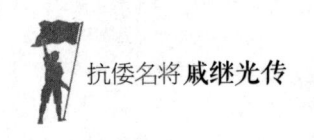

05. 平海，戚家军再显神威

公元1562年，即嘉靖四十一年，戚继光回浙不久，倭寇又卷土重来。

这年冬季，一股倭寇再度入侵兴化，广东巡抚刘显得令前去支援，没想到却帮了个倒忙，使得倭寇借机用计占领了兴化府。

倭寇攻陷兴化后，刘显率兵逼近兴化，但因为将弱兵少，任由倭寇在兴化府城横行达两个月之久，不敢擅自攻城。

朝廷大怒，福建巡抚游震得被弹劾，前来支援的广东巡抚刘显也背上了剿倭不利的罪名，被准戴罪立功。

公元1563年，即嘉靖四十二年，朝廷任命谭纶为右佥都御史，巡抚福建，前来支援。又任命抗倭名将俞大猷为福建总兵，同时，急调戚继光再次入闽。

戚家军还没从浙江出发，只是获悉戚家军要来福建，被戚家军吓破了胆的倭寇便望风而逃了。这就是戚家军不战而屈人之兵的威力。

嘉靖四十二年，农历二月二十一日，占领兴化的倭寇匆匆从兴化自动撤出，准备退守兴化府东南的平海卫。

与此同时，倭寇又在崎头构建了巢穴。福建都指挥欧阳深率兵追剿，不幸中了倭寇埋伏，搏战而死。倭寇乘势攻占了兴化府东90里的平海卫。

新任福建总兵官俞大猷，于嘉靖四十二年二月赶到福建，招收漳州农民武装六千人，在平海卫附近和刘显会师。

俞大猷率军驻扎在秀山，刘显率军驻扎在明山，距贼营约三四里。刘显兵少不敢叫阵，俞大猷也表示需要有大军合围才可进攻。于是，俞、刘两军画地凿沟，以待戚家军。

第五章 转战浙闽粤，横戈马上行

戚继光回到浙江后，立即向朝廷上奏了一份《议处兵马钱粮疏》，请求同意招募新兵，配备粮饷器械。朝廷鉴于福建倭患严重和戚家军在抗倭中的表现，立即同意了戚继光的请求。

公元1563年，即嘉靖四十二年，农历二月，戚继光再次到义乌募兵。

有第一次招募的义乌兵作榜样，第二次募兵时相当顺利。戚继光将招兵大旗一打出来，义乌的百姓就纷纷响应。适龄青年有自己报名的，有老父亲送子参军的，仅仅半个月，戚继光就募得壮士万余人。

然而兴化府陷落后，福建的抗倭形势严峻而紧迫，已经没有时间集中训练新兵了，因此戚继光只好把新兵分别编入原有的战阵，以老带新。农历三月初，戚继光率兵再下福建。一路上，戚家军边行军边训练。

公元1563年，即嘉靖四十二年，农历四月，戚继光率领重组后的戚家军开进福建。

农历四月中旬，戚继光抵达福清后，立即致信催促新任巡抚谭纶赶往前线统领三军，以避免联合作战中发生政令不一、贻误战机的事情。

同时，戚继光在到达的当天就到平海卫前线视察，回营后又立刻拜访了俞大猷、刘显，并与他们达成了共识。

此时，盘踞在平海卫的倭寇大约有6千人。

农历五月初十，戚家军在兴化府城东南的东亭扎营。

农历五月十一，原本在老家为父丁忧的新任福建巡抚谭纶，日夜兼程赶到平海卫前线，立刻召集戚继光、俞大猷、刘显等人共同商量抗倭之策。

"首先必须在各个海道上环立栅栏，阻断倭寇向海上逃跑的退路。"戚继光首先提议，然后又主动提出，"俞将军、刘将军在此已拒敌数月，这次主攻的前锋，就由我来担任吧！"

谭纶同意了戚继光的建议和请求。

然后，谭纶公布了作战计划：以刘显为左军，俞大猷为右军，谭纶自领中军，以戚继光为先锋，三路军相互配合，围攻平海卫。

农历五月十二日，月明星稀，四更天时，戚家军借着月色以哨总胡守仁为前锋、戚继光督后队，悄然自东亭启程。行至五党山一侧时，戚继光下令

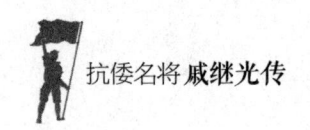

全军原地休息，待月落之后，在黎明前的黑暗时分发起进攻。

月亮西移，天渐渐暗下去。此时，雾上来了，并且越来越浓。戚继光自语道："真是天助我也。"

于是，戚继光下令大军开拔。在大雾的掩护下，戚家军迅速逼近倭巢，而后四面包抄，神不知鬼不觉地将倭巢围了起来。忽然，一阵震天的鼓声响起，冲破黎明前的黑暗，炸响在平海卫的上空，进攻开始了。但见戚家军跨过壕沟，砍破栅栏，奋勇直前，向倭营猛攻。

当倭寇们被鼓声震醒，迷迷糊糊地起来时，戚家军已经冲到了营前。有100余名倭寇骑兵动作比较利索，骑马挥刀冲出大营。

"开火，放炮！"一声令下，戚家军的鸟铳兵首先使用了火器。这样一来，冲出营的倭寇骑兵，还没等靠近，就被打得狼狈不堪，有10余个倭寇滚落马下，有的战马受到惊吓，四处乱窜。

这时，倭营中吹响了螺号，倭寇步兵出战，戚家军也向倭营发起冲锋，双方展开了肉搏战。

近距离作战是戚家军的特长，只见戚家军组成了一个个"鸳鸯阵"与倭寇展开了搏斗。"鸳鸯阵"中的12个人宛如一个整体，持狼筅的、持长矛的、持盾的，每一位各得其所，各尽其用，长短兵器互相配合，威力巨大。

当交战双方距离稍远时，倭寇的弓箭和长枪被盾牌兵挡住，而戚家军的长枪长，却可以刺中远处的敌人。当双方贴身近战时，戚家军的狼筅成了很好的杀敌武器，不仅可以抵挡倭寇的长短兵器，进攻更是便利。戚家军的这种"鸳鸯阵"，让敌人十分头痛，节节败退。

中路戚家军正在恶战间，右边的俞大猷部，左边的刘显部，又一齐杀到，三路合围，倭寇更是只有招架之功，没有还手之力了。

于是，倭寇急忙撤出平海卫，逃到渚林南面的许家村倭寇大巢里，准备依靠地势，坚持死守。

三路明军追到许家村大巢，将其团团围住，并在许家村乘风放火。顿时，许家村火光冲天，倭垒化为焦土。最后许家村倭巢被攻破。倭寇们有的被烧死，有的被杀死，也有狼狈逃命坠崖的，死伤不计其数。

此战共歼敌2210人，救出被掳百姓2380人，己方牺牲16人。

次日，戚继光又追剿倭寇170余人，解救百姓3000多人。

由此，明军收复了平海卫，这是继横屿、牛田、林墩三大战役后的又一次巨大胜利，史称"平海卫大捷"。

这时，有一股倭寇盘踞在闽北政和、寿宁一带，想南下和平海卫倭寇合流，窜至宁德、连江境内。戚继光率兵北上迎击，全歼这股倭寇，救出被掳百姓3000多人。

接着，戚继光回师福清，连续作战，歼灭登陆的倭寇200余人，又将马鼻、小石岭等地的倭寇全部剿灭。

随后，戚继光再援福建，在平海卫及周边地区，斩杀倭寇2622人。与此同时，刘显等人终于复兴了兴化府。

从此，福建兴化地区长达9年的倭患结束了。

平海卫大捷后，明朝廷再以戚继光先前在横屿大战的功绩，录前后战功，擢升戚继光为都督同知，世廕千户，并代替俞大猷为总兵，镇守福建和浙江金华、温州二府，都督水陆诸戎务。

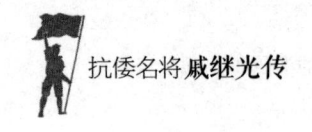

06. 典礼，明世宗告谢郊庙

公元1563年，即嘉靖四十二年，是戚继光的辉煌之年，这一年，戚继光36岁。

这一年的农历三月，戚继光率领戚家军一万多人再援福建，并于五月进攻平海卫，取得重大胜利。

当平海卫大战的捷报传到北京，嘉靖皇帝非常高兴，特地举行了一次隆重的告谢郊庙典礼。

为什么皇帝会对这次胜利如此重视呢？

多少年来，大明朝的疆土屡次被倭寇肆意骚扰，居然还被其攻入兴化府城，偌大的福建，竟无人敢对倭寇用兵，眼睁睁地看着他们烧杀抢劫而退出府城，这真是明政府的一大耻辱。

可以说，平海卫的胜利，多少给大明挽回了一些面子。

另一个原因是，平海卫的胜利，大明军队收复了广大地区，也灭掉了倭寇的嚣张气焰。

所以，大明朝廷上下才对平海卫的胜利特别重视，由嘉靖皇帝，也就是明世宗亲自莅临，举行了一次"告谢郊庙"的庆祝仪式，从此开创明朝在打胜仗后进行"告谢郊庙"庆典的先河。

当然，嘉靖皇帝举行这次"告谢郊庙"庆祝仪式，不是完全别出心裁，也是有古礼可循的。

在明代，国家每遇重大事情，如皇帝登基、皇帝的大婚或是册立皇后的时候，都要去太庙的寝殿进行祭祀，这称为"告祭"。

郊庙，是指古代帝王祭天地的郊宫和祭祖先的宗庙。

第五章 转战浙闽粤，横戈马上行

"告谢郊庙"仪式是在郊外的宗庙举行的，程序和祭祖时的"告祭""郊祭"等大同小异，场面盛大，只是礼制简单一些，时间为一天。

实际上，"告谢郊庙"就是朝廷或官方的祭祀活动。

公元1563年，即嘉靖四十二年农历六月的一天，嘉靖皇帝身穿朝服、戴朝冠，随驾的王公大臣们如平常朝会时一样，簇拥着皇帝站立在祭台上，百官们则在祭台下依次排列而站。

祭台上的先皇牌位前摆放的祭品主要是牛、羊、饼饵、果品、酒等。

吉时到，随着"告谢郊庙"仪式的正式开始，嘉靖皇帝先向神位上香，行三跪九叩大礼。然后，由一位专门设置的官员跪在皇帝的右侧大声宣读祝文。祝文的内容是事先拟好的，大致意思是：大明军队在福建大败倭寇，长了大明朝威风之类的话。此时的嘉靖皇帝，也是跪着倾听全部祝文。

随后，嘉靖皇帝来到设在祭台西南角的"望燎位"，他站在望燎位上，面向焚帛亭，注视着主祭官把祝版、制帛以及大量的纸制金锭、银锭等祭物全部送入焚帛亭等处烧掉。

接着，如浪似的山呼海啸声起，嘉靖皇帝接受了百官的朝贺。

仪式的最后，皇帝下令把献祭祖先的牛、羊、果、酒等祭品都分赐给内阁官员们，以祈盼祖先的庇佑。

至此，"告谢郊庙"典礼礼成。

实际上，在平海卫战斗中，戚继光率领的戚家军充当中路军的主力，起到了中流砥柱的作用，而作为戚家军主帅的戚继光，更是劳深百倍、功及千秋。

谭纶在上疏评价平海卫大捷时说："戚继光鞠躬尽瘁，用兵如神……岂止当今之虎臣，实为振古之名将。"

虽然，戚继光没有亲眼得见典礼的盛况，但他是最大的受益者。大明朝廷因功给戚继光连升官职，戚继光也是实至名归。

嘉靖四十二年农历六月，戚继光因功升为都督佥事，不久又升为都督同知，并且朝廷给予了戚家可以荫子为原卫所正千户的荣光。

同年农历十月，戚继光又被提为副总兵官，负责镇守福建全省和浙江金

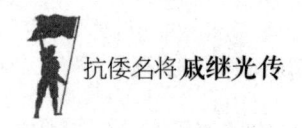

华、温州二府。

戚继光不仅因功得以提升，最主要的是，他光大戚家门楣的目标终于初步实现了。

隆重的"告谢郊庙"大典之后，受到鼓舞的戚继光率领戚家军又先后打退了连江、宁德等地的倭寇。

经过平海卫以及连江、宁德等一系列战役，嘉靖四十一年冬到达福建的倭寇万余人已基本被消灭，倭寇受到了沉重的打击。然而倭寇入侵福建地区的隐患依然存在，而且许多地区仍有小股倭寇流窜，福建的形势不容乐观，更不能掉以轻心。同时，福建原有的防卫系统已朽败不堪，无法担起防御倭寇的重任。于是，戚继光上书给谭纶，说明了福建抗倭的形势，请求谭纶的支持。谭纶也向朝廷上奏折推荐戚继光，希望他能被朝廷委以重任，让他施展千里之才。

在军情危急的局面下，谭纶的奏折很快有了效果。公元1563年，即嘉靖四十二年冬天，戚继光被任命为福建总兵官，镇守浙闽粤，兼顾水陆两军事务。

在谭纶的支持下，担当大任的戚继光开始着手对福建地区的沿海防御系统进行整顿，以保证福建全境和人民的安全。

从实战角度出发，经综合考虑，戚继光对防御体系重新进行调整，以戚家军作为镇守福建的主力，原福建地区的防卫兵作为配合协同力量。

这样做也不完美，因为戚家军的官兵几乎全是浙江人，守卫福建有诸多不便。

考虑到戚家军将士的思乡之情和倭患有所缓和等因素，戚继光决定：将戚家军1万多人分成两班，每班大约6400人，轮换守卫福建，再将6400人分成8营，每路两营，分头驻守。其中，南路驻漳州、泉州，负责福建南部地区的防卫工作；中路设于福清，主管福建中部地区的防守；北路驻福宁，负责福建北部地区的防守工作；剩余两营由戚继光直接统率，作为机动兵力，在紧急情况下用于联络和救援各路。

在陆路方面，戚继光对戚家军实施分头驻防，在水路方面，他除了加强海上的防御之外，又增修了92艘战船，分配给各个水寨，用来增强水寨的战斗能力。

继浙江之后，戚继光在福建地区也建立了从南到北连绵不断的海防防御工事，极大地增强了福建地区的海防力量。

似乎是为了检验戚继光的布防效果，嘉靖四十二年十一月，不甘心失败的倭寇又集结27000人，战船68艘，气势汹汹地向福建沿海杀来。

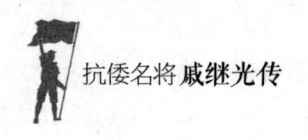

07. 仙游，以寡敌众获全胜

夜已深了，戚继光的帅帐内依旧灯火通明。

戚继光坐在案几旁的一张大椅上，案几上摊开着一张军事地图。戚继光盯视着地图，目光从福清、泉州、漳州、兴化等地掠过，陷入了深思中。

不知过了多久，戚继光握手成拳，重重地砸在地图上被标注的地方，暗想到：倭寇共有68艘战舰登陆，人数超2万，我戚继光定要全歼来犯之敌，让倭寇有来无还。

想至此，戚继光不禁心潮澎湃，全无睡意，于是他信步走出帅帐。

大营内，各个哨位的哨兵如猫头鹰一样，警惕地盯视着周围的一切，而其他将士们都已经进入了梦乡。

戚继光心想："连年征战，几乎没有休息的时间，全军将士们实在是太累了。是啊！将士又不是铁打的，能不累吗？"

戚继光曾问过手下士兵们："你们最大的愿望是什么？"

"最想打完仗好好睡几天。"将士们异口同声地回答，这让戚继光感觉心里很酸楚，多么简单的要求，多么简单的愿望啊！可是，他真的好久没让他可爱可亲可敬的将士们，真正地享受过睡觉睡到自然醒的幸福了。

戚继光觉得对不住将士们，可为了抗倭大计，他只能这样。

"泉州告急，请予援助！"

"漳州发现大批倭寇！"

"兴化告急！"

"……"

一份份告急文书传来，逼得戚继光不得不将戚家军四下分散布防。令他欣慰的是，将领们成熟了，可以独立领军作战了；全军将士们成熟了，可以以一敌十了。

当初几路人马远征前，将帅依依惜别之时，将领们说："大帅，你放心，我们一定能扫平倭寇，咱们戚家军个个都是好样的！"

几路人马都没有让戚继光失望，也没给戚家军抹黑。一个月内，水陆两军都高奏凯歌，收到捷报12次，共消灭倭寇3000人。

然而，戚继光并没有被胜利冲晕头脑，他冷静地分析到：倭寇的分散行动肯定是暂时的，估计不久就会秘密集结，酝酿大规模的攻城略地行动。

戚继光很清楚，假如倭寇聚集起来，人数就绝不下万人，后果将会十分严重。

果然不出戚继光所料，公元1563年，即嘉靖四十二年农历十一月七日，倭寇从东沙登陆。十一月二十一日，倭寇聚集了2万余人，围攻仙游县城，并在城外建立东、南、西、北四座倭垒，将仙游团团围住。

仙游告急。

仙游县官陈大有、典史陈贤、白岭巡检司巡检殷功等官员一边率领全城百姓拼死守卫，一边派出传令兵杀出重围向上峰告急，请兵援救。

仙游地处福建沿海中部，湄洲湾南北岸结合部，木兰溪中、上游，整个地势顺趋木兰溪，西北高，东南低，形成"马蹄状"，沿海、平原、山区层次分明。仙游山川毓秀、气候宜人，而木兰溪又是闽中最大河流，溪长29公里，流域面积176平方公里，总落差301.6米。

仙游在春秋战国时期属越国地，历代沿革，到唐天宝元年，即公元742年，定名为仙游县，历属闽泉州、清源郡、南唐清源军。到了宋代，景炎二年，即公元1277年以后，仙游隶属兴化路，明朝时期，隶属于兴化府，即今莆田市。

仙游告急。兵法云：兵贵神速，救兵如救火。

戚继光一边亲自督阵，率身边的戚家军机动营即刻启程兵发仙游，一边传令戚家军其他各营分头前去仙游救援。与此同时，谭纶也率兵赶来。于是，戚、谭两人兵合一处，将军队驻扎在离仙游20余里的俞潭铺和沙园一带。

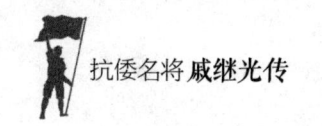

因为戚继光调动的另外几支队伍还没到,戚继光和谭纶的军队加起来只有6000人,敌众我寡,还不足以对敌形成反包围,因此,不宜立即与敌决战。

中军帐中,戚继光和谭纶正在商量对敌之策。

谭纶说:"兵不厌诈,敌众我寡,不能让倭寇看出我军的虚实。应实行扰兵之计,派小股人马前去佯攻,令他们坐卧不宁,以迷惑他们。"

"这是好计,兴化城曾经的陷落,就是前车之鉴。但是派出的这股扰兵,必须勇敢善战,否则有可能适得其反。"戚继光说。

最后两人达成一致:挑选500勇士,暗中接近倭巢,寻机佯攻,稳住并拖住敌人。

谭纶和戚继光两人运筹帷幄,将福建全省抗倭的形势做了通盘考虑,制订出了一个互相兼顾、整体协调的对敌作战方案。

谭纶下令将福建全省的各路人马全部调动起来,一路追剿闽北的倭寇,以防止他们深入,一路防守闽江、兴化,防止倭寇的偷渡。

这样,将围攻仙游的倭寇就变成了一支孤军。

第二天,戚继光到仙游城附近观察敌情。他站在一座小山上,向敌营望去。只见倭寇营地铺天盖地,漫山遍野,把仙游城围了个严严实实。倭寇的攻势也很猛,仙游城头的士兵勉强应战。

戚继光又得到战报:仙游城中火药短缺,少数守城官兵已经出现了胆怯、动摇的情绪,形势十分危急。

巡视回来,戚继光立刻派遣自己的亲兵180人,趁黑夜轮流往城里送火药,另外派遣一支人马进城协助共同防守。同时,戚继光又下令军队前移,驻扎到离倭垒更近的石马。

石马一带遍地丛林,戚继光四处安排人马摇旌旗、擂战鼓。丛林之中,看不清虚实,只听到战鼓声声,只看见旌旗飘飘,似有千军万马埋伏其中。

倭寇知道戚家军的厉害,戚家军不主动出击,他们探不清虚实也不敢轻举妄动,这给守卫仙游城的官兵减轻了许多压力。

不知不觉,仙游城已被围一个月,几乎天天都有战斗,双方伤亡很大。

第五章 转战浙闽粤，横戈马上行

十二月二十五日，戚家军其他各路人马悉数赶到。戚继光立即兵分五路，向倭垒进攻。

整个兵力部署如下：以守备王如龙率部为中左路，代理守备胡守仁率部为中右路，两军共取南巢；把总陈濠率部为右翼，取贼东巢；游击李超率部为左翼，取贼西巢；把总金科等率部为大营正兵，专备策应。指挥吕崇舟、副总兵金文秀领标兵一支同都司郭成部下苗兵四百张疑兵于铁山，以牵制北巢之贼。代理把总傅应嘉统本部兵取道西岭，从背面抄击西巢倭寇。

这一天，仙游城下，战斗正紧。倭寇推着八辆"吕公车"缓缓前进。吕公车是一种十分厉害的攻城工具，高出城墙一丈多，可以容纳100多人。几百名倭寇在"吕公车"的掩护下，离城墙越来越近。尽管城上士兵不停地放火铳、放箭，可是一点用也没有。眼见着倭寇的"吕公车"靠近了城墙，在高处放下梯子，搭在城墙上，倭寇立刻沿梯而下，转眼之间，城上就多了许多倭寇到处猛冲。

倭寇不断地涌上城头，仙游城眼见落入倭寇手中。紧急关头，戚家军如神兵天降，从东、西两边向攻城的倭寇进击。仙游城上守军精神一振，恢复了信心，与倭寇在城头上展开了肉搏战。

倭寇见势不妙，停止攻城，回头向戚家军冲去。

这时，戚家军中左路王如龙部直冲向倭寇南巢，中右路与之密切配合，一起猛攻。倭寇节节败退回巢穴，坚守不出。戚家军砍断栅栏，杀出缺口，冲了进去，倭寇支持不住，向东巢逃窜。

胡守仁率兵和陈濠兵一同夹击东巢。东巢建在仙游大道上，狡猾的倭寇在这一带处处设伏。童子明率军杀到虎啸潭时，不幸中了埋伏，全军覆没。然而，童子明部的失利并没有影响到全局的战斗，其他各部英勇杀敌，不久，东巢被攻破。

与此同时，王如龙在取下南巢后，乘胜直取西巢。西巢势力较弱，很快被攻破。

东、西两巢突围出去的倭寇和北巢合兵一处，企图作垂死挣扎。

倭寇们惊魂未定，忽见南方杀来大队人马，两旁将士盔明甲亮，威风

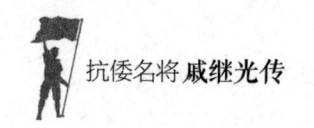

八面，正中"戚"字大旗和"帅"字大旗迎风招展，旗下有一威风凛凛的将军，骑一乌骓马，当然，他就是戚继光。

倭寇最怕戚家军，更怕"戚老虎"，今日见戚继光亲自率军，早已吓得胆战心惊。

戚继光手中马鞭一指，大喊一声："兄弟们，冲！"

听到命令，戚家军勇士向倭寇阵营冲去。倭寇丢盔弃甲，再无斗志，四散而逃。倭寇全线崩溃，仙游之围得以解除。

仙游之战共击溃10000余名倭寇，杀死倭寇1000余人，己方牺牲童子明等24人。

谭纶上疏为参加仙游之战的官兵请功："用寡击众，一呼而辄解重围，以正为奇，三战而悉收全捷。盖自东南用兵以来，军威未有如此之震，军功未有若此之奇者。"

倭寇败走，戚继光端坐马上一声令下："追！"随后，戚继光又亲率大军追剿南遁之倭。

戚家军与仙游城官兵配合围攻倭寇，一连交锋18阵，歼敌1000多人。接着又在大蜚山下全歼500余残寇，取得全胜。仙游城外西北一带的战场被后人称为"五百洗""十八战"。

公元1564年，即嘉靖四十三年，二月，戚家军追至同安县的王仓坪，大败倭寇，斩首百余级，众多倭寇坠崖摔死，数千倭寇余党逃走，又占据了漳浦蔡丕岭，戚继光与将士攀岩而上，与倭寇短兵相接，又消灭倭寇100余人。

王仓坪战斗击溃倭寇近万名，斩首177级，己方无一人阵亡。蔡丕岭战斗击溃倭寇7000余名，斩首160多级，己方牺牲31人。戚家军两次共解救被掳民众3000多人。

残余倭寇劫掠渔船逃到海上，而后侵扰福宁，戚继光率领李超等前往将其击败，又乘胜追至永宁，消灭倭寇300多人。残倭继续南窜，进入广东界内。自此，"倭寇不敢复窥八闽"，福建倭患渐轻。

08. 广东，沿海倭患被荡平

公元1564年，即嘉靖四十三年，戚继光先后在王仑坪、蔡丕屼两次战斗中给倭寇的残部以毁灭性打击，肃清了倭寇在福建的势力。这一年，戚继光37岁。

福建的倭患解除，广东的倭寇又起。

即嘉靖四十三年夏，福建残倭逃往广东潮州一带，与海盗吴平勾结在潮州地区劫掠，潮州地区倭患更加严重。

吴平，福建诏安县梅岭人，早年投靠倭寇，充当内奸，在广东潮州地区烧杀抢劫。后来他又纠集了一大批无业流民、海盗，自成一支，最后发展到有匪众万人、战船百艘。他与潮州倭寇相互照应，横行福建、广东边界达五六年，成为霸居一方的大汉奸、大海盗。

福建的残倭逃入潮州，与海盗吴平互为犄角之势，很快就聚众2万人，广东潮州地区再次处于水深火热之中。

大明朝不会允许倭寇与海盗任意肆虐，同年夏天，时任广东总兵的俞大猷、参将汤克宽等人领兵消灭了侵扰潮、惠一带的倭寇2万余人，海盗吴平陷于孤立境地。同年秋天，吴平接受了俞大猷的招抚，俞大猷将他遣回了原籍。

嘉靖四十三年十一月，吴平回到了老家诏安梅岭，然而吴平虽然表面上接受了招抚，暗地里却招揽海盗流亡之徒，聚众万余，并不断地练兵造船，修造战船达百余艘，企图再起事端。

哪里有倭寇侵扰，哪里就有戚继光；哪里有倭寇进犯，哪里就有戚家军。于是，戚继光再次挥师广东。

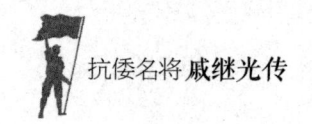

公元1565年，即嘉靖四十四年，二月，戚继光得知吴平复叛，便给老战友俞大猷去信，商议两面夹击、水陆并进彻底消灭吴平叛军。戚继光抓紧部署军队，他命令傅应嘉率水师开至梅岭外海，陆兵则由戚继光亲自带领兵发梅岭。

吴平得知消息，提前将家属、财物等转移到船上。梅岭是吴平的一个根据地，他打算坚守，但他的部下不争气，组织性不强，战斗力也不行。在戚继光水陆两军的夹击下，吴平逃离梅岭。

由于春汛快到了，为防倭患再起，戚继光只能派水师傅应嘉追剿吴平残部。

四月，傅应嘉与汤克宽合力击吴平于大潭澳，缴贼船20余艘。月底，傅应嘉率师回闽。

六月，吴平率众驾船百余艘窜回福建，并在闽南沿海大肆掠夺。梅司傅应嘉、把总朱玑和协总王豪统领战船46艘泊在梅岭的玄钟等处防备吴平。

吴平为报复明军，围攻玄钟，朱玑、王豪被俘，战船也被掠去13艘。傅应嘉只好退回铜山。吴平乘胜回广东并占领南澳岛，在岛上筑土堡、木城，立木栅据守，不时四处劫掠。

水师两总被俘，13艘战舰被掠，事态异常严重，在朝廷眼里吴平已绝非海盗，而是集山贼、海盗于一身且与倭寇狼狈为奸的逆民贼子，所以朝廷便责令福建、广东的巡抚、总兵并力夹剿吴平。

南澳岛在广东饶平南的大海中，地处闽粤交界处，是倭寇由闽入粤的咽喉，东西长四十余里，南北最宽处二十里。岛上森林茂密，四周有深澳、隆澳、云澳等重要港湾，可以停泊船只，吴平的大本营设在深澳。

深澳地势尤为险要，入港处水道狭窄，小船只能鱼贯而入，若敌固守此港只需少量兵力即可，且可达到"一夫当关，万夫莫开"之势。

南澳所处的地理位置，无论是航渡还是登陆都是困难重重。

七月中旬，戚继光率部众万人、战船300余艘到达漳州。不久，戚继光再次致信俞大猷让其迅速率军前往南澳两军会合，但广东方面俞大猷尚未准备就绪，无法如期赶到，请求延期。于是，戚继光决定单独行动。

八月初一，为鼓舞士气，戚继光在福建的月港誓师。同时，再次征集渔船500艘，储备粮食3000余石，以供长久之计。

八月十五日，戚家军水军进抵南澳，击退挑衅敌船，并将5艘敌船击沉，剩余敌船全部退回港内，死守港口。

戚家军以渔舟载石沉塞港口，令敌船无法出港逃窜；戚家军的兵船环列在深澳港对面烈猎屿、宰猪、竹栖及大沙等澳水域，从海上完全封锁了南澳岛，敌人成了瓮中之鳖。

九月十六日，戚继光率陆兵至饶平柘林。柘林，是南澳通往福建内陆和广东北部的跳板，为防止吴平部由柘林逃窜，戚继光要求漳州知府调集乡兵防守柘林以北，饶平知县调集乡兵防守柘林以南。

戚继光又亲自乘小船出海，察看南澳地形，决定以南澳龙眼沙作为登陆点。龙眼沙位于南澳西，距敌巢深澳30里，这里不仅地势平坦，防守也不是很严，且戚家军占领龙眼沙后，可以迅速在此建立阵地，然后再向前推进就能将敌人一步步逼向绝路。

回去后，戚继光对戚家军渡海、登陆作战进行了周密的部署。此次部署，戚继光不仅对兵船的航渡序列、登陆前的准备、登陆时的战斗队形等作了详细的安排，甚至把各种可能发生的情况都考虑到了，如战船的坚固程度、武器的安全系数等。戚继光把军队分为左、中、右三路，每路都有冲锋正兵和接应奇兵，另外设立"老营"以督后阵。各路兵马分乘船只，按照编好的次序出发，战况的发展都在戚继光的预料和掌握之中。

九月二十二日，一连几十天的飓风戛然而止。天刚亮，戚继光亲自督促士兵浮舟渡海，在龙眼沙登岸。部队一边登陆，一边搭建木栅城，作为阵地。一切都进展得十分顺利，海滩地带全被戚家军控制，滩头阵地到第二天已完全建好，而且得到巩固。

九月二十三日，吴平以两千余人设伏诱战，戚家军出兵迎战，吴平军一触即败，死伤数百人。

九月二十五日，吴平亲率大军反攻。戚继光一面派兵迎击，一面令人散发檄文，劝告胁从分子放下武器，既往不咎，敌人军心动摇，戚家军趁势奋

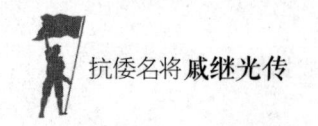

力猛攻，大获全胜。吴平率众落荒逃回老巢，再也不敢主动出战。正是这一天，俞大猷统领参将汤克宽、镇抚许朝光带舰船三百余艘自海门兼程赶到，明军声势大震，敌寇落魂丧魄，固守巢穴。戚、俞会师后，立即对作战部署重新作了安排，俞大猷负责水师，戚继光统领陆军，水陆并进。

接着又是一连几日的飓风，无法出兵作战。

十月十四日飓风停息，大军决定第二日出击。

十月十五日天微明时，戚家军就开始行动了。战船载着陆兵渡海，在龙眼沙登岸成功。登岸地点山深林密，处处有吴平设置的障碍物。戚家军保持高度的警惕性，一面伐林开路，因地结营，一面严阵以待，防备偷袭。大队人马陆续登陆，海滩一带被戚家军控制。滩头阵地很快就建立而且巩固下来。

十月末，又是几天飓风，海中卷起山一般的巨浪，大军无法出击。

十月二十七日，风平浪静，兵士们都在积极做进攻准备。第二天早晨，戚继光率领陆军，俞大猷率领水军，合力向南澳岛展开猛烈的攻势。陆军首先登陆，以雷霆之势直取吴平老巢，左路军攻打敌人身后，右路军攻敌东边。贼寇们四散而逃，贼巢、贼船都被烧毁。吴平带领800人乘坐49艘小船死里逃生。

吴平残部狼狈向潮州、饶平地区流窜，沿途受到当地百姓沉重打击，不久逃到雷州、廉州一带，又被傅应嘉和汤克宽部队击败。吴平走投无路，投海自杀。

公元1566年，即嘉靖四十五年春，戚继光奉命监管潮州、惠州二府及神威营戎务，戚继光管辖的地区包括浙江的金、温，福建的福、兴、漳、泉、延、建、邵武、福宁，广州的惠、潮二府以及江西的南安、赣州二府。

戚继光负责防守的地区更加大了，任务也更重了。这年冬天，他又向明世宗上疏，针对广东地方存在的种种弊端，提出了许多可行性的建议，得到了朝廷的批准。

戚继光率领戚家军继续转战东南沿海各地，又经过一年多的时间，在沿海军民的支持下，在俞大猷等抗倭将领的共同努力下，东南沿海各地倭寇之乱基本平息。

这一年，38岁的戚继光已是一个威严持重的将帅。

"封侯非我意，但愿海波平"。

从24岁起在山东抗倭，到38岁成为将帅，14年间，戚继光的足迹踏遍了山东、浙江、福建、广东4省沿海，他率领戚家军，屡战屡胜，令倭寇闻风丧胆。历经14年，中国疆土上的倭寇终于销声匿迹，戚继光的宏愿也终于实现了。

接下来，戚继光又把目光移向了中国北方。在北方，戚继光又有怎么样的表现呢？我们拭目以待。

第六章

镇守蓟门关,创意筑长城

第六章　镇守蓟门关，创意筑长城

01. 隆庆，赋予他新的使命

戚继光在广东抗倭取得重大进展之时，大明朝廷发生了一件改朝换代的大事。

公元1566年，即嘉靖四十五年十二月十四日午时，大明朝第11位皇帝，即嘉靖帝朱厚熜，因病服用方士所进金石药不治，在乾清宫驾崩，享年60岁。嘉靖帝共在位45年，谥肃皇帝，庙号世宗，葬永陵。

新继位的明朝第12位皇帝明穆宗朱载坖，是明世宗朱厚熜第三子。

也许命中注定，朱载坖就是真龙天子。

嘉靖十三年八月，皇长子朱载基出生后两个月就病死了，沉浸在巨大悲痛中的嘉靖皇帝得知并相信了"二龙不相见"的言论，于是，在皇长子夭折两年之后接连有了皇子朱载壑、朱载坖、朱载圳时，他决定少与这几个孩子见面，并且也不封太子。

然而，太子早晚是要封的，其他皇子们也是要封王的。公元1539年，即嘉靖十八年二月，皇帝朱厚熜册立次子朱载壑为太子、三子朱载坖为裕王、四子朱载圳为景王。此时，裕王朱载坖虚岁3岁。

哥仨同日受封，太监们却鬼使神差地误将太子朱载壑的册宝，送到了裕王朱载坖的宫中，这不禁令人产生了到底谁是真命天子的异想。

时间飞逝，一晃10年过去了。

公元1549年，即嘉靖二十八年，皇子们都到了该出阁讲学的年纪，农历二月，嘉靖皇帝决定让皇子们一起进学堂学习。皇子们不同于凡人，进学堂有着一套十分讲究的程序和繁杂的礼节仪式，并且作为父皇，嘉靖皇帝是必须要出席这个仪式的，皇子们这才有机会见到父皇。

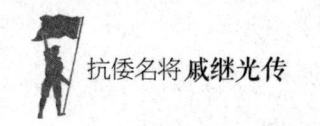

不巧的是，入学仪式刚刚结束，太子朱载壑就病倒了，并且仅仅一个月，竟然薨逝了。嘉靖皇帝痛定思痛，从此严格遵守"二龙不相见"的戒律，对剩下的两个儿子裕王朱载垕和景王朱载圳采取长期漠不关心的态度。

太子朱载壑病死，按照次序，应当立裕王朱载垕为太子。然而，由于接连两位太子的薨逝，嘉靖皇帝害怕了，迟迟没有册立太子。

此后，裕王朱载垕和景王朱载圳及他们背后的支持者为了太子之位暗中较着劲儿。两个人在各个方面都旗鼓相当，甚至在穿着打扮上也没有太大的区别。为此，朝野上下对太子的人选问题议论纷纷。

公元1561年，即嘉靖四十年二月，嘉靖皇帝命景王朱载圳出居封国，以杜绝其觊觎之心和朝野的议论。

景王朱载圳本想争夺太子之位，进而当皇帝，却在公元1565年薨逝了。也就是说，在嘉靖皇帝驾崩的前一年，景王朱载圳就死了。所以当公元1566年嘉靖皇帝驾崩时，裕王朱载垕虽然还是亲王并没有被立为太子，但他却是皇位的唯一继承人了。

公元1566年，农历十二月二十六日，裕王朱载垕登基称帝，改国号为隆庆，是为明穆宗。

朱载垕刚满16岁时，就被封为裕王，在裕王邸生活了13年，这使得朱载垕较多地接触到了社会生活的各个方面，了解到了明王朝的各种矛盾和危机，特别是严嵩专政、朝纲颓废、官吏腐败、"南倭北虏"之患、民不聊生之苦等内忧外患，使得朱载垕更加关心朝局。

继位伊始，隆庆皇帝朱载垕就审时度势，决心采取措施改变大明朝所处的各种不利局面。

首先，当然是解决"南倭"问题。

嘉靖年间，倭寇问题极为严重，经过戚继光、谭纶、俞大猷等人训练新军，英勇战斗，到隆庆皇帝朱载垕即位时，沿海的倭寇基本已经肃清。因此，隆庆元年，即公元1567年，隆庆皇帝朱载垕即位后，打开关禁，采取恤商与开关政策，以此来减轻商人的负担。具体做法为：废除海禁，允许民间私人远贩东西二洋，史称"隆庆开关"。

第六章　镇守蓟门关，创意筑长城

"隆庆开关"打破了明朝历史上禁止百姓私自下海的命令，使明朝对外政策发生重大变化，海外贸易也出现了新局面，也使倭寇活动逐渐趋于消亡。

措施之二，就是解决"北虏"问题。

真是一波未平一波又起。"南倭"问题刚刚平稳，"北虏"问题又严重了。

公元1567年，即隆庆元年，农历三月三十日，土蛮侵犯辽阳，辽阳指挥王承德战死。

同年农历九月四日，俺答又来侵犯大同，于是，隆庆皇帝朱载垕下诏严格战事守备；十二日，俺答攻陷石州，杀死了石州知州王亮采，夺取交城、文水；二十一日，土蛮侵犯蓟镇，掳掠昌黎、卢龙，直到滦河。隆庆皇帝朱载垕诏令宣府、大同总督侍郎王之诰回驻怀来，巡抚都御史曹亨驻兵通州。二十四日，总兵官李世忠救援永平，与俺答激战于抚宁，京师戒严……

北方烽烟再起，需要加强北方的防御力量，也就需要将领戍边，在将领的人选上，隆庆皇帝及满朝文武把目标集中在了南方抗倭斗争中屡建奇功的谭纶、俞大猷、戚继光等人身上。

然而，如果将谭纶、戚继光、俞大猷等名震东南的大将一齐调走，势必会削弱南方的军事力量，似乎也不大妥当。于是，隆庆皇帝朱载垕听从了南方守疆大臣们的建议，决定只调谭纶一人。

这里有必要提一下，隆庆皇帝朱载垕最大的优点，就是善于倾听别人的意见和建议。说白了，就是"听人劝，吃饱饭"。

谭纶上任之后，目睹了北方防务松弛：长城年久失修，处处破烂不堪，几乎失去了防御功能；驻守的将士不仅大多是老弱残兵，而且纪律松弛。

谭纶深深意识到：这样的条件，这样的队伍，怎能防御鞑靼铁骑呢？要想使北方防务坚固，必须有一支如戚家军和俞家军那样强大的军队。于是他决定，当务之急就是训练军队。

一想到练兵，谭纶马上就想到了戚继光，训练队伍，非戚继光莫属。因此，谭纶在向朝廷提出练兵建议的同时，也把请调戚继光到北方任职的奏折呈了上去。在朝廷中和谭纶有同样想法的大臣不只是一两个人，所以朝廷答

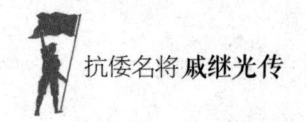

应了谭纶的请求，并立刻给戚继光下了调令。

北方的蓟州一带，是戚继光年轻时数度戍守之地，也可以说是他梦想开始的地方。

虽然十余年来驰骋在东南御倭战场上，可是戚继光一直没有忘记过北方，他总是向往那种"革车二千，练骥万余，甲兵效万"的场面，他甚至盼望着能有机会兴十万之师，如他的偶像卫青、霍去病那样出塞千里，打一场大仗，做出轰轰烈烈的事业来。如今机会来了，也许他的夙愿就要实现了，为此他相当高兴。

戚继光要去北方的消息传开后，曾经一起抗倭的将士们和当地百姓都十分难过，人们都舍不得他这位给东南沿海人民带来安宁的好将领！

在战斗中结下友谊的好友俞大猷因不能亲自送行，派人星夜给戚继光送来贺信，信中说："大丈夫在世，如果要与一代豪杰竞风流，在东南就可以了；而要与千古豪杰竞风流，应到北方！"戚继光与俞大猷的观点不谋而合。

戚继光就要与朝夕相处的将士和乡亲们告别，启程北上了，临行前，有一件事是他必须要做的，那就是去祭奠在抗倭战斗中牺牲的将士们。

"兄弟们，以功报国，为国献身，是我们共同的理想。如今，你们的血，永远地洒在了南方这片沃土上，而我又肩负起了新的使命。安息吧！兄弟们！希望你们勇敢的灵魂跟随我一同北上，共同保卫北部边疆的安宁。"站在烈士墓前，戚继光如是说。

公元1567年，即隆庆元年，十月，朝廷诏令戚继光回京。十一月，戚继光奉命启程北上，十二月，到达京师。

这一年，戚继光40岁整。

02. 北方，请兵破虏四事疏

东南沿海的倭患虽然平息了，但北边仍然受到鞑靼的威胁，为了加强北边的防务，朝廷决定调戚继光训练边兵。

公元1567年，即隆庆元年，戚继光奉命北上。十二月，戚继光到达京师。从此，戚继光个人的历史掀开了新的一页。此后，他所面对的将不再是惊涛骇浪、楼船帆影的大海，而是黄沙盖地、雄关漫道的边塞。

戚继光在东南十多年的御倭生活结束了，在北方驻守的生活正式开始，此时，可能连戚继光自己也没想到，他这一干就是16年。

"北虏""南倭"一直是明朝的两大问题，早在青年时代，戚继光就在《备敌方略》中对这两大问题有过深刻的思考，即使是在浙江、福建抗倭时，戚继光对北方形势也一直很关注。

根据浙江、福建沿海河湖遍布、道路狭窄等特点，戚继光因地制宜地创造和演练了"鸳鸯阵"法，当戚家军利用"鸳鸯阵"法取得巷战的胜利时，他总有一种只是打了一场小仗的感觉。

当时戚继光就想：南方不同于北方，北方黄沙盖地，大漠雄关，可以打大仗。如果有一天能到北方，指挥十万雄兵纵横驰骋疆场打一场大仗，击败蒙古铁骑，那才叫过瘾呢！当然戚继光也并不是盲目乐观，他对鞑靼铁骑的战斗力还是清楚的。

多少年来，北方的边境一直是中原地区的安全隐患，是最令中原历朝历代的皇帝们头痛、甚至是直接威胁到皇位的问题。特别是在元、明时期，成吉思汗的铁骑曾经横扫中亚，建立了大元帝国，虽然最后被大明朝所取代，但是元朝的势力并没有彻底消失，而是由末代皇帝带着20万精兵回到了

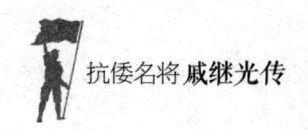

大漠。如今，大元的后裔们气势虽然大不如从前，但骑兵的战斗力仍不能小觑。

戚继光总结出大明军队与鞑靼骑兵作战经常失利的原因如下：

一是大明的边境绵延数千里，备广则力分，因此有些防不胜防，而鞑靼是生活在北方的游牧部族，他们常常一来就是十多万，并且军力集中，专攻一路，往往能长驱直入。

二是俺答汗凭借着精兵铁骑，打的是运动战，行动速度迅疾如飘风，打一枪换一个地方，何时来何地骚扰进攻，无法捉摸，也不易抵挡。

三是大明军队作战恃仗的是火器，塞外多是尘土蔽天的北风天气，明军在南，大部分是处在下风口，火器的威力不易奏效。

四是大明北方边塞各镇此疆彼界、画地为防，号令不能统一，不通声气，并且各镇的将领人各一心、不顾大局，无法配合。

戚继光甚至想：假如给我10万兵，我定能大败鞑靼。然而他也深知，北方边塞存在着令大明将领最感棘手的问题：一是北方没有可用的兵。多年以来，禁卫军中士兵大部分骄傲懒惰，招募的士兵又多属乌合之众，从各地征调来的士兵远道而来、劳顿疲惫，分到各镇戍守的士兵粮饷不足的问题长年得不到解决。二是北方大部分军事重镇离京师很近，一旦有警，朝廷上便议论纷纷，处处掣肘，使当职的将领无法专心一致对敌。

公元1567年，一纸调令摆在了戚继光的面前。戚继光对于这次调动感到踌躇和忧虑，甚至还发出了"负钺而行"的感慨，但戚继光是一位越是艰险越向前的人，并且他对于如何克服蓟州防务的各种困难早已胸有成竹了。

于是戚继光如期北上。到达京师不久，戚继光便向朝廷呈上了他的加强边防策略——《请兵破虏四事疏》。

请兵破虏四事之一：

戚继光请求朝廷准许他便宜行事之权，让他训练一支10万人的大军，他则保证把这10万人的军队训练好，再拉出去打几个大仗，使鞑靼骑兵不敢轻易南下骚扰，然后再把10万兵马分配北方各个军事重镇，让他们带动其他士兵训练，这样就使北方守军全部成为了虎狼之师。

请兵破虏四事之二：

关于10万士兵的来源，戚继光提出，由于原有的边兵、京兵战斗力不强，因此要进行重新招募，并且原来那种一般的募兵方式是不行的，因为募集上来的兵大多是无业游民，不利于训练和管理，建议由地方官分别招募当地农民，一来便于管理教育，二来可以防止逃跑。

新招募的兵当然得加强训练。为了更好、更快地把兵练好，戚继光建议把久经战斗考验的浙江兵调来1万人作为骨干，以带动新兵。

请兵破虏四事之三：

关于军队所需的巨额粮饷，戚继光建议从练兵的省份拨发。这样既可免去军中缺粮之患，又可免去途中周转费用。军中所需的各种器械，也不必一一仰仗于工部，可令各省份分别制造。如广东善制藤牌，就做藤牌；福建刀好就造刀；浙江鸟铳精良则造鸟铳；战车、百子铳则就近由山东、山西、河南等省制造……造成后分送到各营地。如果质量不过关，要向有关人员追责。

请兵破虏四事之四：

在最后一事上，戚继光希望朝廷授权负责募兵、练兵的地方官，让他们放手去做，非有大过，别人不能随便指责或任意阻挠。当赏者赏，当罚者罚。

戚继光提出的这些建议，完全是从北方边塞戍守的角度出发，绝没有半点的私心杂念，也绝不是空泛的夸夸其谈。如果这些建议能够被采纳，北部边关的防务将会有很大的起色。然而朝廷内部的许多保守官员们对戚继光这个南方官充满了醋意，甚至是敌意，他们认为戚继光这是在抢风头，是在哗众取宠，因此对他议论不休，甚至是纷纷向皇帝进谗言。

结果戚继光北上御虏，却只被任命为神机营副将，管理京营的军兵。这对于立志改变北方局势的戚继光来说无疑是壮志未酬，他的心情自然苦恼。

然而戚继光并没有气馁，为了实现自己练兵、防边的主张，他抓住一切机会进行宣传、呼吁，以期获得皇帝及朝中大臣的重视和关注。

此时戚继光还特地撰写了一篇《请兵辩论》的文章，呈送到兵部。在这

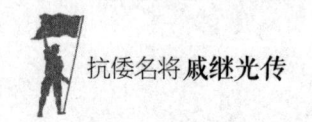

篇文章里,他再一次强调练兵10万的重要意义,以及车、骑、步三军配合作战的新战术思想。兵部官员们读了这篇文章,纷纷感叹戚继光是个具有远见卓识的军事将领。然而由于建议中涉及面实在太大,最终还是不了了之。

理想很丰满,现实却很骨感。

戚继光虽然在京师获得了待遇优厚、很多人绞尽脑汁想谋取的一份美差,但对于渴望建功立业的戚继光来说却痛苦不已。

然而,是金子总会发光的,戚继光施展才能的机会就要到来了。

03. 支持，张居正看好他了

公元1567年，大明朝发生了许多大大小小的事件，除了改年号为隆庆之外，张居正的入阁、谭纶的北调等人事调动，都与戚继光有着密不可分的连带关系。

张居正，字叔大，号太岳，祖籍安徽凤阳。明太祖封张居正的先祖张关保到归州，为归州千户所的千户，但因为张居正的曾祖为庶出，按明律无法承世袭官职，因此举家迁到了江陵。

张居正出生于公元1525年5月24日，5岁入学，7岁能通六经大义，12岁考中了秀才，13岁时就参加乡试，并且写了一篇非常漂亮的文章，只是因为湖广巡抚顾璘有意让他多磨练几年，才未中举。16岁高中举人，23岁高中嘉靖二十六年的进士……总而言之，他是一位大才子。

公元1567年，即隆庆元年时，张居正任吏部左侍郎兼东阁大学士，此即张居正入阁。

那么张居正的入阁和戚继光又有什么关系呢？

张居正与戚继光的缘份始于嘉靖二十九年的那场"庚戌之变"。虽然那时他们还互不相识，但在那场差点儿要了大明王朝命的危机中，张居正与戚继光两人都临危受命，脱颖而出，功不可没。

因此人们有理由相信：终有一天，这两位旷世奇才是要相遇的，到那个时候，他们碰撞出的火花将会燃亮大明历史的天空。

十多年后，这一天终于到来了。

此间的十余年，戚继光的经历自不必赘述，张居正凭着自己的聪明才智，也在步步高升。而张居正之所以在仕途上如此顺利的根本原因，是他成

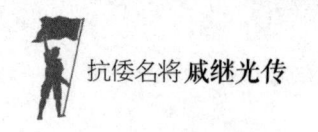

为了当朝首辅徐阶的门生。

徐阶，字子升，号少湖，汉族，明松江府华亭县人。嘉靖朝后期至隆庆朝初年任内阁首辅。徐阶以擅写青词为嘉靖皇帝所信任。

徐阶最大的本事是既能和擅于专权的严嵩一起在朝十多年，又善于迎合帝意，所以他才能久安于位。

徐阶最为人称道的是他斗倒了权势熏天的严嵩，他的忍辱负重是其政治权谋斗争中的杀手锏，而"徐阶曲意事严嵩"也成了权谋术中的经典案例。

徐阶最明智的决定：一是在他当权时起用了以"严诬告、权轻重、详讼词、惩奸慝、省佐证"而著称于世的良臣黄光升为刑部尚书；二是引用门生张居正为裕王朱载垕、即后来的隆庆皇帝讲学，为日后权力的顺利交接提供了必要的条件。

公元1566年，裕王朱载垕即位当上了皇帝，第二年改国号为隆庆，张居正作为新皇曾经的老师，不仅成为了托孤重臣，而且入内阁也似乎是顺理成章了。

谭纶时任两广总督，北调入京担任要职——兵部左侍郎兼右佥都御史并总督蓟辽保定军务，而奏请其北调的人就是张居正。

谭纶先任文官，后当武将，是一位文武双全且能知人善任的朝臣。在东南抗倭中与戚继光的并肩作战，让他很赏识戚继光这个人才，因此他到北方上任后，便不遗余力地向朝廷推荐了戚继光。

给事中吴时来以蓟门多警为由上书，请求召俞大猷、戚继光专训边卒。兵部议定的结果是独用戚继光。这件事表面上是吴时来的功劳，实际上起决定作用的人是徐阶，而调令是张居正签发的。

谭纶和戚继光都是时任首辅徐阶的门生，但在谭纶和戚继光的调动上，张居正的支持最大，原因其实很简单：徐阶要避嫌，不便亲自出面。

于是，谭纶和戚继光这对在东南抗倭中做出重大贡献的上下级先后入京，继续亲密合作。

然而，朝廷中的事实在是太复杂了。

尽管戚继光在东南沿海平定倭寇打出了威名，也有了朝中当权派的支持，但是他初到北方，且新朝伊始百废待兴，他个人才能的施展还需要一个过程。

应该说，戚继光还算是幸运的。

公元1568年，即隆庆二年五月，经过神机营副将的短暂过渡之后，由新任蓟辽保定总督谭纶推荐，戚继光履新为都督同知，总理蓟州、昌平、保定三镇的军务，总兵官以下悉受节制。当然，谭纶这一主张背后的支持者仍然是张居正。

就这样，戚继光调镇蓟州，此时的他41岁。

岂料大名鼎鼎的戚将军上任后，居然不受待见。戚继光的任务是主管三镇练兵事宜，但三镇的总兵官压根不理睬戚继光，使他形同光杆司令。

有人攻击他说：已经有总督管总兵了，他这个职位就是因人而设，多余，简直是"缀疣"。"缀疣"就是脸上或手背长的瘊子。放在这里说，意思就是"多余加有害"。似乎在对他说：你来干啥，咱们这儿不需要你，你还是哪儿来的回哪儿去吧！你当个南军将领，对付小小的倭寇还可以，到北方来对阵蒙古骑兵，那是玩不转的。

这是什么情况？戚继光受到如此礼遇，该如何站稳脚跟呢？

此时，坐镇蓟州的总兵是郭琥。俗话说，一山不容二虎。戚继光到任后立志于军队的改革，当然就与郭琥固有的想法产生了冲突。两位将帅各有职权，又各持己见，使得权力不能统一。许多原有的将官当然只听命于郭琥，使得戚继光的军事改革措施处处受到掣肘。

两虎相争，意见不统一的结果是郭琥被调走，由戚继光单独负责蓟州防务，镇守蓟州、永平、山海关等处。这样，戚继光就从节制三镇到主管蓟州一镇。之所以把戚继光安排在蓟州，也是有原因的。

明代为防御来自草原和沙漠的入侵之敌，沿北部边塞修建长城，并设有九镇，任命九个总兵官，其中之一的蓟镇，总兵府在蓟州，而蓟州乃是京师的门户，最为重要，把蓟州交给戚继光，充分说明朝廷对他的信任。

当然，朝廷中起主要作用的人仍然是张居正，都是徐阶这条线上的人，张居正此后自然不遗余力地支持谭纶和戚继光。

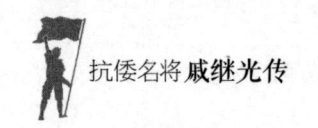

实际上，张居正这样做也有"私心"，那就是他要搞军事改革，而搞军事改革，就需要得到像谭纶和戚继光这样文武双全的军事将领的鼎力配合。

张居正对边防进行军事改革的第一个大动作就是扩大将权。张居正支持戚继光获得了独管蓟州的将权，然而蓟州总兵力也就3万出头，这与戚继光的设想相差甚远。就在此时，突然传来好消息，戚继光不仅是蓟镇总兵，还继续总理三镇练兵。戚继光闻令大喜，再一打听，原来是张居正大人在皇帝那里替自己争取来的，非常感激，顿生一种遇到知音、伯乐之感。戚继光暗下决心：从此将鞠躬尽瘁，倾尽全力，以报张大人知遇之恩。

张居正确实很赏识戚继光，他认为："戚之威名，虽著于南土，然观其才智，似亦非拘泥于一局而不知变者。"

张居正不仅在职权上为戚继光安排妥贴，在其他方面也是鼎力支持，甚至可以说达到"偏爱"的程度了。

比如，戚继光初来乍到还没站稳脚跟，需要有个大家都服气的人替他说话，于是，张居正就致信素有威望的凌云翼，利用自己与凌云翼同年进士的私交，动员凌云翼为戚继光撑腰。既然凌云翼都说戚继光不错了，其他人也就不好说什么了。

也有看不清楚状况的人仍然跟戚继光过不去，便被张居正一纸调令卷铺盖走人了。

也许这就是为什么之前的17年，蓟州大将走马灯似地连换了10任，而戚继光一个人一干就是16年的秘密。

总之，张居正是看好戚继光了。

凭心而论，张居正如此看好戚继光，并不是受了戚继光贿赂，完全是看中了戚继光这个人才，是从国家的前途命运角度出发的。

后来的事实也证明，戚继光没有让张居正失望。

04. 蓟州，战神创意筑长城

戚继光到蓟镇上任后所做的第一件事，就是到长城上视察防务情况。

在一处制高点，戚继光极目眺望：长城宛如一条巨龙，蜿蜒着伸向远方，在目不能及之处，戚继光仍想像着长城的盛况——翻越巍巍群山，穿过茫茫草原，跨过浩瀚的沙漠，奔向苍茫的大海……

然而当目光收回时，看着破败不堪的城墙，戚继光不免感叹：这样的防御工事，怎么能抵挡住鞑靼的攻击呢？

俗话说，新官上任三把火。作为总兵官，戚继光上任后的第一把火，就是整顿防务。

按照此前上奏的《请兵破虏四事疏》中的策略，戚继光整顿防务的主要策略就是募兵和练兵。虽然戚继光可以全权负责蓟州一线的防务，但他的练兵主张却迟迟得不到朝廷的批准和支持，于是戚继光就退而求其次，将精力主要用到了修筑防御工事上。

公元1569年，即隆庆三年，42岁的戚继光上疏请建空心御敌台，得到了朝廷的批准，他便开始主持沿长城一线筑台、修墙……创意建筑各种防御工程。

长城是我国古代劳动人民创造的奇迹。自秦始皇开始，修筑长城一直是一项伟大的工程。历代所修长城东西南北交错，在东起鸭绿江边的虎山，西至内陆地区嘉峪关的漫长区域内，绵延起伏上万里。

明朝初年，连年的征战使得国库空虚、入不敷出，大明朝廷不得不收缩防线，并在原有长城的基础上，重新修筑长城，凭长城据守。

明时称长城为"边墙"，这大概是秦始皇修长城时留下了太多诸如劳民

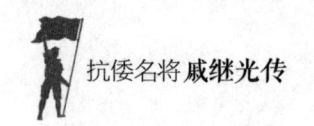

伤财之类的坏名声，大明朝不想重蹈覆辙吧！

为了加强防务，明朝将长城沿线划分为九个防御区，分别驻有重兵，称之为九边或九镇，每镇均设有总兵官管辖。其中，蓟镇的管辖范围东起山海关，西至居庸关，拱卫京师，是九镇中最重要的一镇。

蓟镇长城最早修建于明朝初期的洪武六年。从洪武六年开始，明太祖朱元璋命大将军徐达等筹备山西、北平的边务事宜，谕令各地上奏修筑方略。根据淮安侯华云龙的建议，自永平、蓟州、密云向西约两千余里的范围内，设置了129处关隘，并派兵戍守。

洪武十四年，徐达又从燕石等卫所屯发兵15100人修筑了永宁、界岭等三十二关。

到了弘治、嘉靖年间，长城也都有所修筑，但大部分都是在原有基础上的简单修缮，戚继光担任蓟镇的总兵官后，决心修建长城，以加强北方的防务。于是大规模的修筑长城工程，从隆庆至万历初年，是由蓟镇总兵戚继光来完成的。

戚继光不仅胸怀大志，而且是一位真正具有匠人精神的将领。为什么这么说呢？有戚继光加高加厚的城墙和修筑的大量空心敌台为证。

戚继光巡行塞上、仔细考察，认为原有的那些边墙不仅低薄，而且颓废较多，根本无法阻遏蒙古人的武装袭击。他注意到，在旧长城线上虽然有一些砖石小台，但这种小台彼此之间毫无联系，既不能掩蔽士卒，又没有地方贮存军火器具，战时敌军只要登高发矢，台上守军就很难固守，极不利于战斗。

于是戚继光上疏奏道："蓟镇边垣，延袤二千里，一瑕则百坚皆瑕。比来岁修岁圮，徒费无益。请跨墙为台，睥睨四达。台高五丈，虚中为三层，台宿百人，铠仗糗粮具备。令戍卒画地受工，先建千二百座。"

戚继光这个修筑空心敌楼的奏疏，有理有据，并有解决办法，因此得到了朝廷的批准。自隆庆三年起，艰巨的修墙、筑台工程开始了。修建的长城由城墙、敌台、墙台、烽火台、关城等几部分组成。

戚继光不仅是设计师之一，而且亲自担任监工，对工程质量的要求也极为严格。

戚继光将城墙分为一、二、三等，双侧包砖城墙为一等边墙，单侧包砖城墙为二等边墙，石城为三等边墙，要冲地段一律包砖，严禁任何偷工减料现象。同时，在城墙垛口下的宇墙上以一定的距离及地势情况设置了望孔、射孔，有些地段还在外侧城墙筑有雷石凹槽溜道，这样，大大加强了防卫能力。

在加固城墙的同时，最具特点的就是戚继光修建的空心敌台。空心敌台由基座、中空及顶部楼橹组成，每个空心敌台置有百总一名负责指挥战斗。

戚继光对建造的空心敌台做了这样的记载："今建空心敌台，尽将通人马处堵塞。其制：高三、四丈不等，周围阔十二丈，有十七、八丈不等者。凡冲处数十步或一百步一台；缓处或四、五十步，或二百步不等者为一台。两台相应，左右相救，骑墙而立。造台法：下筑基与边墙平，外出一丈四、五尺有余，中间空豁，四面箭窗，上建楼橹，环以垛口，内卫战卒，下发火炮，外击敌人。敌矢不能及，敌骑不敢近。每台百总一名，专管调度攻打。"

此外，齐墙而建的平台，是为墙台，上面可以放置军械、粮草等物品，并且也可以协助敌台攻击来犯的近敌。

烽火台是与敌台密切配合的防御设施，烽火台的设置也形成一定的传烽路线。一遇敌情，白天放烟，晚间燃火，加之鸣炮示警，这样烽烟四起，炮火连天，迅速地把情况传递到蓟镇各个防线。

在关隘处建筑城堡，战时，守兵在此登城打仗，平时，则可在城门设卡盘查过往行人。修筑关城隘口选择在两山峡谷之间，或是河流转折之处，或是平川往来必经之地，既能控制险要，又可节约人力和材料，以达到"一夫当关，万夫莫开"的效果。

公元1571年，即隆庆五年，第一期修筑空心敌台的工程基本完工，蓟镇共修筑空心敌台1206座，而花费只是民间修筑花费的十分之一，既少花钱又多办了事，朝廷对此非常满意。于是，戚继光趁机上书请求再增筑敌台200座，得到了朝廷的批准。到万历九年时，工程全部竣工，蓟镇共修空心敌台1194座，昌镇共修254座。从此在东起山海关，西到居庸关的两千里防线上，

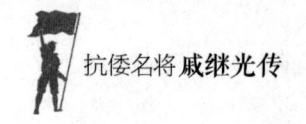

巍然屹立着1400余座敌台。

此外，戚继光的修缮工程不仅是环卫京师的内长城，还扩大到山西、河北交界的太行山内三关长城。

戚继光在修建长城的过程中，并不是盲目地修筑，而是依据"因地制宜，用险制塞"的建筑思想。"因地制宜，用险制塞"是修筑长城的一条重要经验，在秦始皇的时候已经得到验证，司马迁又把它写入《史记》之中，以后每一个朝代修筑长城都按照这一原则进行，当然，戚继光也不例外。

除了在山势低矮处加高城墙，在山势高峻处修建敌楼之外，戚继光也有自己的独创之处，那就是在个别地方还加修了障墙、支墙和挡马墙。

最能代表戚继光独创特点的当属金山岭长城。金山岭长城全部为砖石结构或砖石木结构，并且设施完备、构筑牢固、布局严谨、可攻可守。经后世专家鉴定，金山岭长城是我国万里长城的精华之所在，而障墙、文字砖、挡马墙又被誉为金山岭长城的"三绝"。

此外，根据蓟镇长城盘亘于燕山山岭间、易被山水冲垮的特点，在弘治、嘉靖年间分别在喜峰口至一片石和古北口、黄花镇至居庸关段补砌山口水道，增筑塞垣，建城墙下可过山水的水关，称之为"水上长城"。

长城随着地势蜿蜒起伏，加之疏密分布的敌台、烽火台、关城等建筑，高低错落，蔚为壮观。

戚继光倾力修建的长城为后世人留下了一道靓丽的风景线，也是中华民族最值得骄傲的物质文化遗产。

第六章　镇守蓟门关，创意筑长城

05. 练兵，这叫榜样的力量

兵法云："夫地形者，兵之助也。"

熟读兵法的戚继光深知，拥有坚固完善的防御工事，只是创造了良好的地理条件，但并不是战胜敌人的充分条件，如果想真正使边防变为铜墙铁壁，关键是要拥有一支能攻善守的精锐之师，正所谓"守固以筑台为策，而战必以练兵为先"。因此，在修建边墙的同时，戚继光就已经着手对原来的边防部队进行军事整训了。

戚继光真的很想干一番事业。到北方上任前，戚继光就曾经做了这样的设想：如果给我充足的粮饷，我首先要仿照过去在东南沿海一带的做法，自行在边疆诸县招募十万军队，训练三年，编成一支车、骑、步三者皆备的精锐部队。然后率军主动出击塞外，以战车拒敌，以步兵应敌。敌军退却，则以骑兵驰逐，给敌军一次沉重的打击，以张军威，扭转北方防御的形势。

戚继光想把边防守军训练成他所设想的那样，然而，当他上任后从军营巡视回来，却眉头紧皱陷入了深深地忧虑之中。因为他目之所见，蓟州守军的人数不少，但成分却相当复杂，是由外调兵、京兵、招募兵等各路人马组成的。不论什么兵，普遍存在着一个纪律松弛的通病，号令不从、我行我素、漫无军纪、赌博成风……即使是练武，也是没有用的花架子，靠这样一支队伍，是很难完成防御任务的。

公元1568年，即隆庆二年的冬天，戚继光把蓟州镇的全部防区划分为十二路，每路设一将领，又设东、西两路协守副总兵，分管东西各路军队。同时，戚继光决定再次上疏，一方面请求朝廷允许练兵，另一方面请求调浙江兵北上。因为有谭纶的支持，特别是受到张居正的看重，练兵、调

· 193 ·

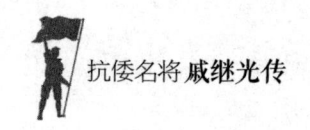

兵之事得到了朝廷的批准。

调兵的事,戚继光是派老部下胡守仁回浙江完成的。胡守仁奉命去浙江调兵,那些曾经跟随戚继光在东南抗倭的将士们闻讯,简直是欣喜若狂,纷纷请战北上。鉴于人数的限制,这一次,胡守仁只选调了3000人。后来在戚继光的请求下,增调人数提高到了9000人,最后,增加到了2万人。当然,那是后话了。

公元1569年,即隆庆三年,夏末秋初,正当42岁的戚继光对练兵之事一筹莫展之时,胡守仁带领着以戚家军为种子的3000浙江兵星夜兼程地赶到了蓟州。

3000人的部队驻扎在蓟州城外,等候戚继光的点验。夜幕降临时,经历了长途跋涉十分疲劳的将士们很快进入了梦乡。

一夜无话,第二天天边刚露出鱼肚白,紧急集合的军号就吹响了。

军号就是命令。虽然很累,但军号一响,三千浙江兵将士迅速起身,并在营房前集结完毕,然后由胡守仁领队,步伐整齐地迈进点兵场。

与此同时,军号也在边兵的营房吹响,但集合的情形却与浙江兵营大相径庭,骂骂咧咧地起床,拖拖沓沓地集合,稀稀拉拉地入场……不过,有一点他们是很感兴趣的,那就是久闻戚继光治军有方之名,但耳听为虚,眼见为实,得看一看,瞧一瞧,究竟是怎么个好法?

天渐渐亮了,秋霜打湿了点兵场上将士们的衣裳。

眼看着就立秋了,早晚已经有了一丝丝凉意,这样的时节对于边塞兵来说,正是褪去了酷暑、享受秋高气爽的好时节,然而对于浙江兵来说,确实是有些凉了。好在浙江兵已经习惯了潮湿的空气,秋霜沾衣,反倒让他们感觉很舒服。因此,在这个夏末秋初的清晨,蓟州点兵场上的每一个人,心情都很好,但大家都还没有意识到:考验就要来了。

戚继光一身戎装出场了,全体将士的目光都在追随着他,并目送他信步登上了点兵台。

"哦,戚帅,好久不见了,很是想念啊!"浙江兵的目光是火辣辣的,似有泪花在闪动。

第六章 镇守蓟门关，创意筑长城

"哼，戚大将军，看你是不是有真把式，是骡子是马，请你拉出来遛遛。"这是大部分边塞兵的心态。

边塞的天，就像小孩子的脸，真是说变就变。

戚继光走到台上，还没等开口发号司令，一股强劲的风突然袭来，不一会儿，飞沙走石，天昏地暗。风沙打到将士们的身上，直往脖子里钻，吹到脸上，吹进嘴里，吹得睁不开眼睛……北国的风沙就是这样突出其来地给了浙江兵一份见面礼和下马威。

不过，浙江兵真是好样的。风沙里，他们岿然不动。因为他们的戚帅没有动，也没有下令可以动，所以他们也不能动。刀山火海都没有退缩，风沙又算得了什么呢？

而那些边塞兵呢？

"呸，呸，呸，这是什么鬼天气？怎么还不解散啊？"边塞兵们一边吐着口中的泥沙，一边拍打着被秋霜打湿又被风沙吹干的衣裳，同时还一边抱怨着。

尘土飞扬中，戚继光居高临下地注视着这一切，竟然露出了一抹微笑，心中暗赞：好样的，我的兵。厉害了，我的军队！当然，戚继光赞的是他曾经带过的浙江兵！

俗话说，山雨欲来风满楼，大风猛刮之后，一场大雨就要来了。果然，不多时天空就开始乌云密布、电闪雷鸣。

"报告！总兵大人，今天这天气，点兵是否可以改日进行呢？"一名部将问道。

戚继光面色威严，只简短地说了两个字："继续。"其实，戚继光的言下之意：这正是天赐良机，可以借此整顿队伍了。

豆大的雨点已经落下来了，且越下越大，成瓢泼之势。大雨如注，兵场上的所有人立时都变成了落汤鸡。然而每个人在大雨中的表现有所不同，队列阵形也截然相反，大致分成了两拨：一拨是任你风吹雨注，我自岿然不动；一拨是抱头跳脚，做势时刻准备逃避状。

戚继光手执令旗站在点兵台上，身体如钉在台上一般，目光如炬，透过

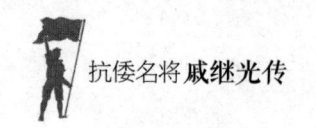

雨帘检视着他的将士们。面对着眼前或整齐或混乱的队列,他不用想也知道是哪拨兵了。

不知过了多久,时间仿佛停滞了,天地间也仿佛只有大雨和被雨水冲刷着的人们。

戚继光一直没有动作,熟知戚继光脾气的浙江兵们看到主帅冒雨与他们同在,当然也一直没有动。

而那拨边塞兵们呢?初时,他们还十分狼狈地乱窜乱跳,可是当他们看到戚继光和浙江兵的样子,他们的心被震撼了,他们相信了——原来世上真有这样的将,真有这样的兵,真有这样的军队。

边塞兵们想:都是七尺男儿,人家能做到,为什么我们不能呢?于是,在雨中,点兵场上的所有人都一动不动了。

雨,说下就下,说停就停了。乌云散了,太阳出来了,温暖地照在已经被湿冷包围着的将士们身上、脸上……所有人,从内到外,似乎都获得了重生。

这时,戚继光才高声说道:"当兵是干什么的?是保家卫国的。军队之所以成为军队,最重要的是要有铁的纪律,否则,将不成其为军队!"

于无声处练兵治军,这就是戚继光的高明之处,而成就戚继光这一练兵思想的法宝,就是榜样的力量。

从此以后,边塞兵中再无人敢以身试法、轻易违犯军令了。军队风气也逐渐好了起来,北边防务也大有起色。

第六章　镇守蓟门关，创意筑长城

06. 鞑靼，闻继光之声退兵

戚继光镇守蓟州，主要是抵御北方的鞑靼，那么，鞑靼又是怎么演变来的呢？在这里，有必要简单说一下。

元顺帝在农民起义军的打击下，逃出中都城，将都城迁往上都开平，史称北元。元灭亡以后，成吉思汗的子孙大部分时间在互相仇杀，直接后果就是造成了蒙古帝国的封建割据。

北元时期，蒙古按照地域大致分裂为三块：兀良哈三卫，东蒙古和西蒙古，其中，兀良哈三卫是指辽东和内蒙附近，最早接受明朝册封的蒙古部落；东蒙古，也就是"鞑靼"，属于蒙古本部，占据蒙古高原，蒙古的黄金家族成吉思汗的后裔都属于这个集团；西蒙古，即"瓦剌"，占据着蒙古西侧。

公元1480年，东蒙古鞑靼的把巴图孟克即汗位，号达延汗，史称"贤智卓越"。达延汗击败瓦剌，削平割据势力的反抗与叛乱，统一了鞑靼各部，结束了权臣专政、诸部纷争的局面。

到了公元1517年，达延汗死后，鞑靼又陷于分裂。巴尔斯博罗特的次子俺答汗继承土默特万户，控制了右翼三万户，自称司徒汗，与达延汗的继承者分庭抗礼，进而吞并左翼一些部落，迫使汗廷东迁义州（今辽宁义县）边外。鞑靼汗廷东迁后，在土蛮汗——图们札萨克图汗时代，曾一度强盛。

札萨克图汗，蒙古大汗，察哈尔第三任可汗，名为孛儿只斤·图门，公元1558年，即明嘉靖三十七年，29岁的他即汗位，在位时间35年，终年54岁。在他统治期间，对内颁布法典形成内政外交的统一，对外征服了达斡尔族和额里克特人。

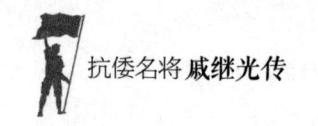

明朝人习惯于称鞑靼首领达延汗的子孙为小王子，而称札萨克图汗为土蛮。札萨克图汗土蛮将所部迁徙到插汉部落的牧地居住，掌控着十几万人的军队，常常威胁着蓟门。

与此同时，蒙古部落之一的朵颜部南移到了河北东北部长城之外。朵颜部的董狐狸和他的侄子长昂与札萨克图汗土蛮勾结，时而向明朝称臣纳贡，时而又和明军发生战争。

戚继光北上蓟州与蒙古骑兵的第一次交锋，就是对阵朵颜狐狸部董狐狸的侵扰。

公元1568年，即隆庆二年，戚继光总理蓟州、昌平、保定三镇练兵事务，不久又为总兵官，兼镇守蓟州、永平、山海诸处，并督帅十二路军戎事。

隆庆二年十二月，即公元1569年1月，朵颜部酋长董狐狸和侄子长昂率蒙古铁骑三万入侵河北会州，打算进攻董家口、榆木岭、青山口等处。

戚继光得到警报，立即部署兵力迎敌。这是戚继光到蓟州后的第一次战斗，他知道，多少双眼睛都在看着呢，因此他决心此战必须旗开得胜，挫败敌军的锐气。于是，戚继光亲自率兵，兵发青山口。

相传明洪武年间燕王扫北时，有白、郭两姓人家由山东迁此建村，由九条山脉似九条青龙而得名青山口，又称九龙口。

青山口关口明代属台头路管辖，在青山口设提调署，后改称守备署，是较重要的关口之一。

青山口长城位于今抚宁县城北25.7公里、台营镇北部15公里处，属麻姑营乡。公元1381年，即明代洪武十四年，明朝在北齐长城基础上重新修建，一直到公元1617年，即明万历四十年时，仍有修筑此段长城的记载碑刻，历时200余年的修筑，使这段长城十分坚固。

青山口长城与界岭口长城相连，海拔最高处为863米，山势平缓与险峻相交，蜿蜒起伏的长城似蛟龙在山巅起伏，是蓟镇长城最壮美的地段之一。

当戚继光在隆庆二年为阻击董狐狸而来到青山口时，这里的长城还没有修筑敌台，从防守能力到景色都相应还差一些。

第六章　镇守蓟门关，创意筑长城

戚继光率部刚到青山口，就率先锋部队和董狐狸打了一仗。

戚继光以刚刚组建的车营抵挡，自己率八千铳骑突袭董狐狸牙帐，董狐狸引兵出青山口应战。

戚继光令火器手施放火器。董狐狸的骑兵哪里见过如此猛烈的火攻，刚一照面，还没动手，就被吓退了。

戚继光引军乘胜追击，把敌军打得落花流水，全歼朵颜三万铁骑，俘虏了董狐狸的侄子长昂，迫使独自逃跑的董狐狸不得不扣关请罪。

这是戚继光到北方镇守后的第一仗，和在南方抗倭的战斗相比，虽然算不上大仗，但在蓟州屡遭蒙古骑兵骚扰、部队士气不高、战斗力不强的情况下，这次首战告捷，大大地鼓舞了士气。

青山口一战，也让戚继光看到蓟州镇防务中的许多弊端，因此他更加坚定了整顿防务的决心。

公元1569年，即隆庆三年，42岁的戚继光上疏请建空心御敌台，得到了朝廷的批准。

同年农历三月，又有好消息传来：因此前在南方打败吴平的功绩，戚继光又被进封为右都督。于是，戚继光整顿防务的积极性更高了。

公元1570年至公元1571年，即隆庆四年至五年，大明朝发生了两件互相有连带关系的大事——"隆庆议和"与"俺答封贡"。

事情的起因，是俺答汗与把汉那吉这祖孙俩同时爱上了一个女人。

把汉那吉的父亲死得早，他是在祖父俺答汗的呵护下长大的。孙儿成年后，俺答汗还为他娶了妻比吉。后来把汉那吉自己又娶了三娘子，没想到俺答汗也爱上了三娘子，三娘子便转投到俺答汗的怀抱。这样，夺妻之恨就涌上了把汉那吉的心头，一怒之下，孙儿把汉那吉便与阿力哥等十多人跑到大同，向大明朝投诚。

俺答汗毕竟还是爱这个孙子的，所以他随后追来，直奔至大同要人。得知孙儿把汉那吉没有死，俺答汗很高兴。为了不让大明朝杀了自己的孙子，他着手以谈判的形式来营救孙儿。而大明朝也适时地抓住这一契机，以期用和平手段解除与鞑靼长期以来的敌对局面，这就是"隆庆议和"

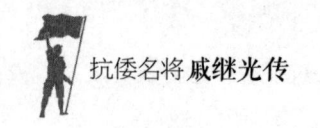

"隆庆议和"对于大明与鞑靼是双赢的事儿，为什么这么说呢？

从大明朝的角度讲，明朝初年，逃回漠北的蒙古人一直未成气候，但是明朝中期，由于板升的赵全等人叛逃到了塞外，才使得鞑靼如虎添翼，在与明朝的对抗中，俺答汗很少打败仗。如果可以许以市易，以有易无，长久地和好，对大明朝是有利的。

从俺答汗的角度讲，对于明朝"讨汉奸"的要求，在孙儿的安危面前是太微不足道了，同时他们入侵明朝北边其实也只是为了抢掠，答应封贡称臣，虽然失去了赵全等一班军师，有损战斗力，但是有互市在后头，不用抢就可以满足对物质的需求，何乐而不为呢？

因为对双方都有好处，"隆庆议和"很快就有了结果，于是"俺答封贡"模式开启了。

"俺答封贡"的结果是，明朝封俺答汗为顺义王，俺答汗恢复并发展了与明朝的封贡关系，开放11处边境贸易口岸，将土默特的中心地丰州滩"板升"命名为归化城。

从此，明朝和蒙古俺答部结束了长久的军事对立局面，保证了边境的稳定，由此开启了一个新的起点。

俺答汗与大明朝廷达成了协议，放弃了骚扰政策，严禁诸部入边劫掠。不过，辽东的图们札萨克图汗，即土蛮，还经常攻掠边境。土蛮与朵颜部的董狐狸相勾结，不时地和明军发生着冲突。

戚继光积极防御，多次击退董狐狸的进攻，使其保证不再攻扰边塞。

07. 阅兵，打造边境第一军

戚继光高瞻远瞩，绝对具有军事大家的风范和智慧。

戚继光到蓟州上任后，立即根据北方的地理条件，提出了车、骑、步三军配合作战的策略，并且一环扣一环，克服一切干扰和困难，逐步加以实施，准备把蓟门守军打造成为边境第一军。

在新官上任第一把火修成敌台后，戚继光又根据北方游牧民族擅长骑兵作战的特点，设立了7座车营，每营配有重车156辆，轻车256辆，步兵四千人，骑兵三千人，分别驻扎在建昌、遵化、石匣、密云、三屯、昌平等地，进行车、骑、步各兵种协同作战的训练。

重车是由四人推的战车，车里放置拒马器和火器。这种战车有八片可以折叠的屏风，平时平放在车辕上，战时打开竖立在一边，靠边的两扇可以活动，供步兵出入。

轻车每车配备士兵二人，"佛朗机"炮二门。

战时，将战车结成方阵，骑兵和步兵以战车为掩护，先用火器进行远距离攻击，待敌军逼近时，步兵从车后冲出，使用拒马器杀敌，当敌军败退时，骑兵从车后冲出，进行追击。

公元1571年，即隆庆五年，八月，蓟门一带全部防御工程完成。与此同时，戚继光也完成了对所辖军队的武器配备、粮草积储，以及车、步、骑兵的联合战术演练等，并将治军经验与体会加以整理和记录，形成了一部军事著作——《练兵实纪》。

此时，戚继光44岁。

在这里，有必要重点提到一个人，一个在戚继光的一生中都非常重要的

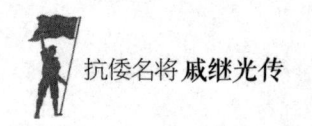

人,这个人名叫汪道昆。

汪道昆,字伯玉,号南溟,又号太函,歙县人,嘉靖二十五年中举人,次年与张居正同科成为进士。

汪道昆对于戚继光而言,不像张居正那样是主宰命运的顶头上司,然而在戚继光人生的几个重要节点上,都出现了汪道昆的身影。

戚继光在义乌募兵时,汪道昆正好是义乌县令,戚继光之所以把募兵的地点定在义乌,当时正在义乌教民习武以备倭寇的县令汪道昆起着主导作用。嘉靖四十一年汪道昆赴杭,主要任务就是监军戚继光御倭;嘉靖四十二年汪道昆升任福建按察使,其间,他为戚继光的父亲戚景通撰写了一部《孝廉将军传》;到了隆庆二年时,汪道昆北上与谭纶、戚继光进行会晤;隆庆六年时,汪道昆升任兵部右侍郎,成为了谭纶的副手,而此时的戚继光任蓟州总兵,汪道昆奉使行边,两个人又站在了一起。可以说,汪道昆和戚继光两个人是一生的朋友。

万历四年,汪道昆为戚继光49岁寿诞作《荐履篇》;万历十三年,戚继光罢官回归故里,汪道昆来访,为戚继光作《沧州三会记》,并为其《止止堂集》作序;万历十六年,汪道昆致书许国为胡宗宪、戚继光恤典进言;万历二十年,汪道昆为戚继光作墓志铭。当然,这都是后话了。

朋友一生一起走,在这里,要着重讲述一段发生在隆庆六年的故事。此时的戚继光45岁。

公元1572年,即隆庆六年,冬,兵部分派几位官员到各地视察军事防务,到蓟州来视察防务的就是时任兵部右侍郎的汪道昆。

本来兵部开展这次巡视的目的,主要是为了检查驻防军钱粮的积储、开支等情况,但戚继光却借这个机会向兵部提出了一个请求——进行一次大阅兵、大演习。

戚继光之所以有这个想法,主要是因为在他的精心整治下,蓟州边军的面貌已经焕然一新。然而小有遗憾的是,由于"隆庆议和"的成功,俺答汗偃旗息鼓,蒙古铁骑一直没有进行大规模的侵袭,北部边境比较安静。这样一来,戚继光理想中的统帅十几万大军,依靠长城防线,狠狠打击蒙古骑兵，大长边军威风的场面，一直没有出现。当然，戚继光分布在漫长防线上的16万大军，也从未集中进行过总训练。因此训练成果到底如何，戚继光想借机进行一下检阅。

对于戚继光的请求，已经是首辅的张居正不仅同意了，而且还特意为此致书戚继光，加以鼓励。于是，兵部在蓟州镇的一次视察，升格成了大阅兵、大演习。

当然，戚继光倡导的这次检阅决不想只是走过场，而是从实战的角度出发，力争通过检阅使各路将士能够掌握大军协同作战的真正要领。因此，在阅兵之前，戚继光按照正式作战的要求作了周密的部署，下达了详细、明确的命令。

阅兵的地点择定在了汤泉。汤泉不仅是蓟州镇的中心，而且在边墙之外还有一片可容几十万人的开阔地，这正是一个阅兵的好地方。

隆庆六年，冬，汪道昆和蓟辽总督刘应节、顺天巡抚杨兆等大小官员来到了汤泉。

刘应节，字子和，潍县人，嘉靖二十六年进士，隆庆四年秋，先为右副都御史，旋即为兵部右侍郎兼右佥都御史，代替谭纶总督蓟、辽、保定军务。

汪道昆与刘应节一行受到了戚继光及蓟州镇全体将士的热烈欢迎。在欢迎会上，戚继光又提出一个请求：为了阅兵的实战性和连续性，届时请允许参演将领们免去一切的参谒俗套，汪道昆等人愉快地答应了。

隆庆六年十月二十二日，大阅兵、大演练开始了。

清晨，位于边墙南侧的汤泉，方圆数十里，旌旗飘舞，战鼓隆隆，十几万大军排成各种阵势，犹如一条条巨龙，雄踞在一马平川上。五时左右，戚继光陪同汪道昆等人兴致勃勃地登上阅兵台。

戚继光放眼远望，车兵、步兵、骑兵阵容整齐的十几万大军，漫山遍野，盔甲鲜明，十分雄壮。这样的场面，令戚继光的心情很激动，因为指挥车兵上千、铁骑上万、甲兵十几万的夙愿，今天终于得以实现了。

当戚继光等人登台时，全场立即鸦雀无声，戚继光对这个效果很满意，

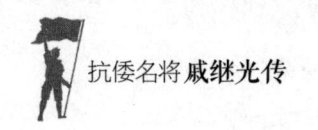

但并没有言语。稍顷,只见戚继光转身走向阅兵台的一角,在那里,置放着一面战鼓。戚继光蹬蹬几步跨到鼓旁,从士兵手中接过鼓槌,亲自擂响了战鼓。咚——咚咚——咚咚咚——

战鼓声由弱及强,由近及远,震撼了每一个人的心,于是,阅兵场上山呼海啸、喊杀振天……这样,一场历时20余天,盛况空前的大阅兵、大演习就此启动了。

接下来,戚继光领着汪道昆一行,顺着边墙,巡视敌台和营房。新修的边墙比过去坚固多了,边墙顺着山形,像一条巨龙,十分宏伟壮观,引得汪道昆等人不住地赞叹。

汪道昆一行又来到教场,检阅车、骑、步三军的武艺,被检阅的将士们个个精神抖擞、技艺熟练。然后,他们又查对了各营士兵数额,检查了粮草器械……一切都井然有序,丝毫不差,检阅官们非常满意。

接下来的几天,戚继光陪同汪道昆一行将足迹踏遍了蓟州镇防线的每一处要塞,所到之处让准备鸡蛋里挑骨头的检阅官们频频点头。

真正的演习就要开始了,为了使演习更加接近实战,戚继光此前专门派出了假扮敌军的骑兵部队。

这一日,清晨五时三十分,一柱柱烽烟相继冲上云霄,一声声号炮接连震天炸响。这是出现敌情的信号。

根据烽烟的走向和号炮的响声数量,蓟州镇各地守军立即做出判断:敌军在鲇鱼关至马兰谷一带进犯,人数已经过万。

烽烟和号炮就是命令,按照平常训练的要求,相关驻守部队立即以每天行军150里的速度,向预定地点集结、驰援。

"敌军"集中兵力猛攻边墙,守军利用边墙防御工事进行阻击。由于"敌军"的攻击力实在太猛,尽管防御工事牢固,但因为守城官兵人数处于劣势,在顽强抵抗几个小时后,边墙被"敌军"撕开了一个缺口。

"敌军"骑兵从缺口鱼贯而入,正待向纵深发动攻击时,明军的增援部队赶到,增援部队立即进入战斗状态,以战车方阵对敌。

一时间,战场上炮声隆隆,轻快的战车在明军的驱使下,不断变换战斗队形，校正射击方向，向敌军倾泻的大量铅子，像暴风雨一样横扫战场，打得"敌军"人仰马翻。步兵在火力的掩护下，从车营内杀出，以灵活的"鸳鸯阵"队形猛扑向敌阵。

"敌军"经受不住这样的打击，纷纷落荒而逃。此时，明军骑兵迅速出击，战场上蹄声动地。"敌军"残部试图通过边墙返回塞外，又遭到守卫空心敌台明军的迎头痛击，被随后追击而来的骑兵迅速合围，"敌军"全部被歼灭。

"佩服，佩服！你真是用兵如神啊！"实战演练完毕，汪道昆、刘应节等纷纷向戚继光伸出了大拇指。

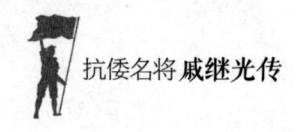

08. 镇守，达到了事业顶峰

戚继光是睡觉都睁着一只眼睛的人。

在大阅兵、大演习期间，戚继光也没有放松警惕，为了防止敌人乘机偷袭，他调集未参加演习的部队严加防守，直到演习完毕，才准许这些部队返回各自的驻地。

戚继光部署之周密由此可见一斑。

这次大阅兵、大演习，了却了戚继光心中的一桩夙愿，真可谓：

使者临关日拥旄，天威咫尺壮神皋。
指挥乍结车骑阵，战守还凭虎豹韬。
万阁凌霄金作垒，五兵飞雪玉为刀。
年来愧博君王宠，幸有边尘识二毛。

负责检阅的汪道昆等人对这次演习也非常满意，其实，最满意的当属内阁大学士张居正，此时，张居正已经是先皇临终托孤的三位重臣之一了。

早在公元1572年，即隆庆六年，五月二十二日，宫中便传出隆庆帝病危的消息。二十五日，内阁大学士高拱、张居正、高仪被召入宫中。高拱等人进入寝宫东偏室，见隆庆帝坐在御榻上，榻边帘后坐着皇后陈氏、皇贵妃李氏，10岁的太子朱翊钧立在御榻的右边。隆庆帝抓住高拱的手，临危托孤："以全国使先生劳累。"司礼监太监冯保宣读给太子朱翊钧的遗诏，三位大学士受托之后，掩泪而出。第二天，只做了6年皇帝的隆庆帝驾崩于乾清宫。六月初十，皇太子朱翊钧正式即位，是为明神宗。次年，即公元1573年，改

第六章 镇守蓟门关，创意筑长城

元万历。

朱翊钧，明朝第十三位皇帝，明穆宗朱载垕第三子，在位48年，是明朝在位时间最长的皇帝。

算起来，戚继光也算是三朝元老了。然而作为一名武将，他的职责就是保家卫国。不论朝代如何更叠，也不论朝中权臣之间有何纷争，他始终恪守着他的职责。

公元1573年，即万历元年，春，北蛮与董狐狸二寇又谋划进犯，并向明朝廷索要赏赐，在遭到拒绝后，二寇便在喜峰口烧杀抢掠，戚继光得知后率兵前往平乱。

喜峰口是明长城蓟镇的重要关隘，雄踞在滦河河谷，左右皆高山对拱，地势十分险要，自古为兵家必争之地。

喜峰口是燕山山脉东段的隘口，古称卢龙塞，路通南北。汉代曾在此设松亭关，历史悠久。东汉末曹操与辽西乌桓作战，东晋时前燕慕容儁进兵中原，都经由此塞。后易名喜逢口。相传昔有人久戍不归，其父四处寻问，千里来会，父子相逢于山下，相抱大笑，喜极而死，葬于此处，因有此称。约至明永乐后，讹称为喜峰回。公元1452年，即明景泰三年筑城置关，称喜峰口关。今通称为喜峰口。

喜峰口是明代洪武初年大将军徐达在燕山山脉首建的32座重要关隘之一，因战事频繁，历代又都不断地修建、巩固其防御体系。

喜峰口关建筑结构十分独特，关有三重，三道关门之间由坚固的基砖墙连接成一体。城墙有六个接触点均有空心敌楼，西城墙与长城主体相连。喜峰口长城建筑别有新意，出于军事上的考虑，喜峰口分为关城和城堡两个部分，城堡坐落在群山包围的盆地里，四面用条石砌成，非常坚固，城墙有两丈多高，关门上建有13米高的镇远楼。

从山上俯瞰喜峰口，更有奇特景致。喜峰口关城部分被淹没于水中，水面上仅露出一小部分残墙断壁，长城顺着逶迤的山势一直伸向水岸边，俯身扎入水中。在水里爬行一两公里后又从对岸冒了出来，顺着山势蜿蜒爬上山脊，向西盘旋于崇山峻岭之间。这段入水长城真像是一条巨龙俯身汲水，之

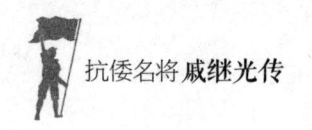

后又仰首向上升腾。

公元1573年，即明神宗万历元年，是戚继光到北方的第7个年头。此时，戚继光46岁。

这年二月，董狐狸又发动大军攻占河北喜峰口，向明政府勒索大量钱财。明政府拒绝了他的请求，他十分气恼，在一个夜里偷袭并占领了拿子口。戚继光率军在青山口出击，从侧面进攻，一举将其打退。

一个月之后，董狐狸又联合插汉儿，驻军于桃林、界岭，计划偷袭蓟州。戚继光再次率兵出击，这次董狐狸败得更惨，还差点被生擒。

同年夏，董狐狸的侄子董长昂侵犯界岭口。

界岭口在抚宁县城北37公里处，在喜峰口东，也是明初三十二关之一，后为蓟镇长城的重要隘口，具有"外控辽左、内护京陵"的战略地位。

界岭口关在喜峰口以东各关中规模最大。

界岭口多次遭到蒙古游牧骑兵侵扰，仅明朝前期就有12次。明王朝为加强这里的长城防御功能，不断加固、增修，从长城的铭文砖上就可知，仅在戚继光任内就有两次大规模修筑的记录。

在界岭口董长昂又被戚继光击败，此后两年间，董狐狸不敢再轻举妄动。

公元1574年，即万历二年，47岁的戚继光升任左都督。

公元1575年，即万历三年，正月，董狐狸和董长昂叔侄又逼迫董狐狸的弟弟董长秃率兵五万进攻董家口。

戚继光闻讯，指挥八千将士从榆木口、董家口二关出战，南北夹击，董长秃大败。敌军狼狈逃窜，戚继光率军追击150里，八千对五万，全歼蒙古兵，活捉董长秃。

董狐狸多次侵扰边境不但没有占到便宜反而损失惨重，不得已率部下头领及亲族300人，到喜峰口关下请罪求降。

戚继光和蓟辽总督刘应节商定，为了边境安宁，接受他们投降。

于是，万历三年四月十三日，戚继光到喜峰口安抚了前来请降的董狐狸等人。董狐狸归还了抢走的百姓和财物，还带领族人向戚继光叩头请罪，发誓再不骚扰边境。戚继光当场释放董长秃，并允许他们部落到边墙一些关口进行通商互市。

从此，蓟州在戚继光镇守期间，一直和朵颜部保持着良好的关系，维持了双方的和平局面。

俗话说，按下葫芦浮起瓢。

戚继光镇守的蓟门固若金汤，于是，公元1579年，即万历七年，十月，鞑靼札萨克图汗的部下伯彦、苏把亥、银灯等率兵5万余人，从范儿营、锦川一带进攻辽东。

辽东总兵李成梁向朝廷求援，朝廷便批准曾多次上疏请求援辽的戚继光出战。

十一月，戚继光率军到达山海关。此时的戚继光52岁。

山海关是个重要关塞，东靠大海，西连群山。戚继光站在山海雄关前，摸着胸前的长须，不禁感慨："52岁了，老喽，还能为国征战几年啊！"

突然探马来报："鞑靼兵向山海关狗儿河方向行进。"戚继光的思绪被打断，一下子回到了现实。他果断下令："准备迎战！"

敌军伯彦部正在行军，迎面来了一支明军，厮杀一阵，明军回头就跑。敌军不知是计，随后紧追，追着追着，突然不见了明军的踪影。伯彦十分气恼，下令继续进攻。正在此时，突然一声巨响，前面骑兵被炸得人仰马翻。原来这是戚继光派人制造的一种秘密武器——"自犯钢轮火"，类似于地雷，埋在地下，敌人踩上就会发生爆炸。这种新式武器是第一次使用，效果非常好。

闻听巨响，还没等伯彦军反应过来，戚继光又指挥骑兵杀出，一阵砍杀之后，伯彦军仓皇而逃。

戚继光又率军随后追击，在石河墩形成三面合围的局面。伯彦见败局已定，率残部夺路而逃，明军大获全胜。

戚继光圆满完成了援辽任务。

由于戚继光镇守蓟州的成绩，被加官为"太子太保"，援辽告捷后，又加官为"少保"，这是明朝武将的最高荣誉，因此，戚继光又被称为"戚少保"。

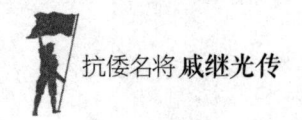

万历初年，戚继光为辅政大臣高拱、张居正等所倚重，他不负重望，励精图治，事业达到了顶峰。

戚继光在蓟州16年，加固长城，筑建墩台，整顿屯田，训练军队，制定车、步、骑配合作战的战术，形成了墙、台、堑密切联络的防御体系，又多次击退侵扰之敌，使军威大振，蓟门平安祥和。

因此，戚继光被时人赞誉："足称振古之名将，无愧万里之长城。"

第七章

能干会总结，兵书传后世

第七章　能干会总结，兵书传后世

01. 兵书，能干还要会总结

戚继光不仅是一位能征善战的将帅，也是一位了不起的军事家。

戚继光出身于将门世家，从小受到父亲的影响和教育，熟读众家兵书，但他亲自带兵打仗后，不为书本知识所束缚，能够因地因时制宜，积极寻求制胜良策。

虽然戚继光不喜欢书生式的高谈阔论，但他也绝不是只会舞枪弄棒的武夫。他很注重对实际有效的军事学问的经验总结，在繁忙的军务中抽空撰写的《纪效新书》和《练兵实纪》两部重要兵书便是实证。

公元1560年，即嘉靖三十九年，戚家军成为浙江御倭的主力。这一年，33岁的戚继光不仅创立了"鸳鸯阵"，而且利用抗击倭寇的作战间隙撰写完成了一部兵书——《纪效新书》。

《纪效新书》是戚继光撰写的第一部军事著作，现存共18卷本。

在《纪效新书》的序言中，戚继光这样写到："夫纪效，明非口耳空言；曰新书，所以明其出于法，而不泥于法，合时措之宜也。"

卷首由两篇《公移》和《纪效或问》组成。

《公移》篇一：为《任临观请创立兵营公移》，开门见山地提出了"兵"要"练"的问题。

《公移》篇二：为《新任台金严请任事公移》，言辞恳切地请求给将帅以便宜行事的权力。

《纪效或问》则总括地谈练兵的理论问题。从军事思想角度来看，这是全书最精辟、最浓墨重彩的部分。其针对明朝练兵存在的弊端，结合东南沿海兵员情况和敌情，提出了为练出能征善战的节制之师应该练什么、怎么练

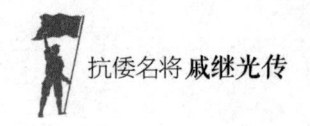

的问题。

正文共18篇，依次为《束伍篇》《操令篇》《阵令篇》《谕兵篇》《法禁篇》《比较篇》《行营篇》《操练篇》《出征篇》《长兵篇》《牌筅篇》《短兵篇》《射法篇》《拳经篇》《诸器篇》《旌旗篇》《守哨篇》《水兵篇》。

《纪效新书》从军队建设到攻守战法无不俱载，但主要讲的是军队的组建和训练问题，是一部以训练为主的兵书，这一点从篇名中就不难看出。

正文中不仅对挑选什么人当兵，挑选之后怎样编成队伍，队伍又怎样进行号令、武艺、营阵的训练与考核，怎样行军、作战、扎营以及怎样遵守战场纪律等，都有论述。

而且从把一个个老百姓挑选出来组成军队，到把这支军队训练成能征善战的节制之师的各个环节，也都进行了具体详细的阐述。同时，对从金鼓、弓箭、各种冷兵器、火器、舰船的性能、制造、使用技艺，到城镇的防守、墩台的侦察报警、水军的训练与作战等，也都作了叙述。

不仅如此，《纪效新书》还是中国第一部训练专著。虽然《孙子兵法》中提出了把军队训练作为战争胜负的条件之一，但对练什么、怎么练，并没有阐述。在《孙子兵法》以后的军事著作中，也没有具体阐述练什么、怎么练的问题。由此可见《纪效新书》的开创性意义。

最难能可贵的是《纪效新书》的巨大实用价值。这部书借鉴了古代练兵的原理，却又不拘泥于那些原理，而是从抗倭战争的实际需要出发，为解决军队建设中的弊病而写，是用来训练军队的具体条款和教材。

戚继光自嘉靖三十五年（1556年）提出练兵的问题，第二年冬开始正式训练胡宗宪调给他的三千人，到了嘉靖三十八年（1559年）又招募义乌兵进行训练，嘉靖三十九年（1560年）才写成此书。因此，当时此书具有鲜明的针对性和巨大的实际意义，而它所揭示出来的练兵的一些基本规律，则具有永久的价值。这也是为什么该书一经问世，一再刊刻，代代相传，始终为兵家所重视的原因。

有一就有二。公元1571年，即隆庆五年，戚继光镇守蓟州时，又撰写完成了一部兵书——《练兵实纪》。

《练兵实纪》全书共9卷，附杂集6卷。

正集9卷依次是：练伍法，练胆气，练耳目，练手足各一卷；练阵营四卷；练将一卷。初稿为一卷一本。练将的部分，在将领中传抄；练兵的部分，既传抄给士兵也传抄给将领。

在练兵方面，戚继光主张严节制、明恩威、正名分。训练时，要练伍法、练胆气、练耳目、练手足、练营阵。关于行军队形、行军规则、野营布置、宿营规则、作战纪律、注意事项等，戚继光也都作了系统阐述。

在练将方面，戚继光认为，将领必须德、才、识、艺四德兼备。

在兵种方面，戚继光详细介绍了马营、步营、辎重营的组织，以及各兵种的挑选及操练方法。

戚继光认识到：严格的纪律是治军的根本，然而却无法永久维持和约束部队，因此，还必须启动练心术。所以，在《练兵实纪》中，戚继光非常注重加强对士兵的道德说教。

同时，戚继光还在《练兵实纪》中大谈善恶因果循环报应之类的事情。因为士兵的文化程度普遍较低，宗教语言是当时位于社会下层的士兵们普遍能够接受的语言，所以戚继光把它用来作为军事教育的辅助手段。

这样一来，道德的说教加上群众固有的宗教信仰，使戚继光得以最终在他的部队中建立起铁一般的纪律。

在练胆气上，戚继光将俞大猷等明代军事家们提出的这一命题发扬光大，在《练兵实纪》中，以一卷多的篇幅专门阐述了"练胆气"的问题，在"艺高人胆大"的传统认知基础上，又提出了"胆大艺更高"的新观点。

《练兵实纪》是为抵御北方蒙古骑兵所作，因此在训练内容上有着浓重的北方色彩。

戚继光在《练兵实纪》中所讲的大部分是车、步、骑诸兵种的协同作战问题，而西方相关的论述则产生于第一次世界大战后期，也就是说，戚继光的各兵种协同作战理论，比西方要早200多年。

《纪效新书》和《练兵实纪》这两部书，是戚继光练兵打仗的经验总

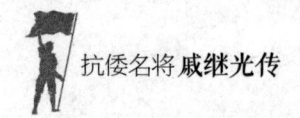

结，也是他训练军队的教本，在军事学上有很高的地位，皆收录于《四库全书》，占军事著作的十分之一。

《练兵实纪》与《纪效新书》堪称中国古代兵书的经典。

02. 将帅，名字不等于武夫

虽然明朝与宋朝之间隔着一个蒙古人所建立的元朝，却沿袭了宋代重文轻武、以文制武的旧制。

在宋朝，假如你是一位边关将领，你的部下打赢了，你无权打赏，打败了，你也无权惩罚，甚至你要指挥调动部队，也得提前征得地方官的同意才行。

在这样的情况下，将士征战沙场建功立业的主动性和积极性，还剩下多少呢？

同为民族英雄，人们总是情不自禁地将戚继光与岳飞放在一起进行比较。结果是，一样的精忠报国，一样的能征善战，一样的战功赫赫，甚至一样打造了一支以自己的姓氏命名的铁军……然而不一样的是，戚继光留下了《纪效新书》和《练兵纪实》等经典兵书，而岳飞只留下虚构的《武穆遗书》。

戚继光的治军思想是可以复制和传世的，不论戚继光存在与否，他的军事思想都将长久地泛着光辉为后世人所借鉴和发扬光大。而岳飞的军事思想和岳家军的超强战斗力，都随着岳飞的死消失在了历史的尘埃中。

那么，戚继光又是怎么做到的呢？

首先，戚继光很善于学习。

戚继光从幼年开始，便在父亲的影响下养成了勤于读书的好习惯。他不仅向古人学习，也向同时代的人学习。比如，他虚心向俞大猷学习棍法，向唐顺之学习枪法，并以此训练士兵。这种注重实效、虚心学习的态度，使戚继光的军事思想更加完善。正因如此，戚继光才能成为一代名将，他所带领

的戚家军才能成为抗倭的一支劲旅。

其次，戚继光不仅自己善于学习，而且将学习贯穿于治军思想之中。

在《练兵实纪》中，戚继光强调：为将者首先要正心术，对于自己的生死利害一定要置之度外，经常考虑的应是忠君、敬友、爱军、恶敌、强兵，这不仅是对自己负责，也是对手下的士兵和他们的家人负责。当然，仅有"为国为民"的思想是不够的，还要学兵法、练武艺，使自己具备带兵打仗的本领，合乎优秀将领的要求。

明朝的武官多数是世袭的，学本领不如有一个好出身，这是社会的现实，因此世家子弟的进取心就大打折扣了。戚继光也是以世袭的形式踏上军旅之途的。虽然从明朝中期开始，在军事将领的选拔上采取了武举考试制度，但是这种考试仍然重在应试者个人的武艺，对于笔试，实际上只要应试者初通文墨即可，考试的内容则与军事指挥无关，因此大部分将领的军事素质就可想而知了。

为了提高将领的素质，戚继光采取了很多具体措施。戚继光设立武学，入学者要先学习《孝经》《论语》《孟子》等史书典籍，再学习《百将传》，从中借鉴正反两方面的经验和教训，还要学习武艺和各种兵器的运用，务必达到精熟的程度。

在武学阶段学习结束以后，还要有一个实习阶段。戚继光会把将领们下放到部队基层中进行锻炼。

戚继光特别强调："无论南北，凡是用兵的地方，必须将所储备的将士分别派到行伍间去锻炼，出战时则放到战阵之中，在实战中考验，经得住考验，再分配给他一些任务，如果能完成，再正式任用。只有这样，才能练出真正的将领。"这样边教边用，在经过一个阶段的学习以后，受训者的军政素质得到了很大的提高。

戚继光还把儒家思想融入到兵家思想当中，以儒家思想来解释兵学，借助儒家语言对传统的兵学观点进行新的阐述，推动了中国古代军事思想的发展。

在《练兵实纪·练将》中，第一条内容就是"正心术"。

毫无疑问，戚继光这是受到了《礼记·大学》篇中"欲修其身者，先正其心"的影响，只是他对将领的"正心术"内容进行了军事界定，他要求将领要光明正大，以实心行实事。

《练兵实记·练将》篇中的大多数内容都是讲如何修身养性的。按照戚继光的理解："心正而后身修，身修而后家齐，家齐而后国治，国治而后天下平。"正心术和修身是治国平天下的前提条件。

为了让目不识丁的将领能够正确领会他的讲解，戚继光还让手下的将领接受儒家经典的教育和洗礼。对他规定的课程，不仅要求将领能够背诵，还要求体会和领悟。此外，戚继光有时也抽时间给将领们讲解自己的学习心得。

在对普通士兵的训练方面同样带有儒家色彩。他用传统的道德说教来教育手下的士卒，让他们树立忠君报国的思想。他强调练心，练孟子所说的"浩然之气"。

戚继光在运用儒家思想对手下将士进行训练方面，弥补了过去兵家的不足，加深了古典军事思想的哲理性，成为当时兵儒融会的典范。

戚继光坚信一句话：将帅，你的名字不等于武夫。

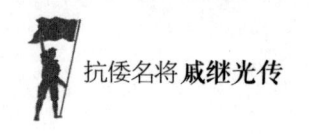

03. 团结，这就叫其利断金

鉴于戍边将领习惯于划地防守、在敌人来进攻时互不救援的情况，戚继光非常注重加强对手下将领进行协同作战的教育。

公元1570年，即隆庆四年六月二十一日，戚继光召集手下的主要将领到他的驻地三屯营召开军事会议。

会议地点就定在戚继光的书房，这是一个三开间的房子。

"各位今天坐在什么地方？"等大家都在他的书房中落座以后，戚继光突然开口问道。这一突如其来的问话，使得他手下的将领们面面相觑，大家都搞不清楚戚继光的葫芦里到底卖的是什么药。

在座的将领们不知所云，也无法回答。戚继光凝神盯视着大家。

不知过了多久，戚继光接着说道："这不是三间房子，而是一条在风雨中漂泊的破船。如果大家依然像过去那样你争我斗，自己顾自己，而不是同心协力把这条船撑到岸，那么，大家早晚都要一起被淹死。"

"噢——噢——"将领们这才恍然大悟，如此受到了一次深刻的教育。

培养出优秀的将领之后，如何团结他们，使他们乐意为自己所用，戚继光在这个方面也下了不少的功夫，费了不少心思。

公元1572年，即隆庆六年的一天，戚继光率领众将跪在关公神像前宣誓说："如或仍前，不推心任事，不齐志协力……愿神鉴察，降与天灾、人祸、瘟疫、水火等厄，使全家立见死亡消败，绝子灭孙。"这一举措起到团结手下将领的效果。

俗话说：人心齐，泰山移。戚继光不仅善于凝聚人心，而且善于将各种兵器结合成一个有机整体，使其能发挥出更大的威力。

第七章 能干会总结，兵书传后世

戚继光总是把几种冷兵器，冷兵器、火器和舰船，冷兵器、火器和战车，冷兵器、火器和城池，结合成一个有机整体，从而发挥出任何单一武器装备和军事设施所不可能有的威力。这是戚继光对军事技术的重大贡献。

兵家云："器械不利，以其卒予敌也。"为了提高军队的战斗力，充分发挥团结协作的有机整体作用，戚继光倾力进行装备的发明创造。

戚家军的独创兵器——狼筅，是一种在竹子上安装枪头、伪装性极强的武器，它的枪杆极长，事实上就是一种长矛，只是还留有竹子的枝叶。狼筅适合在隐蔽地带埋伏时使用，通常与盾牌配合使用，从远处杀伤倭寇。

戚氏军刀，是一种融合了倭刀与中国传统大刀二者优点的兵器，它的刀身与倭刀极为相似，同时融合了中国传统的弧形缳首和手感更好的握把，便于单手使用，是一种攻防兼备的利器。

藤牌，是用植物藤条编织的盾牌，看似不堪一击，实际上防御力极强。

虎蹲炮，是一种既轻便攻击力又强的火器，这种炮一可当百，野战时，机动性强，翻山越岭不在话下；防御时，则可控扼险隘，防御大队敌人。

赛贡铳，铳长三尺，内装半斤火药，发射时用木马放在火药前面，再放入若干弹丸，在铳身下面垫木块以调节射击角度，500人的团队可装备五六门赛贡铳。

六和铳，由六块木板组成，外面装上铁箍，以防爆膛，在水陆均可用来近距离攻坚。

无敌神飞炮，仿造佛郎机制成，重约1050斤，一发装500枚子弹，攻击面宽度达20余丈。

戚继光最重大的发明创造之一是地雷。

万历八年四月，53岁的戚继光时任蓟州、永平、山海关等处的总兵官。为了防止鞑靼和朵颜等部入侵，戚继光命人"沿边台墙之下，择其平广房可集处，掘地埋石炮于内。中置一木匣，各炮之信，总贯于匣中。而匣底丛以火药。中藏钢轮，兼置火石于傍，而伏于地上。虏马蹴其机，则钢轮动转，火从匣中出，诸炮并举，虏知其所自"。

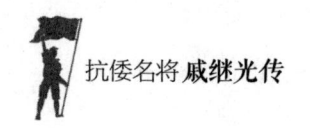

明朝人把这种埋在地下、不用人工点燃、让敌人自己踏上就会自动爆炸的新式杀伤武器,叫做"自犯钢轮火"。可以说,这是世界上最早的地雷。戚继光发明地雷是公元1580年,比欧洲人发明地雷的时间大约要早300年。

不论是在东南沿海抗倭,还是在北方陆地上防御鞑靼,戚继光一直坚持着一个不变的原则——要使自己的武器装备优于敌人,就是要讲究"称比之术"。那么,什么是"称比之术"呢?

戚继光回答说:"杀敌三千,我不损一,则'称比之术'也。"

在戚继光以前,军队中受到重视的是个人的武艺,能把武器挥舞如飞的士兵是大众心中的英雄好汉,因此各地的拳师、打手、盐枭、和尚等都被招聘入伍。当他们被有组织的倭寇屡屡击溃后才觉悟到,一次战斗的成败并非完全取决于个人的武艺。

军队的作战向来不是单兵独斗的,而是集体行动。于是戚继光在训练新军时,除了要求士兵有娴熟的武艺,还充分注意到了集体配合。典型的配置就是"鸳鸯阵"。

"鸳鸯阵"战术取得成功的关键是各个士兵的分工合作,每个士兵都要明白自己的岗位职责、操作要领和攻击方向,12人的小队是一个有机的整体,是一个小团队,而成百上千个这样的小团队同进共退、勇往直前,就组成了战无不胜的戚家军。

戚继光给戚家军制定了一条纪律,那就是"一体赏罚"。进攻时,如果一个团队中有一人临阵脱逃,则其余人均要被严惩。撤退时,如果团队中还有人陷在敌阵中,则这个人所在的团队必须全部回去救援,要么活着的人全部撤出,要么全部战死。这就是戚家军的"不抛弃,不放弃"精神。这样的部队怎能不以一挡十、战无不胜呢!

建立车、骑、步相配的联合兵种与敌人进行大规模决战,集中优势兵力进攻敌人防御重点迅速瓦解歼灭敌人——这是戚继光军事思想的恢宏篇章。

车步骑营把火器、冷兵器、车和马结合成一个有机的整体。在整个联合体中,火器、冷兵器、车、马缺一不可,只有结合起来,才能最有效地抵御敌人骑兵，这样巧妙结合所形成的强大战斗力是任何单独一种兵器、装备没法相比的，也是戚继光在武器装备相互结合方面的一个重大贡献。

"团结一心，其利断金"，在戚继光的军事思想中，这种团结协作的精神无处不在。

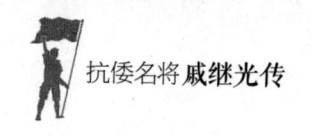

04. 诗文，格律近燕赵之音

一生戎马倥偬的戚继光不仅以"能诗"而著称，而且在当时那个年代就享有"伟负文武，才如公者，一时鲜有其俪"的赞誉。

戚继光的许多诗歌都体现了他的胸怀和抱负，前文中提到的《马上作》《韬钤深处》《望蓟门》等诗作，表达了他高尚远大的志向，透露着真挚的爱国情结以及蔑视虚功浮名的高风亮节，可谓字字铿锵、句句激越，有着力透纸背的感人力量。此外，他在蓟门戍边时，还曾作《辛亥年戍边有感》一诗：

结束远从征，辞家已百程。
欲疲东海骑，渐老朔方兵。
并邑财应竭，藩篱势未成。
每经霜露候，报国眼常明。

戚继光受命率浙江兵入闽抗倭，临出发前一晚，戚继光心潮澎湃，提笔赋诗《纪事》：

十年荼毒悲闽徼，壬戌扬旌出水湄。
剑倚秋风平剧垒，帆悬涨海聚新夷。
翻思往日同盟地，何似中流击楫时！
报国志酬民恨雪，艰虞此意更谁知？

第七章 能干会总结，兵书传后世

戚继光怀着报国酬民的愿望，信心满满地率部起程。戚家军自温州出发，由海道抵平阳，再自平阳取旱道入闽。在平阳，戚继光赋诗《援闽过平阳》：

铁骑长驱千余里，几回清梦到樵渔。
停杯听雨分秋漏，忧国瞻云启夜庐。
天末有怀看易老，客中无计可容疏。
何时投传来东海，还向蓬莱一卜居。

戚继光在抗倭和防御鞑靼部族骚扰的军事活动中，经受了生与死、血与火的考验，目睹了战乱给国家和人民造成的无尽灾难和创伤，他在诗中不仅作了如实的描述，而且倾注了由衷的同情。在《宁德平》一诗中，戚继光这样描述宁德城被倭寇洗劫后的情景：

孤城已复愁还剧，草合通衢杂藓痕。
废屋梁空无社燕，清宵月冷有悲魂。

戚继光的诗文中还有着对百姓的深深关切，在一次庆祝元宵佳节的宴会上，他即席作诗《元宵王万户席上》，并吟道：

忽忆穷谷之元元，不知今夕何为然。
愿得君恩如灯月，一时照耀来九天。
关塞无尘烽火息，太平有象凤毛骞。
且共将军拚一醉，高歌潦倒春风前。

在创意修筑长城的竣工仪式上，戚继光欣然作《新城工成志喜》一诗，曰：

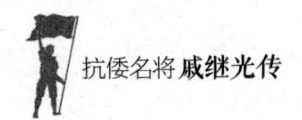

受降新筑壮三屯，灯火遥连十万村。
障燧层峦秦作塞，风云大陆蓟为门。
东回地轴山河固，西拥天关宫阙尊。
百二城边过质子，千秋同戴汉家恩。

某年夏四月，戚继光单骑出塞视察，行20里之外，可见水萦山抱，鱼泳鸟鸣，宛如江南的景色，不禁追忆往昔，作诗《出塞二首》：

郁葱千里绿阴肥，涧水萦纡一径微。
鱼为惊钩闻鼓动，鸟因避帜傍人飞。
江南塞北何相似，并郡桑乾总未归。
惆怅十年成底事，独将羸马立斜晖。

石壁凌虚万木齐，依稀疑是武陵溪。
长城旧饮纷胡骑，大漠初惊过汉騑。
国士死来今已尽，边机愁绝剑空携。
天山闻说尤佳胜，欲乞君恩试马蹄。

在北方镇守的日子里，每当空闲的时候，戚继光喜欢登山吟诗。有一次，他登上蓟州西北二十五里的盘山山顶，举目四望，见天高云低，群峰伏首，夕阳将尽，草木已衰，写下《盘山绝顶》：

霜角一声草木哀，云头对起石门开。
朔风房酒不成醉，落叶归鸦无数来。
但使玄戈销杀气，未妨白发老边才。
勒名峰上吾谁与，故李将军舞剑台。

戚继光是一名将帅，他的诗中透着激情和豪迈和强烈的报国热忱，体现着他轻生重义的高尚胸怀和睥睨一切的博大气概。

《船厂阻雨》
　　春雨下危墙，烟波正渺茫。
　　好山当幕府，壮士挽天潢。
　　鸟立林边石，人归海上航。
　　驱驰还我辈，不惜鬓毛苍。

《登石门眺望》
　　万壑千山到此宽，边城极目望长安。
　　平生自许捐躯易，遥制从来报国难。
　　尚有二毛惊岁变，偶闻百舌送春寒。
　　庙堂只恐开边衅，疏草空教午夜看。

《塞外观音岩》
　　朔庭喜见战尘收，石洞思从大士游。
　　不道受降唐节度，何如奉使汉通侯。
　　天垂台观三千里，雪染颠毛四十秋。
　　短剑萧森心尚赤，班超独倚玉门愁。

　　戚继光喜欢延揽文士，饮酒赋诗，往来酬对。公元1582年，即万历十年，九月，55岁的戚继光把历年所写诗文集成五卷，即《横槊稿》三卷、《愚愚稿》二卷，合称《止止堂集》。
　　止止堂，是蓟州总理署中戚继光的三间书房，也兼办公之用。有一说法，堂名"止止"取《周易》"大畜"卦意，"大畜"之卦上卦为艮下卦为乾，艮为山为止乾为天为健，其卦意是"健而止"，意思是刚健而不妄行可止则止。另有一说法，堂名出自《庄子》"虚室生白，吉祥止止"，有谦抑自持的含义。

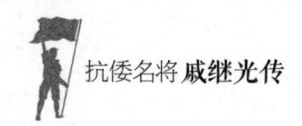

戚继光的《止止堂集》以诗为主，也收入了戚继光"誓戒、祭告、奏凯、悼亡、纪行、赠答"等方面的文章。《止止堂集》有多种刻本，并被多次刊行，一直流传至今。

此外，戚继光还著有《杂集》六卷、《将臣宝鉴》一卷、《禅家六籍》十六卷。

《四库全书总目提要》中称赞戚继光的诗："格律颇壮""近燕赵之音"，清初杰出诗人王士禛也将戚继光列为古今名将中能诗的十一人之一。

戚继光不仅工诗文，而且善书法，特别是行草笔法娟秀，豪劲端重不减晋、宋诸贤的气质和风格。他虽不以书法名世，但其行笔流畅，有不少流传于世的书法作品。

公元1570年，即隆庆四年，他书写了七言律诗——《送李小山归蓬莱诗》，用笔奔放骏爽，挥洒自如，气韵自然，表达出他的意气风发，透露着他内心的沉静与刚毅，而棱角分明的粗线条，勾画出的正是他不受拘束的气概，书法作品为纸本，纵130.6厘米，横90厘米，现收藏于山西省博物馆。

万历十年，对于戚继光来说是不平凡的一年。在这一年里，弟弟戚继美离开他被调到了贵州，虽然不舍，但为了保家卫国和个人的事业前途，只能忍受手足分离之痛。最令戚继光悲痛的是，首辅大学士张居正去世了。

此时的戚继光已经隐约感觉到，他的命运也要发生改变了。

05. 总兵，明升暗降的调动

　　曾几何时，戚继光以一个农民式的狡黠看出：如果想要在大明帝国这块犹如铁板似的文官制度中获得游刃有余的自由，唯一的办法就是得到文官集团最高领袖张居正的支持。

　　戚继光要改变武官的低微地位，要有效地避开文官集团的忌妒和猜疑，就必须有一个强大的后台，因此，他想到了权倾一时的张居正。

　　戚继光到北方镇守之时，也正是张居正权力上升之时。张居正想要握紧权力，想要励志改革，必须要有戚继光这样的人才辅佐，也需要戚继光这样的人才去实施，因此张居正对戚继光的信任和支持都是空前的，但张居正对戚继光的信任和支持主要还是出于公心的。

　　俗话说，要想叫马儿跑，就必须给马儿吃草。如果当时的首辅不是张居正，面对强敌的威胁，想要边关安宁，首辅大人会坐视不管吗？只是张居正对戚继光过于偏爱了，换句话说，遇到张居正是戚继光的幸运。

　　张居正还不是内阁首辅时，没有能力把重文轻武的旧体制完全纠正过来，但为了实现其一贯主张的"伸将权"，他巧妙利用解决北患的迫切需要，抓住机会做了局部调整。这个机会，是谭纶送来的。

　　谭纶的名气虽然不如戚继光，但官位更高，任职经历也更丰富。他先是文官，然后转武。在东南带领剿倭时，谭纶甚至亲自上阵杀敌，积累了丰富的军事经验，是难得的文武全才。北调入京后，谭纶上书提出了一个石破天惊的建议："蓟镇练兵逾十年，然竟不效者，任之未专而行之未实也。今宜责臣纶、继光，令得专断，勿使巡按、巡关御史参与其间。"

　　谭纶这个建议的言外之意，就是让那些只知挑刺不干实事的人手不要伸

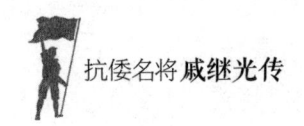

那么长。这些人当然就不干了，立即在皇帝面前言之凿凿：边将们这是企图摆脱朝廷的监管，想犯上作乱啊！

关键时刻张居正挺身而出，坚定支持谭纶。双方斗争的结果是穆宗皇帝听了张居正的话，下旨恩准了谭纶的建议。

与此同时，张居正为了赋予戚继光统筹北部边关全局的权力，创立了一个叫总理蓟州军务的官衔，以此来和其他地区的总兵相区别。这一官位在明朝历史上是没有的，在视先人成例为宪法的时代，这种做法遭到了铺天盖地的批评，张居正也只得无奈地作罢。

然而随着张居正权力的增大，当身为首辅和太师时，张居正想出了一个办法支持戚继光——把蓟州镇成为戚继光绊脚石的其他高级将领调往别镇。此后，凡是那些有意为难戚继光的文官，都被张居正不动声色地迁调他处。

张居正对戚继光来说，始终是一棵荫蔽的大树。

公元1578年，张居正回故乡江陵为父丧守孝。就是这短期的离任，张居正也怕朝中会有人阻碍戚继光整顿边关防御事务，特地写信给戚继光告诉他：接任蓟辽总督的梁梦龙，也就是戚继光的顶头上司，是他的门生。梁梦龙为人厚道，肯定不会欺负他。

张居正为父丁忧期间，戚继光每遇疑难之事，也总是令人飞马直报江陵张居正府中。

此时，张居正和戚继光也许只是出于上下级之间的互相信任与密切配合，然而令他们没想到的是，这将成为日后他们的反对者痛击他们的证据。

张居正对戚继光大力支持，戚继光自然也没有让张居正失望。

戚继光出任蓟州总兵三年多，蒙古俺答汗便和大明朝廷议和盟约，纳贡互市，从此不再武力入侵中原。虽然议和的导火索和戚继光无关，议和也不是在蓟州镇进行的，但戚继光对北方边塞的治理和整顿使得北方边镇的国防力量日益强大，功不可没。

待战事平静下来后，戚继光又向朝廷提出在明初所建的长城上增设堡垒，以增强战时的防守能力。由于工程浩大，这一提议遭到了北方官兵们的强烈反对，又是由于张居正的全力支持，戚继光才如愿完成。

第七章　能干会总结，兵书传后世

戚继光在蓟州重镇任总兵达16年之久，是他前十任总兵任期的总和，其中两位前任总兵还"坐失律诛"，而他却能做到："在镇十六年，边备修饬，蓟门宴然。继之者，踵其成法，数十年得无事。"

戚继光的成功在他所处的时代无疑是个特例，除了他个人的才能外，更重要的是得到了张居正一以贯之的重要支持。可以说，没有张居正也就没有戚继光的成功。

天有不测风云，人有旦夕祸福。万历十年，即公元1582年6月，张居正去世了。

由于张居正生前一直励志变革，触动了一些人的既得利益，张居正在世时，他们或者敢怒不敢言，或者极尽阿谀奉承从中尽量获得一些利益，张居正一死，弹劾者便纷纷而起。

公元1583年，张居正去世仅仅半年后，万历皇帝便听信谗言，下旨追夺了张居正的官爵。公元1584年，万历皇帝下旨抄了张居正的家。江陵守令先是命人登录张家的人口，然后将张居正的家门封锁达半年之久，不让进出，以至于张家被饿死10多口人。世态炎凉，令人心寒啊！

张居正死后，有大臣"好心"地提醒万历皇帝：蓟州镇总兵戚继光是伏在宫门外的一头猛兽，这头猛兽只听张居正的调遣，别人是无法节制的。张居正和戚继光虽然没有谋反的事实，但他们有谋反的能力……欲加之罪何患无辞，万历皇帝却信了。

公元1583年，即万历十一年，56岁的戚继光被调任广东总兵官。

戚继光早就意识到迟早会有这么一天，只是张居正死后这种感觉更强烈一些罢了。

战神，本来就是为战斗而生的，倭寇和鞑靼成就了戚继光，当一切都平息以后，战神戚继光也就失去了存在的意义。

戚继光毫无抵抗地接受了明升暗降的调动，离开了镇守16年的北方，再次来到了曾经战斗过的广东。

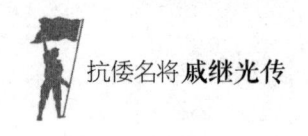

06. 余热，战神最后的坚持

苦闷与无奈笼罩着戚继光。

苦闷来自朝廷内外的诬陷与诋毁；无奈是因别人对自己人格的侮辱所受的精神折磨，戚继光心灰意冷、情绪低落，甚至产生了解甲归田的消极念头。

戚继光是愈挫愈勇的人，痛苦中，他仍有着老当益壮、雄心不已的豪迈之情，毕竟蓟北的边防中浸透着他16年的心血啊！

然而戚继光的赤诚报国之志和满腔热血，最终盼来的不是沙场凯旋，而是彻底的告别。

万历十一年的早春二月，戚继光带着苦闷与无奈，再度起程南下。让戚继光没想到的是，蓟北百姓流泪送别，且久久不愿离去，有的人甚至一直送他出了蓟州，一如他当年从南方北上时的送别场面。

够了，这就够了。有了老百姓的厚爱，57岁的戚继光就知足了。

南下途中，戚继光回到阔别20多年的故乡山东蓬莱探望。他放舟蓬莱阁下，面对着故乡的青山绿水，回顾自己的征战生涯，感慨万千，赋诗一首《放舟蓬莱阁下》：

三十年来续旧游，山川无语自悠悠。
沧波浩荡浮轻舸，紫石峻嶒出画楼。
日月不知双鬓改，乾坤尚许此身留。
从今复起乡关梦，一片云飞天际头。

第七章　能干会总结，兵书传后世

故乡用她宽广的胸怀，抚慰着漂泊在外游子伤痕累累的心。那一刻，戚继光真想就此止步，留在家乡颐养天年。

在流火的七月里，戚继光继续南下。翻越梅岭时，戚继光面对逶迤的五岭山脉，仿佛看到梅岭与塞外的蓟北交相叠影，作诗《度梅岭》：

北去南来已白头，逢人莫话旧时愁。
空余瘐岭关前月，犹照渔阳塞外秋。

就在此时，由于戚继光的离去，塞外边关重又陷入了动荡不安。

六月，久已臣服的土蛮、朵颜等部众再度来犯。空有牢固的防御工事，却没有可以担当重任的将帅指挥守军战斗而使城池发挥应有的作用，这造成了大明军队的重大伤亡和财产损失。

看到这样的结果，不知道皇帝是否会受到触动，那些极尽谗言之能事的人又会作何感想。

然而因为那些部众不痛不痒的入侵没有撼动皇位，此时的万历皇帝根本没有意识到失去戚继光这样的人才对大明朝意味着什么。

戚继光到达广东后，这里的情况更令他心寒。

倭患的平息使得广东承平日久，不仅军队管理混乱失去了战斗力，而且贪污腐化现象严重。在有些人看来，和平时期，享受是第一位的，何苦为难自己去辛苦练兵呢？

戚继光心里着急啊！难道他们不懂得什么是未雨绸缪吗？

也许对别人来说，在歌舞升平的富裕之地任总兵官是个好差事，但对于一心报国的戚继光来说，北边的威胁日益严重让他万分焦急！然而此时已经今非昔比，戚继光陷入了报国无门的焦虑之中。

戚继光在心里命令自己：不行，不能消沉！他要做到：

江潭犹抱孤臣节，身世何须渔父谋。
一片丹心风浪里，心怀击楫敢忘忧！

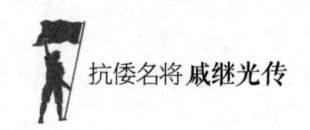

公元1584年，即万历十二年四月，戚继光开始巡视广东沿海的惠州、潮州、肇州、庆州等地方的战备情况。戚继光认为虽然倭寇已经平息，但仍须保持高度警惕。因为他深知，只有时刻握有一支能征善战的部队，才能对各种可能的威胁进行有效遏制，才能避免重蹈当年倭寇大举来犯时无兵可用的覆辙。

戚继光原想在巡视完毕后对广东沿海防务进行重新整饬，然而因身心俱疲旧病复发，他不得不在当地的小金山进行休养。

戚继光不禁感叹：岁月催人老啊！

在休养期间，戚继光也是身闲心不闲。借此机会，他对自己多年笔耕的结果进行了重新整理。

万历十二年九月，戚继光对《纪效新书》重新进行了整理，由原先的十八卷本整理成十四卷本。新版的《纪效新书》虽然是十八卷本的缩略本，但是不仅总结了东南沿海抗倭的军事成果，保留了《守哨篇》和《舟师篇》，而且还把蓟镇练兵、筑城的经验增补进去，新加了《练将篇》和《胆气篇》。该书是戚继光毕生军事经验的总结，融十八卷本《纪效新书》与《练兵实纪》为一体，使戚继光的军事思想又达到了一个新的高度。

整理完毕后，戚继光把书稿交给布政司刊刻，然后分发给大小将领们，以此作为训练士兵的教程。《纪效新书》十四卷本的刊刻发行，是戚继光在广东任总兵官期间对后人所作的巨大贡献。

水滴石穿，不是因为力量，而是因为坚持。戚继光用他的坚持，对毕生事业的坚持，倾尽自己所有的能量，发挥着最后一抹余热。

此时，朝廷上下对张居正的清算之风甚嚣尘上，有些别有用心的人为了一己之私，对已经被降职南调的戚继光仍然不肯放过。

戚继光这位习惯于沙场征战的老将对政治斗争深感无奈，为了不授人以柄，戚继光对《止止堂集》中涉及政治的部分进行了删节，删去的部分几乎占到了全书内容的一半。

在大规模清算张居正的运动之中，戚继光心灰意冷。公元1584年，即万历十二年，十一月，57岁的戚继光身心俱疲，以年老多病为由辞官回乡。

07. 卸甲，偷得浮生半日闲

虽然戚继光已经从辉煌的壮年进入凄凉的晚年，但他仍然想尽自己所能发挥余热、为国效力。可岁月不饶人，长年的劳累和精神忧郁使戚继光旧病复发，于是他向朝廷请求谢职归家，希望以这种体面的离去，保持一名老军人的晚誉和气节。然而万历皇帝听信谗言，将这一点权力也剥夺了。

万历皇帝没有给这位曾为大明江山做出过重大贡献的名将留一点面子，戚继光在煎熬中等来的皇帝圣旨，不是允许他谢职，而是宣称他是张居正的党羽，处以革职。那一刻，戚继光的脑子一片空白。

罢了罢了，不论革职还是谢职，结果都一样，千秋功过，留给后人评说吧！

戚继光的一生中，有30多年是在战场上度过的，其中又有三分之一的时间是在抗倭战场上度过的。这位南征北战、出生入死的抗倭名将，年轻时就给自己立下了"封侯非所意，但愿海波平"的志向，他也一直为此努力着，不敢有半点懈怠之心，甚至是在晚年遭受不白之冤时，他也一直坚持着。现在他终于可以卸下重担，告老还乡了。

公元1585年，即万历十三年，戚继光结束了长达30多年的军事生涯，卸甲归田，去享受"偷得浮生半日闲"的晚年时光。

离开广东返回故乡之际，戚继光在《别粤中诸公》一诗中表达了自己当时的心情：

瘴海氛多晓亦寒，维舟更识主恩宽。
放怀到处青山外，幽梦那知白日残。

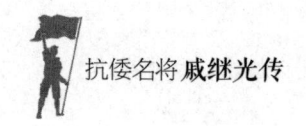

别酒闻歌还障袂，除书拭目听弹冠。
人间薏苡容身易，天汉风波把舵难。

没有了公务的羁绊，没有了号角的催促，戚继光信马由缰，从南向北，逐一到他曾经战斗过的地方进行告别。

每到一地，他都深知：此一别，将再也没有机会来了。

特别是在烈士墓前，戚继光洒下一杯酒，心里默默地祈祷：兄弟们，来生再见了。

这一日，戚继光途经梅岭，面前的高山大岭沟壑纵横，让他情不自禁地联想到了那苍凉雄浑的塞北，想起了那一片他战斗了16年、今生也许再无缘得见的蓟州，感慨之余，他写下了这样的诗句：

五岭山头月半湾，照人今古去来还。
清袍芒履途中味，白简朱缨天上班。
烟水情多鸥意惬，长林风静鸟声闻。
依稀已觉黄粱熟，却把梅关当玉关。

中秋佳节时，戚继光到达了浙江。

独自在杭州西湖上泛舟，戚继光追忆往昔，又是不禁欷歔：年轻时在浙江拼杀操劳，虽有美景，却无暇驻足欣赏。如今终于闲下来了，可是那些志同道合，一起饮酒作诗的朋友呢？

此时形单影只的戚继光更加体会到了朋友的可贵，于是，他折向东北，绕道来到好友汪道昆的家乡安徽歙县。

公元1575年，即万历三年，以诗闻名海内、与南京刑部尚书王世贞并称文坛"南北两司马"的汪道昆被言官弹劾离职回乡。虽然汪道昆在武学方面的成就不如戚继光，但是两人诗剑相和，在嘉靖、隆庆、万历三朝，在每个成功与失败的节点上，都留下了互相鼓励与支持的深情厚谊。不论两人身在何方，不论地位如何变化，两人始终保持着书信往来，友情也始终

第七章　能干会总结，兵书传后世

如一。

万历四年，戚继光与汪道昆还经常有书信往来，时值戚继光49岁的寿诞，已经去官的汪道昆作《荐履篇》以示庆祝。如此可见，两人不离不弃的战斗情谊，在尔虞我诈、勾心斗角的官场，实属难得。

万历十三年，戚继光也被罢官回归故里，此时他最想见的人就是老友汪道昆，因此他特意折道到汪道昆府上拜访。

老友相见，相拥而泣。接下来的日子，两位同样赋闲在家的好友每日在一起赋诗听雨，却也是十分恬淡惬意。

汪道昆不仅为戚继光的《止止堂集》作序，还为他起了一个晚号"孟诸"，同时为其作《沧州三会记》。

惬意之余，戚继光与汪道昆两人常会情不自禁地谈起那些年的往事儿，感叹如今的物是人非。两人首先想到的就是他们共同的好友谭纶。

早在公元1577年，即万历五年，四月，时任兵部尚书的谭纶就不幸病逝。戚继光深受谭纶的帮助和提携，在南方抗倭时，如果没有谭纶的支持，戚继光的抗倭之战不会胜利得那么完美。如果没有谭纶的极力推荐，戚继光不可能来到北方，也就没有机会受到张居正的赏识，更谈不上在蓟镇长城上留下的千古功绩了。甚至可以说，如果没有谭纶的上下照应，即使戚继光获得张居正的赏识，也可能早已死于流言蜚语之中了。

假如张居正撒手人寰时好友谭纶还在，也许戚继光的晚年还会有所建树，然而历史不能假设，他此时也只能感叹世事多舛了。

谭纶的去世，与戚继光有同感的还有俞大猷。

公元1579年，即万历七年，俞大猷无法承受谭纶去世的打击，以年老多病为由辞官回乡，回乡不久，也不幸病逝。

戚继光与汪道昆提起谭纶和俞大猷，遥想当年几人以"安社稷、济苍生"相互勉励，今日却天人永隔，不由得分外感伤……

戚继光在汪道昆处逗留了近一个月后继续北返。

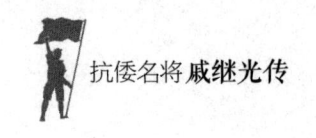

08. 无官，战神回到了故里

叶落归根，公元1585年，即万历十三年，十月，戚继光回到了故乡山东蓬莱。

作为世袭的武将，戚继光戎马征战几十年，可以说是战功赫赫，因此他敢说自己光大了戚家的门楣，也无愧于戚家的列祖列宗。

然而自古忠孝不能两全，作为家中的长子、顶梁柱、家族的继承人，戚继光觉得对家人的愧疚太多太多了。

戚继光本想借无官一身轻的机会，回到故里弥补一下对家人的亏欠，也享受一下晚年的天伦之乐，可是命运却跟他开了一个大玩笑……

天有不测风云，戚继光还没等到家，就有噩耗传来——弟弟戚继美和夫人李氏先后双双去世了。闻听此噩耗，戚继光痛不欲生。

弟弟戚继美比戚继光小6岁，父亲戚景通去世后，失去双亲的哥俩互相依靠，形影不离地一起长大。作为大哥，戚继光为弟弟娶妻完婚，又带弟弟一起建功立业，而弟弟戚继美也成了哥哥最忠实的追随者，甚至堪称为哥哥的左膀右臂。

戚继美作为戚家的次子，因父功得以诸生的身份荫"千户"。从浙江开始，弟弟戚继美就跟随在哥哥戚继光身边，带头执行他颁布的各项命令，特别是在蓟镇修筑空心敌台的过程中，正是戚继美领兵率先建立了7座敌台，为沿边敌台的修建树立了榜样。

此外，戚继美也是独挡一面的将帅，他担任过都督、骠骑将军等职。万历年间，戚继美由狼山总兵升贵州总兵，移居贵州后官至云贵总兵，兄弟俩远隔千山万水。

第七章　能干会总结，兵书传后世

每逢佳节倍思亲，公元1580年，即万历八年的除夕之夜，戚继光有感于亲人们的天各一方，提笔写下了这样的诗句：

南北征途莫问年，但教意气每翩翩。
人情到老方知味，世态无端尚有天。
蕉梦菁残仍泽国，梁炊未熟已桑田。
边书不至昏钟起，犹抱丹忱付篆烟。

手足分离之痛也就罢了，最可怕的是政治风潮的株连之罪。

万历十年，即公元1582年，张居正去世后，不仅戚继光受到了打击，戚继光的亲属和老部下也因此受到牵连，特别是刚刚升任贵州总兵官的戚继美因受到株连，无罪而被罢官。

被罢官的戚继美已经先期回归故里，没想到由于车马劳顿和心情郁闷，到家后就与夫人一起病倒了，而后竟一病不起，双双离世。

这一年是公元1584年，戚继美50岁。

本想着可以兄弟团聚，一起去骑马射箭，重温年少时兄弟并骑的快乐时光，没想到迈进家门时看到的是弟弟和弟媳的灵位，戚继光抱着侄子戚寿国大哭不已。

罢官去职，对于戚继光来说都不算什么，失去手足，才真正让他痛心不已。弟弟戚继美的死，对年事已高的戚继光是一个非常沉重的打击，戚继光一下子病倒了。

病榻上的戚继光满脑子想的都是过去，他想起了儿时当孩子王的一幕幕，想起了父亲对他的谆谆教导，想起了兄弟俩一起在郊外骑马射箭……

"喜欢回忆了，看来我是真的老喽！"戚继光有些心塞地想，"是时候为戚氏祖先做点什么了。多年来为国家修筑了那么多的防御工事，作为戚氏的继承人，应当为戚家修缮一下祖坟、家庙了。"

一想到对家族的责任未完，戚继光心中有了新的寄托和目标，病也似乎好了许多。

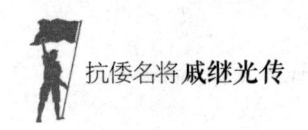

待病体稍有康复，他就张罗着重修祖坟、家庙等事宜了。

就像当年在长城上修敌台一样，戚继光组织戚家子弟，全家总动员，很快就将祖坟、家庙等修缮一新了。

家庙建成后，戚继光亲自撰写了一篇长长的祭文，一是对自己的人生进行了一个总结，二也算是对列祖列宗进行的一次述职汇报了。

修缮了家庙以后，戚继光仿佛又恢复了一些元气。

虽然远离了官场的喧嚣，不再有权力的斗争和尔虞我诈，但表面上雍容闲适的戚继光内心并不平静，他仍心系国家大事，希望天下太平，因此他开始热衷于地方的公益事业，他首先把目标定在了捐资重新修葺蓬莱阁上。

故乡的蓬莱阁，一直是戚继光引以为傲的胜景仙境和军事要地。在蓬莱阁下有一座蓬莱水城，水城沿着丹崖绝壁向南筑起，又名备倭城。公元1376年，即明洪武九年时，在原宋代边防水寨——"刀鱼寨"的旧址上修建而成。

蓬莱水城依山势构筑城墙，引海水入内，以停泊船舰、操练水师。水城周长约1.8公里，面积25平方公里。整个城池只设南北两门，北门叫水门，门上建有栅闸，以控制船只出入，北门还设有两座炮台，分列东西，控制附近海面。南门为振阳门，与陆地相连，供车马行人出入。可以说，蓬莱水城是一个进可攻退可守的严密的海上防护体系。

青年戚继光在山东备倭时，水城是他重点关注的军事要地。晚年时故地重游，别有一番滋味在心头。

一天，阳光明媚，海波平静，戚继光心情大好，便信步登上了突入渤海的丹崖山，蓬莱阁就建于此山顶。

蓬莱阁堪称中国四大名楼之一，主体建筑建于宋朝嘉祐六年，即公元1061年，阁楼高15米，坐北面南，系双层木结构建筑，阁上四周环以明廊，可供游人登临远眺。远远望去，楼亭殿阁掩映在绿树丛中，高踞山崖之上，恍如神话中的仙宫。

那一刻，戚继光站在蓬莱阁上，凭栏远眺，海面上波光潋滟，神山秀水尽收眼底。突然，只见海上劈面立起一片山峦，或奇峰突起，或琼楼迭现，时分时聚,缥缈难测,他竟有一些迷离,心想:难道这就是传说中的"海市蜃楼"吗?

戚继光知道,蓬莱的魅力不仅在于它厚重的历史文化积淀和苍茫豪放的山海风光,而且在于它有着美丽动人的神话传说。

传说蓬莱、瀛州、方丈是海中的三座神山,为神仙居住的地方,自古便是秦皇汉武求仙访药之处。

相传吕洞宾、铁拐李、张果老、汉钟离、曹国舅、何仙姑、蓝采和、韩湘子八位神仙在蓬莱阁醉酒后,凭借各自的宝器凌波踏浪、飘洋渡海而去,留下"八仙过海,各显其能"的美丽传说。

在山东半岛海边的一处突入渤海的地方有一个山崖,临海的一面是陡峭的绝壁,山岩纹理呈暗红色,因此人们将此山取名为丹崖山。传说汉武帝曾多次驾临丹崖山寻求"蓬莱仙境",因此后人就把这座恍如仙境的丹崖山唤作蓬莱。

戚继光登上了丹崖山,看着年久失修的蓬莱阁,一种责任感油然而生,于是他打算修缮蓬莱阁,为家乡尽一份绵薄之力。

虽然热心于地方事业,戚继光也只能是尽一点绵薄之力了。在任期间,他在生活用度方面一向十分节俭,所得奖赏多分与士卒,所以当结束30多年的为官生涯返回故乡时,他所积累的财富是很有限的,最贵重的财富就是几千卷的书籍了。

被罢官回家之后,戚继光是没有薪俸的,因此晚年的他与当年父亲戚景通一样,过起了清贫的生活。

晚年的戚继光家徒四壁,医药不备,终日郁郁。由此,他的生命也进入了倒计时……

第八章

民族之英雄，千古永留名

第八章　民族之英雄，千古永留名

01. 落幕，永远的济世之光

古人云，世间最残忍的事莫过于英雄末路与美人迟暮，曾经的战神戚继光的晚年生活印证了这句话。

晚年贫病交加的戚继光，除了与汪道昆、王世贞等三五好友来往外，便只在书房中潜心编修他的《止止堂文集》。

公元1587年，即万历十五年，十月初一，是戚继光六十岁的寿诞，此时的戚继光已经卧床有些时日了。他心里很清楚，自己已经来日不多了。

为了对自己的一生做个总结，戚继光要求儿子们给他操办六十大寿，并亲自修书一封，请求好友王世贞为他的六十大寿撰文。

王世贞，字元美，号凤洲，又号弇州山人，明代南直隶苏州府太仓州人。王世贞17岁中秀才，18岁中举人，22岁中进士，先后历任多个重要职务，后因与张居正交恶，被罢归故里。张居正死后，王世贞起复为应天府尹、南京兵部侍郎，累官至南京刑部尚书。

王世贞与李攀龙、徐中行、梁有誉、宗臣、谢榛、吴国伦合称"后七子"，李攀龙死后，王世贞独领文坛20年。戚继光与王世贞相识是由汪道昆引荐的，此后就成为了"诗剑相和"的好友。

戚继光在浙江前线编练新军正值上升趋势时，王世贞的父亲王忬因滦河战事失利下狱，王世贞也因此上疏请退。嘉靖三十九年十月，王世贞的父亲王忬被杀，戚继光写挽诗吊唁。

嘉靖四十二年，王世贞为父丁忧期满，戚继光前来登门拜访，戚继光和王世贞从此结识。

隆庆二年，戚继光、汪道昆一起拜访王世贞，戚继光以宝剑相赠，王世

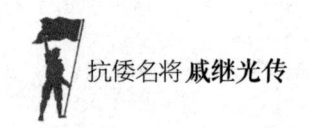

贞作《宝剑歌》应和。

张居正与王世贞的矛盾并没有影响戚继光与王世贞的交往，万历十三年九月戚继光被解职时，仍然前去登门拜访了王世贞。

时光如梭，万历十五年二月，礼部以王世贞的父亲"破虏平倭，功业可纪"为其请旌，王世贞的命运有了转机，十一月初五，王世贞被推荐为南京兵部右侍郎，上疏请致仕。而此时的戚继光却英雄迟暮了。

感念戚继光在自己逆境时的不离不弃，王世贞欣然接受戚继光的请求，为其六十岁寿诞撰文，以示庆祝。

不知不觉已时值腊月，春节将至，大户人家已经纷纷开始杀猪宰羊，准备年货，小户人家也开始做豆腐、蒸年糕，生活困难的人家也想方设法求人写副对联之类的……有些胆大的孩子，已经零星地放起了鞭炮。

然而戚家却全然没有过年的气氛，因为作为一家之主的戚继光已经深度昏迷多日了，儿孙们根本没有心情过年，已经开始准备戚继光的后事了。

万历十五年十二月初七晚间，连日来一直昏迷的戚继光突然醒了。年长些的儿子们知道，这是父亲临死前的回光返照，于是全家老小一起聚集在床前，与戚继光做着最后的告别。

那一刻戚继光非常地清醒，他甚至准确说出了自己当年离家赴京世袭官职的细节，当说到没能见父亲最后一面的遗憾时，戚继光的眼中泛出了泪花。已经世袭了戚氏武官职的长子戚祚国赶紧握着父亲的手，哽咽着说道："父亲，孩儿已经承袭了祖上的职位，并办理好了一切手续，现在孩儿已经是登州卫指挥佥事了。"

看着妾室陈氏所生的长子戚祚国，戚继光目光很复杂，幽幽地说道："儿啊！为了我们戚家的香火，为了对得起列祖列宗，为父我，我，我——对不起你大娘啊！"

说完这句话后，戚继光重新又陷入了昏迷状态。

万历十五年十二月八日，即公元1588年1月5日，清晨，一代战神戚继光停止了呼吸，在蓬莱家中逝世，享年六十岁。

英雄戚继光走完了他人生的最后路程，那道济世之光落下了帷幕。没有几个人对一个没落英雄的死表示忧虑或同情,甚至没有人知道他的死。人们都在忙着过年,至于军备与国防,似乎是很遥远的事情了。

万历十六年,汪道昆致书朝廷,为戚继光恤典进言,并于万历二十年,为戚继光作墓志铭。

如果戚继光地下有知,他也定会感叹:人生得一知己,足矣!

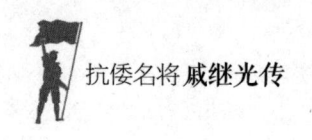

02. 惧内，这是男人的美德

戚继光在弥留之际，觉得最对不起的人是妻子王氏。

戚继光的妻子王氏是万户南溪王栋之女，也就是前面说过的戚继光在21岁时娶的原配夫人。

戚继光的妻子王氏出身于将门，不仅会武艺，而且足智多谋。戚家军抗倭初期，戚夫人王氏曾经组织老弱妇孺守卫新河城，打退了倭寇的进攻。因王氏不能生育，戚继光为了戚氏的香火，瞒着妻子偷偷地纳了3名妾侍——陈氏、沈氏、杨氏，共育有5个儿子。

王氏是一位普通的女人，普通得后世没人知道她的名字。王氏也是一位名闻天下的烈女子，她不满意丈夫以任何理由的背叛，与丈夫反目。别人是休妻，她算是休夫，并带走了戚继光的全部积蓄，以致晚年的戚继光一度连生病抓药的钱都出不起。王氏此举，在封建的王朝时代可以说是相当另类了。

实际上，这位王氏之所以会名闻天下，是因为戚继光的好友汪道昆在撰写《孟诸戚公墓志铭》的时候，也就是写纪念戚继光的回忆文章的时候，把这位戚夫人王氏的光辉事迹给记录下来了。

应该说，王氏是极其贤惠的，对丈夫的照顾也是无微不至的。结婚初期，戚继光还没出人头地，家里穷得很，家中的一切用度，全是仰赖王氏娘家陪送的嫁妆。有一次，难得晚饭烧了一条鱼，王氏把鱼肉最肥美的鱼身中段都留给了丈夫戚继光吃，而她只吃鱼头和鱼尾。戚继光知道后，抱着妻子感动得热泪直流！

王氏年轻的时候就喜欢舞枪弄棒，而且据说拜过名师、得过真传，功夫不能说比戚继光还要厉害，但至少不在戚继光之下，因此王氏除了贤惠之外，性子还比较泼辣。如果夫妻两人比划拳脚功夫，那么落败的一定是戚继光，当然，这里比的不全是武功，也有戚继光退让的成份。

久而久之，就有了威震敌胆的戚继光戚大将军竟然"惧内"的传言，还传得有鼻子有眼儿的，且有典型事例为证，最被广为传颂的是这样三件事：

第一件事：请夫人阅兵。

在军营中，戚继光的部下们私下里都偷偷议论他怕老婆的事儿，戚继光听到后当然得分辨，说那不是真的，堂堂一个大将军怕老婆，简直是笑话。

虽然在战场上很威严，但平时戚继光和部下们还是有说有笑，也经常开开玩笑扯扯闲篇儿，所以部下们才敢和戚继光就个人私事儿较起了真。

有的部下就说了："是不是怕老婆，口说无凭，得大家一起实际验证一下才行。"

戚继光就说："那好，明天就把贱内叫进军营，让你们看看本将军的威风。"

"好啊！好啊！"部下们纷纷拍手起哄叫好，一副不怕乱子大的架式。

经部下们这一激，戚继光立即命亲兵回家将老婆接来军营。

帅帐内的众将皆盔明甲亮，手执利刃，一派杀气腾腾的模样，那架式似乎是想给戚继光的妻子一个下马威。

不一会儿，妻子王氏抵达了军营，走进了帅帐。

王氏当然看见了众将摆出的阵势，也看到了端坐在帅椅上装腔作势的丈夫戚继光。如果是敌人或犯罪之人遇到这架式，腿都得发软，可这一切对王氏来说太小儿科了。她从小在将门长大，虽是女儿身，但见识不短，况且她身正不怕影子斜，任尔手执利刃，却又与我何干？

进入帅帐的王氏不仅无丝毫惧色，反而目光威严，高声大嗓地对着戚继光喝道："唤我何事？"

戚继光闻言，没来由地胆战心惊，一下子从帅椅上弹了起来。

"快说，唤我何事？摆出这架式，吓唬谁呢？"王氏又提高了声调。

然后，令人难以置信的一幕发生了。

只见戚继光此时已走下帅椅，来到了夫人身边，夫人这一声喝问传到戚

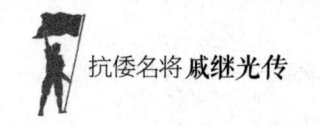

继光耳朵里,如打雷一般,吓得戚继光腿一软,不自禁地扑通一声跪下道:"特请夫人阅兵。"

第二件事:想给夫人杀只鸡。

第一件事发生后,戚继光的"惧内"之名算是传开了。

戚继光自我解嘲:"惧内,这是男人的美德嘛!"

话虽这么说,但终究架不住部下们的怂恿,于是戚继光持剑冲入家里,想用利剑吓唬一下王氏,以振夫纲。

王氏午睡刚醒,看到戚继光拿着剑立在床前,河东狮吼道:"你拿着宝剑想要干什么?难道要杀我?"

戚继光闻听吓得浑身哆嗦,宝剑一下子掉在地上,赶紧回答:"我想给夫人杀只鸡。"

戚夫人王氏一听,缓和了一下口气:"杀鸡焉用牛刀,以后这种事儿,就不劳你这个大将军亲自动手了。"

"好,好,好。"戚继光连连称是。

第三件事:纳妾风波。

大明朝明文规定:品官阶层与庶人百姓主要实行的是"一夫一妻"的封建聘娶婚制,但明朝所谓"一夫一妻"制,是允许纳妾的,同时在世袭官职的制度下,"不孝有三,无后为大"这句话更是被无限地放大了。

戚继光娶妻王氏,王氏哪儿都好,就是一直未孕。戚继光是戚家的长子,肩负着传宗接代、世袭武职的责任,于是他就背着妻子偷偷地纳了妾,还接二连三地纳了陈氏、沈氏、杨氏3个小妾,一共生了5个儿子。

本想瞒着妻子王氏,但世上哪有不透风的墙啊!

王氏一得知这个事儿,怒不可遏,大白天的顺手拿了把刀,就要去找戚继光算账。

戚继光知道早晚会有这一天的,闻听妻子因他纳妾而发怒的消息,他立即跪在王氏面前请罪,当然还加上了哭诉:没有儿子的压力实在太大了,怕对不起列祖列宗啊!

王氏见状心软了,也不好再说什么,最后戚继光从妾生的儿子里过继了一个给王氏,事情才算平息下来。

03. 斩子，怜子如何不丈夫

戚继光顶着被妻子打骂的压力，偷偷纳了3房妾——陈氏、沈氏、杨氏，并如愿生了5个儿子。

长子戚祚国，为陈氏所生，继承了祖上的登州卫指挥佥事职位，后来升任济南府掌印都司。

次子戚安国，为陈氏所生，后过继给妻子王氏，荫"锦衣卫指挥"，却不幸早夭。

戚继光的妻子王氏不能生育，过继给她的儿子戚安国又夭折了，这对于王氏的打击是相当大的。继子死后，王氏万念俱灰，带着够自己生活的财物，离开了戚继光。

王氏离开的具体时间史书上无记载，后人也无法考证，但应该是在戚继光的长子袭职登州卫指挥佥事之前。

王氏的离开是为了成全戚继光，为什么这么说呢？

明朝的世袭官职制度有一个不成文的规定，就是庶出的儿子不能世袭祖上官职，"一夫一妻"的婚娶制度规定正妻只能是原配夫人，如果正妻不能生育，只能正式过继儿子到正妻名下才可以。除此之外，唯一的办法就是休妻另娶，然而以戚继光的性格及与王氏的感情，他是绝对不会忍心休妻的。

本来用过继儿子的方式解决了这一系列的问题，但天有不测风云，过继给正妻王氏的儿子戚安国夭折了，这使得原本天不怕、地不怕的奇女子王氏，也屈服于命运的安排了。

王氏主动离开戚家，给了戚继光扶陈氏为正妻的机会，随后戚家的后顾之忧便烟消云散了。

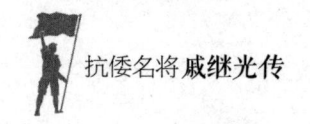

三子戚昌国，字文明，为沈氏所生，于乙未年中武举，荫锦衣卫指挥、都督府都督同知、赠骠骑将军及赠蟒玉佩绣春刀。戚昌国又育有3子为戚盘宗、戚显宗和戚振宗。

四子戚报国，字廪生，为陈氏所生，荫锦衣卫百户并赠骠骑将军。

五子戚兴国，字庠生，为杨氏所生，荫锦衣卫指挥佥事并赠昭勇将军。

戚继光因在抗倭中的功绩，受到了百姓的景仰和爱戴，有感于戚继光的治军有方、纪律严明和不徇私情，在闽、浙一带广为流传着多个版本戚继光斩子的故事。

《仙游县志》中记载了这样一则戚继光斩子的故事。

戚继光率领戚家军在海门一带抗倭，其长子戚印，又名戚英、戚耿平，被戚继光任命为前锋，屡立战功。

有一次，闻报大约有3000名倭寇在海门沿海上岸，准备去临海、仙居一带抢劫，戚继光立即策划了一个对敌战术：命令戚印领兵在双港与城西交界的花冠岩一带埋伏，自己亲率士兵迎敌，佯败，把倭寇引到上界岭，当倭寇全部进入包围圈后，再两军夹击，一举全歼倭寇。

一切都按计划行事，战不多时，戚继光就假装不敌，向上界岭方向"败退"。可是戚印年轻气盛，交战心切，还没等倭寇全部进入包围圈，就下令擂鼓冲锋，结果让一部分倭寇逃脱了。

戚继光回营升帐，因戚印没按照军令行事，下令立即推出去斩首。

戚家军将领们一听，全都跪在地上争相认罪，并恳求对戚印从宽进行处罚，留下性命，令其将功赎罪。

戚继光却说："我是一军主帅，如果我的儿子犯了军令可以不杀，那么以后其他人触犯了军令该当如何呢？"

于是，在白水洋上街水井口，戚继光将戚印斩杀。后来当地的百姓为了怀念戚公子，便在常风岭上为他建造了一座太尉殿。

还有一则关于戚继光斩子的传说，是在戚家军攻打倭寇占据"夺命岛"的战斗中发生的。

那一年的八月初八是个落小潮的日子，戚家军从张湾镇出发至关田渡，原地严阵待命。戚继光把手下军官叫来，指着对面海岛说："这次战斗敌人早有防备，必是场恶战。我们趁落潮时登岛，如果不能消灭敌人，潮起时，战船过不去，人员也退不回来，那后果不堪设想。因此我们必须破釜沉舟，背水一战。"

众将群情激愤，争先表示：愿意以实际行动证明戚家军的威名。

戚继光下令晓谕全军："潮水涨落，分秒必争。只许勇往直前，不准犹疑回顾，违令者斩！"

戚继光的儿子戚耿平任先锋官，首先带领队伍出发。

行至麒麟山下的宫门嘴山口时，戚耿平想知道父亲所在的中军是否跟上来，就回头朝张湾方向张望，跟在后面的将士以为先锋有令传达，不觉脚下一顿，然后一个接一个，军士们像多米诺骨牌一样，都停顿下来了。

戚继光发觉，立即询问军队为什么止步不前了，有人回报：是戚先锋回顾所致。戚继光大怒，命人将戚耿平绑至马前，厉声斥责道："时间就是生命，大敌当前，你身为先锋，却带头违令，致使部队行进停顿。你可知罪吗？"

戚耿平知道按军法，应该就地问斩，一声不吭。部将们纷纷替他说情，然而都无济于事，戚耿平在大路边被父亲戚继光斩首示众。

后来戚家军扫平了横屿倭巢，又南下福清继续追剿倭寇。在一次战斗间隙，戚继光登上连江吼虎山，想起爱子被斩于宁德张湾村头，不禁伤心泪下。后人在戚继光曾立足思念爱子的地方建起了一座六角凉亭，取名"思儿亭"。宁德张湾百姓则在当年戚耿平被斩的地方立起一块"恩泽坛"石碑，以此纪念戚继光斩子的大义之举及戚氏父子剿倭保民的恩泽。

"戚继光斩子"的故事也许是虚构的，却被广为传颂，更有民间艺术家们将此事改编成了闽剧、秦腔等戏曲，广为传唱。

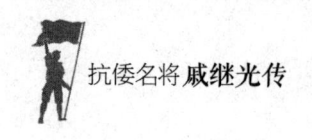

04. 山东，戚氏家族的忠孝

戚继光的远祖是在福建莆田，他的六世祖戚祥跟随朱元璋在推翻元朝建立明朝政权的斗争中，成为开国功臣，为了追念他的功绩，明政府授予其子戚斌为明威将军，世袭登州卫指挥佥事。

从戚继光的五世祖戚斌开始，山东蓬莱就一直是戚氏族人聚居的地方。

公元1635年，即明崇祯八年，也就是戚继光去世47年后，明朝廷为褒扬戚继光的功绩，在蓬莱阁府前街东侧建戚继光祠堂，并赐额"表功祠"。

公元1707年，即清康熙四十六年，又重新对祠堂进行修缮，公元1985年，国家又对其进行了全面的修复。

祠堂为三进院落家庙式建筑，有门房、正祠各三间，都是单檐硬山砖石木结构，共占地591.1平方米。

门房坐东面西，门外两侧各有石狮一尊。门扇上阴刻楹联"千秋隆祀典，百战著勋名"，横额"海上威风"。门房以东为过堂，过堂坐东面西，有前廊。

前廊明柱上有1934年5月由冯玉祥将军所书的对联"先哲捍宗邦民族光荣垂万世，后生驱劲敌愚忧惨淡继前贤"。前廊两侧陈列刀、枪、剑、戟等12件古代兵器。

过堂正中立屏风，上悬戚继光画像，屏风前陈列的战刀上刻有"万历十年登州戚氏"等字样，屏风两侧陈列着戚继光的著作《纪效新书》《练兵实纪》《止止堂集》《戚少保年谱》以及戚家军当年食用的"光饼"、穿过的战袍、战靴等文物。

绕过屏风，出过堂即为正祠。

正祠坐北面南，门上方悬挂着阴刻的匾额——"戚武毅公祠"。正祠前廊明柱楹联"拨云手指天心月，拔剑光寒倭寇胆"是郁达夫所书；东侧墙壁镶有《谒武壮公祠》一方阴刻石碣。正殿中内暖宫内塑戚继光坐像，塑像后方两侧为隶书对联，是戚继光自己的诗句——"封侯非我意，但愿海波平。"四面墙壁镶嵌着介绍戚继光生平事迹的图版，绘有："秉父训""袭世职""严治军""练义乌军""创鸳鸯阵""著《纪效新书》""关心士兵""征服董狐狸""著《止止堂集》""罢归故里""将略文采长存"等画面，这些画面是戚继光一生功绩的重点再现。

正祠东侧为后花园，园内有"忠""孝"二碑分立南北两侧。"忠""孝"二字是戚继光的精神实质，在蓬莱，体现着戚继光这种人格魅力的碑碣十分突出。

公元1565年，即明嘉靖四十四年，朝廷为了旌表戚氏家族的功绩，又钦建戚氏牌坊。

戚氏牌坊共有两座，位于戚继光祠南侧约100米，牌坊里街东西两端，东为"母子节孝坊"，西为"父子总督坊"。两块戚氏牌坊之间距离143米，均为四柱三间五楼云檐多脊花岗岩石雕坊，高9.5米，宽8.3米，进深2.7米。正间上中下三坊，镂雕"丹凤朝阳""二龙戏珠""狮子滚绣球""鱼龙变化""麒麟与凤凰"等图案。侧间各有上下两坊，分别雕饰花木鸟兽等图案。

"母子节孝坊"是明朝廷旌表戚继光祖母阎氏贞节、父亲戚景通孝廉而建，坊中间额书："旌表赠特进荣禄大夫右都督戚宁妻一品夫人贞节阎氏"和"诰赠特进荣禄大夫中军都督府右都督荐举孝廉戚景通"。

"父子总督坊"是明朝廷为旌表戚继光父子功绩而建，坊中间额书："诰赠骠骑将军护国都指挥使前总督山东备倭戚景通""镇守浙福江广郴桂总兵都督同知前总督山东备倭戚继光"。

两座牌坊巍峨挺拔，气势雄伟，构图丰满，周镂精细，彰显着戚氏一族的丰功伟绩，也体现着戚继光的"忠"与"孝"。

此外，在蓬莱还建有戚继光纪念馆。

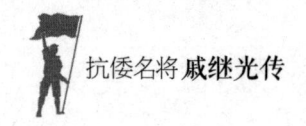

戚继光纪念馆位于蓬莱水城小海东侧的水师府内，占地3220平方米，建于1992年6月，1995年7月对外开放。

纪念馆为中轴对称二进式仿古建筑，坐北朝南。大门南向，正对振扬门，东、西两侧分别建有四柱斗拱飞檐碑亭，亭内分别立"忠""孝"字碑，二字相向，碑高3米，宽1米，碑背分别镌刻戚继光和他父亲戚景通生平。

水师府为二进式院落，每进有正厅和东西厢房各一，且有回廊相联结。正厅、厢房皆单檐，琉璃瓦覆面，脊置六兽，皆有前明廊连于回廊。正厅屋面开山，厢房屋面歇山。

纪念馆共设六个展厅，采用了壁画、浮雕和泥塑相结合的艺术手法，通过立体、直观的场景，形象生动地再现了戚继光山东海防备倭、闽浙沿海抗倭、蓟州边关戍守、案头著书立说等历史画面，让人们从中领略一代名将的照人风采。

整个纪念馆展厅展现了民族英雄戚继光保国卫民的戎马一生，同时展出战刀、战袍等文物20余件。

05. 浙江，百姓永远的纪念

公元1559年，即嘉靖三十八年，戚继光任台、金、严参将，屯驻海门卫，并招募义乌矿工训练戚家军，教以适应江南水田地区作战的"鸳鸯阵"战法，建立水师，给了倭寇以沉重的打击。

戚继光是明代抗倭名将，戚家军是义乌人的骄傲。

戚继光在浙东抗倭时，于公元1559年，即嘉靖三十八年九月，到义乌南乡招募了3000义乌兵训练出了一支英勇善战的队伍，令倭寇闻风丧胆，后仅用了5年时间，肃清了为患数百年的东南倭寇。倭寇肃清后，戚继光和义乌兵调北京防务，戍守蓟北1000公里长城，使边境保持数十年安宁。这些英勇善战、坚忍刻苦的义乌将士，被称为"兵样"，仅明朝一代，因军功被授予平章元帅、将军、副总兵、参将、千总、把总、千户等武职的就有228名。在纪念馆北面的蟹形山上，还有义乌籍武官的墓葬群。

浙江义乌戚家军纪念馆坐落在义乌市南约20公里的赤岸镇乔亭村，这里地形独特，北面低山，状如巨蟹，形成一块低谷，极为幽静，南面低山，山体浑圆，起伏有致。在两山之谷中，一座气势宏伟的两檐城楼"凯旋楼"岿然耸立，城楼两侧延伸出一座"长城"，顺势蜿蜒，宛如苍龙下山。

在浙江期间，戚继光率戚家军转战台州各地，历经桃渚、新河、上峰、花街等战役，重创倭寇，取得了九战九捷的胜利，史称"台州大捷"。从此，倭寇不敢再犯台州沿海。

倭寇自元末开始，侵略骚扰我国近二百年，在戚继光以前，都以为倭寇不可战胜，而戚继光到台州抗倭无战不胜，给了倭寇沉重的打击，使其闻风丧胆。戚继光台州抗倭，是整个抗倭和戚继光本人戎马生涯的转折点，同时

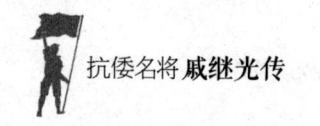

也奠定了抗倭胜利的基础。

为了纪念戚继光的抗倭功绩，明代在海门卫城的城隍庙，即戚家军驻兵处建立了戚公祠作为纪念并奉以香火。现存建筑为清代同治、光绪年间重修，新中国成立以后，党和人民政府重视保护文物古迹，多次拨专款维修，1987年1月，戚继光纪念馆正式开馆。

台州的戚继光纪念馆位于台州椒江城区东山西南麓，占地面积2010平方米，建筑面积1020平方米，陈列面积640平方米。

纪念馆坐北朝南，为一条纵轴线上的三进建筑。入口处为照壁，上书"戚继光纪念馆"。前殿为五开间重檐歇山顶，前廊柱上楹联两副："名播千秋昭典籍，身经百战著勋功""荡彼倭夷靖海宇，保吾黎庶泽椒江"。前殿大门楹联为戚继光诗句："功名双鬓黑，书剑一身轻"。

迎面木屏风上写着戚公著名的诗篇《马上作》："南北驱驰报主情，江花边月关平生。一年三百六十日，多是横戈马上行。"寥寥二十八个字，是戚公南征北战、赤胆报国的写照。

大殿为五开间歇山顶，两旁各连三小间偏殿。大殿内有一尊身着戎装的戚继光塑像，他目光如炬，似乎正凝视着那波涛万顷的台州湾海面。大殿两旁的偏殿设有两个陈列室，陈列室中以文献、文物、图表、照片、模型等方式展现着戚继光的抗倭史迹。第一陈列室内有戚继光生平大事年表、屯兵海门卫、建立戚家军、台州大捷等版面，还介绍了戚家军严明的纪律："每甲一人当先，八人不救，致令阵亡者，八人俱斩。"第二陈列室是戚家军"鸳鸯阵"模型。

戚继光纪念馆用大量的陈设展示了民族英雄戚继光保国卫民、戎马一生。

戚继光率"戚家军"在台州抗击倭寇时，曾在新河激战多次，每次都大败倭寇，保得当地一方平安。

新河百姓为了纪念他，在其战斗过的披云山脚下建立了戚公祠。浙江新河戚公祠位于城南村虹桥头附近，坐北朝南，有大殿三间、厢房三间，戚继光像一座，并将明太平县令徐铖的三块奏捷碑也移到了戚公祠内，附近的山顶上还有一座烽火台。

公元1555年至1561年，即嘉靖三十四年至嘉靖四十年，戚继光在临海及浙东沿海一带组织了大规模抗击倭寇的战斗。为了纪念戚继光"心在国家，身先士卒，勇不畏难，谋善料敌"的丰功伟绩，弘扬戚继光抗倭的民族精神，开展爱国主义教育，临海市政府出资修建了戚公祠。

临海戚公祠位于临海北固山北固门南边，北靠古长城，西邻城隍庙，总占地面积9803平方米，建筑面积2223平方米，整个建筑群由主院、中国冷兵器博物馆二个部分构成。整个祠院西北高东南低，呈阶梯状，形象严谨稳重，极具层次性与立体感，分为入口牌坊、抗倭场景展示厅、纪念馆、阴阳井、冷兵器博物馆五大景观，形成了以"纪念景观轴、文化景观轴、纪念区、展示区、宗教区"为内容的"两轴三区"。

此外，在浙江临海市桃渚镇、临海市白水洋镇、苍南县金乡、慈溪市龙山乡下梅林庙镇等地都建有戚继光纪念馆。

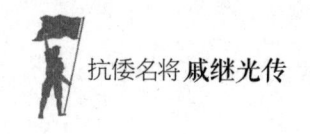

06. 福建，遍布各地戚公祠

明嘉靖年间，倭寇连年骚扰福建沿海一带，给人民带来深重灾难。嘉靖三十四年，戚继光奉命在浙闽抗倭，后取得重大胜利，平定了倭患。

为缅怀戚继光，倭患扫平后，各地官府顺应民意，纷纷向朝廷奏请建祠纪念戚继光。经朝廷准奏，在宁德、福清、莆田等地，相继建起了"戚公祠"。明代至今，戚公祠不断被当地修缮或复建。

福建省福州市于山戚公祠，始建于明代。公元1562年，即嘉靖四十一年，戚继光率兵支援福建抗倭，在宁德横屿、福清牛田、莆田林墩打了三次大胜仗，班师回浙江时，福州官绅在于山平远台设宴饯行，勒碑纪其功。此后又在于山平远台建了一座戚公祠，后废。

公元1918年，在一石岗上重建戚公祠，祠厅旁有五株苍松，石岗因此得名五松岗。五松岗上山峦起伏，花木扶疏，曲径通幽，颇具园林雅韵。

五松岗上的戚公祠，前为平远台，岗台之间跨有天桥。厅东怪石迭垒，中有一石如榻，上镌"醉石"二字，相传为戚公醉卧处。"醉石"旁边建有醉石亭。醉石亭北面有蓬莱阁、榕寿岩、补山精舍等景致，现今是著名的名胜古迹。

祠厅系硬山顶土木结构建筑，祠正厅塑戚公戎装座像，方颐隆准，威武庄严。厅两侧壁上悬挂"海疆倭患""率兵援闽""激战三捷""平远庆功"四幅历史画卷，歌颂了戚公抗倭功绩。

祠内陈列有戚继光的军事著作《练兵纪实》《纪效新书》和战袍铠甲残片以及行军干粮"光饼""征东饼"，还有现代出土的记功碑残石等，供人观瞻。

第八章 民族之英雄，千古永留名

在福建地区，戚继光抗倭保民的事迹多年来一直为人民广为传颂，特别是福建莆田和仙游地区的人民，更是一直铭记于心。

嘉靖四十一年，倭寇闻戚继光返回浙江，便重聚残部进犯福建沿海，福宁、兴化等地相继失守。倭寇攻陷兴化府城后大肆奸淫屠杀，无恶不作，府城内外尸横遍野，惨不忍睹。福建巡抚谭纶紧急上书朝廷，请求再召戚继光回师援救。

嘉靖四十二年戚继光率军抵闽后，会集俞大猷、刘显等三大营合围夹击倭寇，歼敌主力，取得平海卫大捷。随后，戚继光挥师南下救援仙游。戚家军配合仙游城官兵围攻倭寇，一连交锋18阵，歼敌1000多人。接着又在大蜚山下全歼500残寇，夺取全胜。仙游城外西北一带战场，被后人称为"五百洗""十八战"。

明代的福清县城西门茶亭，不仅建有戚公祠，还建有报功祠。

公元1734年，即清雍正十二年，重修福清县城西门茶亭戚公祠。

祠内有戚继光塑像，由前殿、后殿、左右走廊、厢房等组成，大殿面阔3间，进深1间，系硬山顶土木结构。

历时数百年，戚公祠春秋两季奉祭，至民国后才停止。

抗战期间，福清县城西门水陆街石坊东侧，还重建了"戚继光纪念祠"。

1961年，该祠列为公房。

1987年11月23日，该祠列为第二批重点文物保护单位。

1995年6月，福清市委、市政府决定在戚公祠原址上兴建戚继光纪念馆，后因原戚公祠破损严重及旧城改造的需要，决定搬迁重建。重建的戚公祠由前方亭、后方亭、主殿堂和走廊组成，主殿堂为重檐式蓬莱阁，保持着戚继光家乡山东蓬莱的建筑风格。

公元1562年，即嘉靖四十一年，倭寇4000余众盘踞林墩，戚继光以1500精兵，采取分进合击的战术，以少胜多，一举歼敌、救民各2000余人，荡平倭寇巢穴，史称"林墩大捷"。林墩大捷后的当年，莆田人林龙江捐地30亩，建了一座生祠奉祀戚继光。

1996年，在黄石镇林墩南塘湖畔重修戚公祠。祠中高达2.1米的戚继光塑

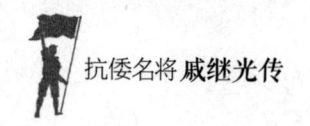

像站在中军帐内，戎装握剑、威风凛凛，注目礼之，令人肃然起敬。

现林墩戚公祠已开辟为福建莆田市林墩戚继光纪念馆，纪念馆的厅堂两侧廊壁陈列着战史资料及戚继光两度入莆平倭的战斗史绩。

1997年，林墩戚继光纪念馆被批准为县级文物保护单位，市级爱国主义教育基地之一，现为福建省爱国主义教育基地。

第八章 民族之英雄，千古永留名

07．雕像，伟岸身躯知多少

戚继光率领戚家军经过了一场又一场的激烈战斗，终于肃清了盘踞多年的倭寇，每次戚家军凯旋，都会旌旗招展，金鼓齐鸣，受到各级官员和百姓的热情迎接。

有一次戚继光率戚家军获得大胜，时任巡抚的游震得亲自率布政司和按察司的官员到郊外迎接，并对全体将士论功行赏。获得奖赏的将士们纷纷说道："这都是戚将军的功劳。"于是巡抚游震得命画师为戚继光画肖像，准备建立祠堂供奉起来。戚继光却说："上有总督掌握全面，中有护军运筹调度，下有地方接济粮饷，冲锋陷阵的有士兵，我在中间任职，靠的是大家的齐心合力，不要赞誉我而伤害了士卒的心。我们戚家世受皇恩，即使是出了一点力，也不足以报答皇恩，又有何功可言，怎敢受祭祀呢？"于是厚赏之后，戚继光婉拒并送走了画师。

戚继光如此谦虚，是非常难能可贵的。他这种有功不伐的品格，也正是他能够成为名将的原因之一。

如此，戚继光就没有画像，后人也就无法得知他的真实形象，留下了一点小小的遗憾。史书中关于戚继光外貌也鲜有文字记载，因此他的身高体貌就成了一个谜，无从考证了。

尽管戚继光不喜自我表功，但是他的光辉形象早已经随着他的赫赫战功树立在人们面前，并永留人们心中了。

几百年来在戚继光战斗过的山东、浙江、福建等地，不仅遍建戚公祠、戚继光纪念馆，而且还建造了许多戚继光的塑像，有石雕像、泥塑像、木质像等。

现将各地各处戚继光塑像做一下简要罗列，以此表达对抗倭英雄、民族战神戚继光的崇拜与景仰。

福建省惠安县崇武古城，戚继光石质立像，2尊。

福建省福州市于山戚公祠，戚继光石膏立像、泥塑塑像，各1尊。

福建省宁德市戚继光公园，戚继光石质塑像，1尊。

福建省莆田市莆禧城，戚继光石质塑像，1尊。

福建省平和县慈惠宫，戚继光木质塑像，1尊。

福建省连江市马鼻镇戚公祠，戚继光泥塑塑像，1尊。

山东省蓬莱市蓬莱水城，戚继光水泥立像，1尊。

山东省蓬莱市戚继光表功祠，戚继光泥塑塑像，1尊。

山东省蓬莱市戚继光纪念馆，戚继光泥塑塑像，12尊。

浙江省台州市椒江区戚继光纪念馆，戚继光泥塑塑像，1尊。

浙江省苍南县金乡镇戚继光纪念馆，戚继光泥塑塑像，1尊。

浙江省临海市白水洋镇戚公祠，戚继光泥塑塑像，1尊。

浙江省慈溪市龙山乡下梅林庙，戚继光泥塑塑像，1尊。

浙江省温岭市新河镇戚继光纪念馆，戚继光石质塑像，1尊。

浙江省临海市桃渚镇抗倭陈列馆，戚继光泥塑塑像，1尊。

河北省秦皇岛市山海关长城，戚继光玻璃钢塑像，1尊。

河北省秦皇岛市山海关老龙头，戚继光石质塑像，1尊。

河北省秦皇岛市山海关长城博物馆，戚继光石质立像，1尊。

河北省抚安县天马山，戚继光石质立像，1尊。

河北省滦平县金山岭长城，戚继光泥塑立像，1尊。

河北省迁西县三屯营乡，戚继光玻璃钢立像，1尊。

河北省遵化县三皇庙，戚继光石质立像，1尊。

天津市蓟州黄崖关长城，戚继光石质立像，1尊。

安徽省定远县，戚继光铜质立像，1尊。

08. 名将，文武全才第一人

是时候对戚继光的军事生涯与成就盖棺定论了。

自古将门出虎子，戚继光的人生，是对这句话最好的诠释。

刚一出生，就承载着继续光大家族门楣的使命。

一学会走路，就是个闲不下来的"火烧腚"。

人小鬼大的他，似乎天生就是孩子王。

在初尝了火药的威力以后，军事素养就已经在幼小的心中萌芽了。

天生，他就是一位牛人！

因为还是个孩童时，他就已经是"四品"官了，然而他却成了"四品"的失学儿童。

这又是为什么呢？因为父亲抱定了虎子必须穷养才知道忠孝的育儿之道，在戚氏故里，一位主流少年在茁壮成长……

似乎，命中注定了，他，戚继光，就是天才战神！

英，是指尚未绽放的花朵。

英才，是指具有出众才智的人。

子承父职，这是在娘胎中就被赋予的使命，成家立业，也是他人生的必修课。

当一切顺理成章地完成之后，年轻的卫所佥事走马上任了。

在屯田、戍守的岁月里，他立下宏誓：封侯非我意，但愿海波平。

为了验证自己的实力，他做出了一个大胆的决定——参加武举考试，原本他的职位是不需要考试的。

虽然考试无果，但他临危受命尽显了英才本色，上书论及的备敌方略又

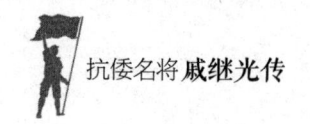

受到了赞赏，由此他获得擢升指日可待。

似乎，命中注定了，他，戚继光，就是英才战神！

都说时势造英雄，殊不知，机会总是留给有准备的人。

戚继光始终坚持：遥知百国徼芒外，未敢忘危负岁华。当倭寇在浙江沿海侵扰时，他欣然领命奔赴抗倭第一线。

佥浙江都司、任参将、镇守三府……两次龙山所之明军跟踪追击战，让戚继光初露锋芒，同时也让戚继光认识到明军"兵无专统，谋不佥同"，有必要训练一支强而有力的军队。于是戚继光三次上书建议招兵、练兵，最终获批准。

戚继光对义乌矿工的群架有着别样的思考，并在义乌招募农民和矿工，启动高强度、练心式的训练模式，首创攻防兼备的"鸳鸯阵"，终于训练成一支纪律严明、灵活机动的"戚家军"。

似乎，命中注定了，他，戚继光，就是将才战神！

倭寇大举进犯浙江，船只达数百艘，人数达一两万，骚扰地区达几十处，声势浩大。

在温州，戚继光闪亮登场；在桃渚，以智勇解了七天七夜之围；在南湾，戚家军牛刀小试。

大股倭寇窜犯宁海、桃渚、新河等地，戚继光沉着应对，确立了"大创尽歼"的原则。

在宁海，戚家军正式上演了揭幕战；在新河，戚夫人巾帼不让须眉，助力夫君唱了一出空城计；在花街，戚家军空腹完成了第一次斩首行动；在上峰岭，"大创尽歼"原则完美体现；在长沙，在台州……戚家军连战连捷，给予侵犯台州的倭寇以毁灭性的打击。

台州大捷，"戚老虎"威震敌胆，"戚家军"闻名天下。

浙江倭患基本平息，戚继光被提升为都指挥使。

似乎，命中注定了，他，戚继光，就是武才战神！

入闽剿倭，戚继光欣然领命。

在横屿，闪电登陆夺命岛；在牛田，创下己方伤亡零纪录；在林墩，上演了最惨烈的攻击战；在兴化,"戚老虎"去而复返；在平海卫,戚家军再度显神威。

"告谢郊庙"的隆重典礼,由嘉靖皇帝亲自执行。

在仙游,以寡击众,三战而收全捷成为以寡敌众获全胜的典型战例；

在广东,沿海倭患终于被荡平。

戚继光用战功诠释了什么是"歧路驱驰报主情,江花边月笑平生。一年三百六十日,多是横戈马上行"。

似乎,命中注定了,他,戚继光,就是雄才战神！

向北方,隆庆年间,戚继光被赋予了新的使命。

从40岁到56岁,戚继光在蓟州16年,张居正看好他了。

他加固长城,筑建墩台。

他整顿屯田,训练军队,制定车、步、骑配合作战的战术。

他形成了墙、台、堑密切联络的防御体系,又多次击退侵扰之敌,使军威大振,蓟门平静。

他不负重望,励精图治,事业达到了顶峰,被时人誉为"足称振古之名将,无愧万里之长城"。

似乎,命中注定了,他,戚继光,就是匠才战神！

戚继光出身将门,世袭的武官之位注定他要成为武将。

他用《纪效新书》和《练兵实纪》等兵书证明：能干还得会总结。

他也用实际行动向世人宣告：将帅的名字,绝不等于只会舞枪弄棒的武夫。

不论是创立"鸳鸯阵",还是打造车、骑、步各兵种联合作战战术,实质都是团结力量大,其利可断金。

张居正去世后,戚继光经历了明升暗降的调动。在广东,战神坚持发挥余热,最后卸甲归田,偷得浮生半日闲。

似乎,命中注定了,他,戚继光,就是文才战神！

戎马生涯几十年,或在东南沿海扫灭倭寇,廓清海疆；或在北方练兵御边,保蓟门平安。

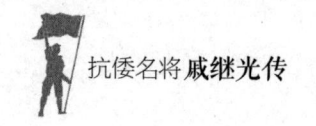

戚继光，堪称一代爱国名将。

他智勇兼备，多谋善断，练兵有方。

他指挥戚家军"飙发电举，屡摧大寇"，甚至还出现过歼敌上千人，"戚家军"无一人阵亡的罕例，被誉为我国"古来少有的常胜将军"。

他不仅战功卓著，而且在军事理论上颇多建树，著有《纪效新书》《练兵实纪》两部兵书，为后世兵家所推崇。

万历十六年，他的人生画上了圆满的句号，逝世于蓬莱故里。

似乎，命中注定了，他，戚继光，就是全才战神！

公元1587年，即万历十五年三月，戚继光在游览东海奇松时，作赋一首以明志，这也是戚继光一生中所作的最后一首诗：

蓬莱畔，奇尔松，苍鳞黛鬣身虬龙。
风雨时时吟不歇，炎天凄切寒无冬。
问之何代谁植此，精神命脉羌如彼。
初不避山林，原不竞朝市。
久随冷淡缘，静任盈虚理。
寿已千龄外，恍然一瞬里。
松有闻，尘嚣两耳具纷纭。
松有见，转眼荣瘁亦堪叹。
松若有心情，能忘利与名。
人非松，松非人，古来那具千年身？
龙争与虎斗，转盼即咸陈。
松兮人兮奈尔何，摇笔且放奇松歌。